neue musik in der kirche III

Corinna Dahlgrün/Hans Darmstadt (Hrsg.)

neue musik in der kirche III
ein gott, der tötet?

Interdisziplinäre Tage für Neue Musik und Theologie
20.-23. Juni 2002 – Dokumentation und Auswertung

PETER LANG

Frankfurt am Main · Berlin · Bern · Bruxelles · New York · Oxford · Wien

Bibliografische Information Der Deutschen Bibliothek
Die Deutsche Bibliothek verzeichnet diese Publikation in der
Deutschen Nationalbibliografie; detaillierte bibliografische
Daten sind im Internet über <http://dnb.ddb.de> abrufbar.

ISBN 3-631-51128-0

© Peter Lang GmbH
Europäischer Verlag der Wissenschaften
Frankfurt am Main 2003
Alle Rechte vorbehalten.

www.peterlang.de

Inhalt

Vorwort

Sie greifen ineinander, die Themen der Interdisziplinären Tage für Neue Musik und Theologie, und sie werden konkreter, unverhüllter in ihrer Anstößigkeit und Brisanz. Der Dreiklang
  Visionen gegen die Zeit (1998)
  Himmel, Hölle, Tod und Teufel (2000)
  Ein Gott, der tötet? (2002)
wird sich 2004 zum Vierklang ergänzen. Der inneren Logik folgend gibt es keinen Weg an der Kernfrage der Christologie vorbei. Unser nächstes Thema "Gottesfleisch" trifft das Zentrum christlicher Verkündigung. Geleitet von dem Christushymnus aus dem Philipperbrief (2,6-11) werden sich die 4. Interdisziplinären Tage für Neue Musik und Theologie (17. bis 2. Juni 2004) mit diesen Fragen und Widersprüche auseinandersetzen: "Ist die Rede vom fleischgewordenen Gott, von seinem Sterben und Auferstehen für uns heute noch angemessen? Ist sie eine wichtige Facette unseres Redens von Gott? Ist sie unverzichtbar?"[1]

Wir legen nach den ersten beiden Veröffentlichungen[2] nun die Auswertung der 3. Interdisziplinären Tage für Neue Musik und Theologie vor, zu denen die Kantorei an St. Martin vom 20. bis 23. Juni 2002 nach Kassel eingeladen hatte. Sie ist umfangreicher als die vorhergehenden, weil wir auch die Diskussionen der Seminarveranstaltungen in der Lutherkirche Theologie im Gespräch I+II und Neue Musik im Gespräch I+II dokumentieren. Der Dialog ist diesmal wirklich gelungen, und er dürfte für Theologen wie Musiker auch beim Nachlesen gleichermaßen anregend sein.

"Ein Gott, der tötet?" – irritierend war der Satz (die Frage) für viele, erschreckend sogar, eine Herausforderung in jedem Fall. Wir sind den beiden Theologieprofessoren Dr. J. Christine Janowski und Dr. Heinz-Günther Schöttler

---

[1] Aus dem Text für den Prospekt *neue musik in der kirche* 2004.
[2] Corinna Dahlgrün/Hans Darmstadt (Hgg.), neue musik in der kirche: visionen gegen die zeit. Interdisziplinäre Tage für Neue Musik und Theologie 11.-14. Juni 1998 – Dokumentation und Auswertung, Frankfurt/M. 1999 und: neue musik in der kirche II: Himmel, Hölle, Tod und Teufel. Interdisziplinäre Tage für Neue Musik und Theologie 15.-18. Juni 2000 – Dokumentation und Auswertung, Frankfurt/M. 2001.

dankbar für ihre Bereitschaft, sich auf das Thema eingelassen zu haben, und dafür, dass wir ihre Manuskripte veröffentlichen können[3]. Beide haben sich ebenso risikobereit wie kenntnisreich mit den biblischen Befunden auseinandergesetzt und verschiedene Wege zu einem vertiefenden Verstehen aufgezeigt. Zum zentralen Bestand der theologischen Dokumentation gehören auch die beiden Predigten von Bischof Dr. Martin Hein, der das Thema geöffnet und zum Erfahrungsaustausch eingeladen hat, und Prof. Dr. Corinna Dahlgrün, der die schwierige Aufgabe zufiel, zum Schluß einerseits Position zu beziehen und andererseits das musikalisch-theologische Geschehen der Tage zusammenzufassen.

Zu danken ist den Komponisten der Uraufführungen. Die Kantorei an St. Martin hatte mehrere Kompositionsaufträge vergeben mit der Bitte, sich auf eine selbst zu bestimmende und eigenständige Weise auf das theologische Motto einzulassen und sich dann während der Tage in Kassel dem Gespräch mit Theologen und Publikum zu stellen. Besonders Letzteres konnte keineswegs als selbstverständlich vorausgesetzt werden. Im Nachhinein ist zu sagen, dass der Tagung Entscheidendes gefehlt hätte ohne die offenen, zum Teil sehr persönlichen Äußerungen der Musiker. Wir danken Ulrich Krieger, Helmut Oehring und Matthias Kaul für ihre Musik und ihr Engagemnet während der gemeinsamen Tage in Kassel[4].

Der Kern der Tage *neue musik in der kirche* sind die Konzerte in der Martinskirche gewesen. Wir dokumentieren die Programme. Einigen der Interpreten soll stellvertretend für viele ein besonderer Dank ausgesprochen werden: Angelika Luz, Christine Schönfeld, Mechthild Seitz, Marco Blaauw, Hans-Ola Ericsson, Dror Feiler.

Daß die Materialsammlung wirklich zur Dokumentation werden konnte, ist den beiden kompetenten Mitarbeitern Herbert Glossner (Musik) und Dr. Volker Stümke (Theologie) zu verdanken. Sie haben sich der Mühe einer detaillierten Auswertung unterzogen. Wir danken ihnen für die aufmerksame und kritische Be-

---

[3] Die Beiträge sind hinsichtlich der neuen Rechtschreibung redaktionell nicht bearbeitet.
[4] Die Uraufführung "Eure Augen" von Isabel Mundry, ebenfalls eine Auftragskomposition, konnte in den Gesprächsrunden nicht berücksichtigt werden, weil das Werk erst in der Musiknacht am Sonnabend uraufgeführt wurde. Es gehört aber zweifellos zu den Kompositionen, die die Tage geprägt und einen starken Eindruck hinterlassen haben.

gleitung, für Sichtung und Bündelung, für Zusammenfassen und Unterscheiden, für Sortieren und Formulieren und für gute Ratschläge.

Ein besonderer Dank gilt Ezzelino von Wedel, der nicht nur die Gesprächsrunden in der Lutherkirche moderierte, sondern auch das musikalische Geschehen aufmerksam verfolgt und es verstanden hat, Theologen und Musiker in ein lebhaftes und intensives Gespräch miteinander zu führen. Um die Tonbandaufzeichnungen der Gespräche in eine Druckfassung zu bringen, bedurfte es der mühevollen Abschrift der Bänder durch Dr. Johannes Goldstein und der Redaktion der Texte, die Prof. Dr. Corinna Dahlgrün vornahm.

Die Kasseler Tage *neue musik in der kirche* sind etwas Unverwechselbares in der Szene der Neuen Musik und im Raum der Kirche. Allen, die die Voraussetzungen dafür geschaffen haben und weiter gewährleisten, gilt der abschließende Dank: der Evangelischen Landeskirche von Kurhessen-Waldeck, dem Gesamtverband evangelischer Kirchengemeinden in Kassel, dem Kirchenvorstand der Freiheiter Kirchengemeinde St. Martin, dem Hessischen Rundfunk, dem Vocalensemble Kassel, der Kantorei an St. Martin (mit der stets einsatzbereiten Agnete Goldmann im Büro), vielen Helfern und – last not least – den großzügigen Förderern und Sponsoren aus Wirtschaft und Kultur.

Wir freuen uns, daß der Peter-Lang-Verlag auch unsere dritte Dokumentation in sein Programm aufnimmt.

Kassel, im Februar 2003

Für die Herausgeber
Hans Darmstadt

Herbert Glossner

Um Leben und Tod, Liebe und Hoffnung
Ein Gott, der tötet? Wie die Musik sich dem Thema stellt

Fragezeichen sind Widerhaken, die den glatten Ablauf stören. Sie stehen klaren Aussagen im Wege. Gilt das für das provokant formulierte Thema der 3. Interdisziplinären Tage für Neue Musik und Theologie im Ganzen, so in einem eigenem Sinn auch für die zu erlebenden, teils multimedialen, Werke. Sie sprechen den Körper mit seinen Wahrnehmungsorganen an, wecken Neugier, wühlen auf, weisen in Neuland voraus, lassen Fragen offen. So bildete schon die erste Uraufführung von Ulrich Krieger (1962 in Freiburg i. Br. geboren) mit ihren Klangmassen und Bilderfluten ein einziges großes Fragezeichen. Nicht nur vordergründig, weil viele ratlos, wie erschlagen von der Wucht der akustischen und optischen Kontraste, nach dem Nachtkonzert den Kirchenraum verließen. Das Werk selbst, ein Auftrag der Kantorei an St. Martin, stellt Fragen.

Ohrenstöpsel waren zuvor verteilt worden – wenn auch nicht von allen gebraucht -, denn die Vibrationen der im Raum verteilten Lautsprecher erreichten leicht die Phonzahl von Rockmusik. "Op F'arh", im Untertitel "eine rituelle, musikalisch-visuelle Performance", mit dem schwedischen Videofilmer Lillevän als Co-Autor, kreist um den althochdeutschen Begriff für "Opfer". Forscht nach Opfern und Tätern, nach Sinn oder Missbrauch eines Opfers. "Anders gefragt", schließt Krieger seinen Kommentar im Programmheft: "Braucht ein Herrschaftssystem egal welcher Ausrichtung Opfer? Braucht das Opfer den Täter?" Es sind Fragen, auf die der Komponist, wie er am darauffolgenden Tag während der Veranstaltung "Neue Musik im Gespräch" bekräftigte, keine Antworten gibt. Die sich den wachsenden und schwindenden Klängen stellen, den flüchtigen – realistischen oder abstrakten – Bildern auf den beiden Leinwänden, sind herausgefordert, Stellung zu beziehen. Lassen sie den lautstarken Angriff aufs Trommelfell, ja, bis in die Eingeweide hinein zu? Lassen sie sich, buchstäblich, erschüttern, aus der Ruhe bringen? Lassen sie sich von den wechselnden Bildsequenzen in überraschende Assoziationen, in beunruhigende Ahnungen stürzen, auf ungewisse Wege (ver)-führen?

Tiefes Brummen breitet sich aus, mehr ein Geräusch zunächst, kaum hörbar mischen Streicher sich ein, amorphe Projektionen füllen die Leinwände. Dann eine hohe Singstimme, die Klänge massieren sich, Häuserfronten, Berge, Gesichter flimmern, die Töne schwellen, steigen, werden schriller, sirrend schneiden sie ein, die Formen zerfließen. Ein unbestimmbares Klangvolumen füllt die Martinskirche – woher kommen, wie entstehen, wie mischen sich die geweiteten, gespreizten, komprimierten Impulse? Etwa 20 Minuten lang ist das Publikum in einem ersten Teil diesem Ansturm ausgesetzt. Chaos? Inferno? "Ein Gott, der tötet", Apokalypse? Die "5 Teile mit 4 Zwischenspielen", so das Programmheft, sind klar als Struktur zu erkennen; schwieriger ist es, die Besetzungsangaben im einzelnen nachzuvollziehen: "für Sängerin, 10 Musiker, Verstärkung, Elektronik und Video". Lillevän ist im Kirchenschiff zu beobachten, wie er an Bildschirmen die Projektionen steuert. Aber erst im Komponistengespräch erfährt man, dass er aus drei vorbereiteten Quellen – zwei Videobändern und einem Computerprogramm – die Bilder live mischt. Die Mitglieder des Ensembles "est!est!!est!!!" und die Sopranistin Julie Randall Osborn mit dem Dirigenten Johannes Uhle sind im Altarraum zu sehen, Ulrich Krieger im Mittelgang am Mischpult. Aber die nachträgliche Information überrascht, dass der vokale Part zwar mit Live-Elektronik manipuliert wird, die so schwer zu beschreibende Wirkung der Instrumente aber nur mittels zweier Mikrofone für jeden Spieler erzeugt wird – eines für "normale" Verstärkung, ein zweites für so genanntes "close microfoning", ein quasi mikroskopischer Effekt durch extreme Nähe zum Klangerzeuger, die zu Verzerrungen führt. Und eben der Komponist am Mischpult, der zu den live spielenden und gesteuerten Instrumenten nur an zwei Stellen Orgel-Aufnahmen einfügt.

Der Auftrag schloss das optische Medium ein. Musik und Videos entstanden unabhängig voneinander, doch in engem konzeptuellen Austausch, das Thema "Opfer" befragend, ohne etwas festzulegen. Krieger und Lillevän einigten sich über bestimmtes Filmmaterial, schlossen allzu Naheliegendes wie "New York, 11. September" aus; doch das Endergebnis sah Krieger erst in Kassel. Den Kompositionsprozess beschreibt er so: Erst wurden die Instrumente notiert, dann die Singstimme als neue Schicht, Text als phonetisches Material; die Instrumentalstimmen in den Computer gegeben, verändert, dann aber mit dem Notationsprogramm wieder konventionell geschrieben. Daraus musizierte das hoch virtuose Ensemble, mit dem Uhle "Op F'arh" an nur vier Probetagen erarbeitete. Die Ritualität, auf die der Untertitel sich bezieht, sieht Krieger in einem "nicht genannten Ritus". Es sind Rituale der Langsamkeit, einer Musik, die er physisch, emotional, nicht in erster Linie intellektuell verstanden wissen will.

Es gibt darin stille Momente. Einzelne Akkordeonklänge, Cellotöne, Klarinette, Blechbläser, Paukenwirbel lösen sich aus dem akustischen Kontinuum heraus, fließen zurück. Es gibt auch ruhende, manchmal kristalline Bilder, doch dominieren Filmausschnitte (zum Beispiel aus Roman Polanskis "Macbeth"), Dokumentaraufnahmen, die immer wiederkehrende Szene einer Vergewaltigung, Ruinen, Menschenmassen, Autocrash, Horror-Comics, für Sekundenbruchteile ein Kruzifix, Wundmale, Landschaften. Immer gehetzter verdichten sich die umfassenden Reize in den 20 Minuten des letzten Teils bis zum abrupten Schluss. Darum ist es beim ersten Wahrnehmen nur schwer nachzuempfinden, dass dieser fünfte Abschnitt angenehme Empfindungen im Gegensatz zur "Hölle" des Übrigen vermittle, wie Dirigent Uhle äußerte. Oder dass Ulrich Krieger daraus "mit positiver Energie" hervor gehe, eine Art "progressiven Hedonismus" fühle, während im deprimierenden, "dunklen" Anfang durchaus der "Gott, der tötet" zu spüren sei.

"Neue Musik", groß geschrieben? Die Schublade ist zu eng für das, was in Kassel an aufregend Neuem zu erleben ist. Ulrich Krieger, der unter anderem in New York studiert hat und auch als Rockmusiker arbeitet, passt ebenso wenig hinein wie Helmut Oehring (1961 in Berlin geboren). Er, der in der DDR lebte, Baufacharbeiter lernte, Gitarrenspiel und Komponieren sich zunächst selbst beibrachte, schreibt über sich: "Meine Musiken sind Doku-Dramen, sie kreisen um das Problem, dass die Leute überhaupt Sprache und damit Beziehungen haben. Und sie ist Reaktion auf einen Mangel, Ersatz für Vermisstes, Ausfüllen einer Leere, Fixieren einer Losheit. Meine Muttersprache ist Gebärdensprache. Lautsprache habe ich im Alter von ungefähr 4 ½ Jahren gelernt. Meine Eltern sind beide seit ihrer Geburt gehörlos." Seine Werke bildeten den Schwerpunkt des zweiten Nachtkonzerts mit dem Ensemble L'art pour l'art, endend mit der Uraufführung von "ICH.STILLE" (aus: "Rehnebel/Opfer/Puderfinger"), einem Trio für Bassflöte, Percussion und Gitarre, entstanden im Auftrag von L'art pour l'art und der Kantorei an St. Martin. Der Titel weist unmittelbar auf die Musik und auf den Bezug zu Oehrings Stil und Person hin: Still beginnt und endet das rhythmisch und dynamisch hoch differenzierte Werk. Liegende, getupfte Töne prägen es, fliehende 64tel-Kaskaden, Klangschwingungen, rasche Akkordschläge der Gitarre (Ulf Mummert), unisono-Passagen aus Flöte (Astrid Schmeling, auch Bassflöte) und Marimbaphon (Mattthias Kaul, auch Glasharfe und Vibraphon). Melodische Wendungen scheinen auf, immer wieder getrübt durch verfremdende Behandlung der Instrumente. Auch frühere Werke, in verschiedener Kammerbesetzung, charakterisieren solch verstörende Klangschleier, die vielleicht wie ein Code auf den oft politisch-ethischen Hintergrund der Komposition hin deuten. "Cayabyab" für Flöte, Gitarre und Schlagzeug (1993) nennt im Titel den Namen des Arztes, der in den USA mit der Todesspritze als Mittel der Urteilsvollstreckung verbunden ist, ein ruhiges, filigranes Stück voller stiller Momente. "Nr. 2 (aus: Koma)" für Klarinette, Kontrabass und Schlagzeug (1990), untertitelt als "Rapid-Eye-Movement", arbeitet mit homorhythmischen Klanggruppen, ausgedehnten Terzbewegungen des Vibraphons und polyphonen Crescendi. "Dienel" für Fagott, Kontrabass und Cembalo (1996) ruft den Namen eines ehemaligen FDJ-Funktionärs in Erinnerung, der sich später in der rechten Szene bewegte und ins Gefängnis kam. Den Cembaloklang erzeugt ein Keyboard, geräuschhafte Pianissimi, Marschrhythmen und dumpf geschwätzige Passagen schaffen eine bedrückende Atmosphäre.

Außergewöhnliche Faszination ging von "Mischwesen" (1998) aus, das Helmut Oehring gemeinsam mit der Komponistin Iris ter Schiphorst für Flöte, Klarinette, Fagott, Keyboard und Gebärdensprache geschrieben hat – eine Hommage an die "Schönheit der Gebärdensprache", wie Oehring sagt. Basierend auf einem Gedicht, das im Programm nicht abgedruckt war, doch von Hans Darmstadt vorgelesen wurde, treten hier stumme Gesten und nicht identifizierbare Laute zu den vier Instrumenten. Christina Schönfeld – sie war schon in Oehrings aufsehenerregender Oper über ein Boxersujet, "Das d'Amato System", bei der Münchener Biennale für neues Musiktheater 1996 dabei – ist eine gehörlose Schauspielerin von ungewöhnlicher Ausstrahlung, die nach einer die Tonhöhen und -bewegungen genau fixierenden Partitur und den Zeichen des Dirigenten in der Lage ist, zu musizieren, ohne selbst zu hören. Auch dieses Werk sehr still in seiner innigen Verbindung von Instrumental-, Vokal- und Körpersprache. Doch schien diese unerwartete Darbietung manche auch verwirrt zu haben. Denn im zweiten Komponistengespräch konfrontierte ein Zuhörer Helmut Oehring mit der aggressiven Frage: "Wie obszön ist eine Musik, die Gehörlosigkeit zur Schau stellt?" Bestimmt und gelassen nannte der Komponist das "eine mutige Frage" und stellte dagegen, vor dem Hintergrund seiner Biografie, "die Schönheit der Gebärdensprache, der Mutter aller Sprachen", heraus. "Nehmen Sie es als Geschenk von Christa Schönfeld an Sie!"

Hier wurde offenkundig, wie solche Gespräche zwischen Komponisten, den sich beteiligenden theologischen Referenten und Publikum sich zu ganz entscheidenden Eckpunkten der Kasseler Tage entwickelt haben. Denn weitere Einwände stellten den Bezug der aufgeführten Werke zu "Evangelium und Sakramenten" in Frage, der sakrale Raum kümmere die Komponisten nicht, interdisziplinärer Dialog komme nicht zustande. Das widerlegte sogleich *in persona* der Bamberger katholische Pastoraltheologe Heinz-Günther Schöttler und argumentierte mit dem Evangelium als "Kraft Gottes" (Römer 1), die viel lebendiger wirke, als dass der Kirchenraum ein Monopol darauf beanspruchen könnte. Diese Musik gehöre unbedingt in die Kirche. Als darauf der klug und mit leisem Humor moderierende Ezzelino von Wedel, Radio Bremen, Oehring zugespitzt fragte: "Wie rechtfertigen Sie Ihre Musik in der Kirche?" replizierte dieser unter großem Beifall: "Brauche ich eine Rechtfertigung?" Er fühle sich hier wohl, schätze die Offenheit im Unterschied zu der sich ansonsten meist hermetisch gebenden Kirche. Vor allem seien Kirchen Orte, "in denen schon etwas geschehen ist", Orte der Stille, von denen etwas ausgehe. Und: "Ich schenke dem Raum, den Menschen etwas."

So einfach, mit so viel Selbstbewusstsein, zugleich überaus sympathischer Bescheidenheit und Gesprächsbereitschaft wurde diese Kardinalfrage der "Neuen Musik in der Kirche" selten auf den Punkt gebracht. Es ist Musik, die zu den Hörenden in der Kirche spricht, in einer Sprache, die nicht abgenutzt ist, die Bewusstseinsräume öffnen kann, die für biblische oder geistliche Texte verschlossen bleiben. Sein Komponieren beschrieb Oehring als ein Transformieren der Bilder und Ereignisse um ihn herum, "hoffend, dass dadurch neue Blicke auf sie möglich werden". Eigentlich sei er "ein furchtbar romantischer Komponist – es geht immer um Leben und Tod, Liebe und Hoffnung". Konkret verursacht das einen Zwiespalt, zu dem sich Heinz-Günther Schöttler beim Hören von Oehrings Musik bekannte. Warum müssten all diese schönen Instrumente und Klänge so fremdartig behandelt, verändert, verzerrt werden? Andererseits: "Wir spüren darin, wie brüchig unsere Systeme sind." Aus dem Gedächtnis bekräftigt mit einem Zitat von Elie Wiesel: "Die Frage besitzt eine Kraft, die die Antwort nicht mehr hat."

Ein unvergessliches Beispiel solcher Kraft gab in jenem Nachtkonzert die Komposition "Amadeu Antonio Kiowa" (2000) von dem Schlagzeuger Matthias Kaul, zwischen den Werken Helmuth Oehrings in vier verschiedenen Versionen gespielt. "Antonio Amadeu Kiowa" ist dem Andenken des Angolaners gewidmet, der 1990 von etwa 50 rechtsradikalen Skinheads in Eberswalde zu Tode geprügelt wurde. Als Kaul nach zehn Jahren von diesem Mord las, kam ihm die Idee zu einem Stück, das mit einem eigentümlichen Trommelphänomen arbeiten sollte. (Die GEMA-Erlöse fließen in die "Antonio Amadeu Stiftung" in Berlin.) Das Werk gibt, wie Kaul dazu schreibt, "nach mindestens 50 sehr lauten, schweren Schlägen (MM 112) auf einer Snare- oder Militarydrum" dem Solisten alle Freiheit, die Snare-Saiten mit anderen Instrumenten oder Mitteln kontinuierlich schwingend zu halten, ohne dass die Trommel noch geschlagen wird. "Erfährt das Rauschen eine Unterbrechung, setzen die Schläge wieder ein … " Erstaunlich waren Vielfalt und Raffinesse der eingesetzten Techniken. So nutzte Stefan Kohmann nach dem ersten manuellen Schlag eine mechanisch repetierende Gitarreneffektmaschine, hielt mit Blasen durch Plastikrohre aus dem Baumarkt die Saiten am Schwingen und zog Tonbandzuspielungen, teils mit erkennbaren Politikerstimmen, hinzu. Ganz ohne technische Hilfen, mit afrikanischen Perkussionsinstrumenten und in die Trommel hinein singend erzielte Natascha Bauer starke Wirkung. Matthias Kaul selbst ließ zum steten Rauschen Trommeln, Tamburin, Klangschalen und Metallzungen tönen. Olaf Pyras, der hoch oben über der Empore agierte, versetzte mittels Mikrofon und Leitung eine Snaredrum im Mittelgang der Kirche in Schwingungen, begleitet von differenzierten Schlagakzenten. Im Gespräch nannte Matthias Kaul die prinzipielle Übereinstimmung seines politischen Motivs mit christlichen Inhalten zwar positiv, räumte aber ein, dass das kirchliche Ambiente, anders als Oehring es empfand, für ihn nicht so wichtig sei. Doch war es für ihn ein starker Eindruck, zum ersten Mal in einem Konzert neben seiner eigenen Version drei weitere seiner Solo-Komposition zu hören. Das wiederum war akustisch so pointiert – vier Schlagzeuger aus vier Ecken, davon einer von oben – in kaum einem anderen Raum vorstellbar. Besonders deutlich war das zu spüren, als ein Vierteljahr später während des "world drum festivals 2002" in der Hamburger Musikhochschule Matthias Kaul mit neun weiteren Interpretationen von "Antonio Amadeu Kiowa" zu hören war. Musikalische Fantasie und Perfektion – ja; aber der relativ kleine Studioraum konnte nicht im Entferntesten die Aura vermitteln, die dem Raumklang in der St. Martinskirche eigen und dem Menetekel gegen Rassismus und Gewalt angemessen war. Zu demonstrieren, wie das Neue neben dem Alten bestehen kann und das Alte dem Neuen gegenüber neu klingt, ist in Kassel Programm. Wieder konfrontierte die lange Musiknacht am letzten Abend in der Martinskirche Werke alter Musik mit zeitgenössischen, darunter zwei Uraufführungen. Wie ein Leitmotiv zog sich das "Sanctus" der überlieferten Messe durch die drei Abschnitte. Am Anfang und am Schluss noch einmal stand die "Kleine Salzburger Messe" (1968) von Konrad Lechner (1911-1989), die das Vocalensemble Kassel unter Hans Darmstadt erst vor zwei Jahren in Lechners Geburtsstadt Nürnberg posthum uraufgeführt hatte – eine Verneigung vor einem noch immer zu wenig bekannten Großen der Neuen Musik. Das glasklare, äußerst konzentrierte a-cappella-Werk aus Kyrie, Sanctus und Agnus dei wirkt, als sei traditionelle Vokalität wie von einem Zauberstab berührt in die Moderne versetzt worden. Dem antwortete die "Monodia" des Leningraders Alexander Knaifel (Jahrgang 1943) auf eine Nachdichtung des 22. Psalms von George Buchanan (1505-1582). Der Anfang (in Übersetzung) "Mein Gott, schaue auf mich, warum verlässt du mich, o Gott?" passt zu dem mehrfach thematisierten "Fragen", mehr noch aber stimmt dazu die Faktur des Werks für Stimme solo: die Auflösung der ersten Worte "Deus meus" in angstvolles Hauchen, der Wechsel von gesungenen, gleitenden, halb verschluckt gesprochenen Tönen bis zum Schrei, die flehentliche Reduktion auf Konsonanten und Vokale. Angelika Luz gab dem allem, den Melismen, den Kontrasten von extremer Höhe und tiefer Sprechlage stark berührenden Ausdruck. Das "Sanctus" aus der Notre-Dame-Messe von Guillaume de Machaut (um 1300-1377), gesungen von fünf solistischen Männerstimmen des Vocalensembles, rahmten dann zwei Orgelstücke. In "Niagara VII", einer nicht näher kommentierten Komposition von Dror Feiler (1951 in Tel-Aviv geborener "Schwede israelischen Ursprungs") mischen sich Saxofon-, Orgel- und Elektronikklänge. Nach leise sirrenden Tönen setzt ppp im Diskant die Orgel ein (Hans-Ola Ericsson, Jahrgang 1958), der Wind wird ab- und angeschaltet, Cluster wachsen und verklingen, zu elektronischen Klängen kommt kaum merklich das Saxofon (Dror Feiler). Hans-Ola Ericsson gibt mit seinem "Canzon francese del Principe – Eine Intavolierung über eine Intavolierung von Don Carlo Gesualdo" ein Beispiel, wie eine alte Notations- bzw. Bearbeitungsweise in neuen, improvisatorisch wirkenden Formen gebrochen wird: Das (erkennbare) Original immer wieder von flächigen Kaskaden überwuchert, durch Steuern der Windzufuhr ins Ungefähre gezogen, zum harten Schluss in mehrfaches Fortissimo gesteigert. Eine Uraufführung von Isabel Mundry (Jahrgang 1963) beschloss den ersten Teil der Musiknacht, den Hans Darmstadt durch die Gegenüberstellung "liturgische Strenge – unberechenbare Ausbrüche" charakterisierte. "Eure Augen", nach einem (im Programm nachzulesenden) dunklen Text von Unica Zürn, den die Komponistin auf eine "Reflexion über den Tod" und das Töten bezieht, ist im Auftrag der Martinskantorei für Trompete in C und Chor in drei Gruppen geschrieben. Die in Worte, Silben, Vokale und Konsonanten zersplitterte Sprache ist eindringlich in Klang aufgelöst. Das Vocalensemble Kassel unter Hans Darmstadt singt von den Seitenemporen und von vorn, die teils vokal verschmelzenden, teils mit Melismen oder langen Liegetönen konzertierende Trompete erklingt von der rückwärtigen Empore. Die drei Sätze nähern sich unterschiedlich dem Sprach- und Tonmaterial. Nach einem tutti-Einsatz prägen die vor den Mund gehaltenen Hände das Klangbild, dann dominieren Zischlaute, der Trompetenpart wird reicher, bis ein stiller Ton das Werk schließt.

Den zweiten Teil, nach Darmstadt unter dem Kontrast "Stille – unerträgliche Lautstärke", eröffnete Hans-Ola Ericsson mit Dror Feilers "Die Versunkenen und die Geretteten" ("I sommersi e i salvati", 1996) für Orgel und Tonband. Es erkundet die äußersten Möglichkeiten der Klang- und Geräuscherzeugung bzw. -mischung, von Orgelclustern über elektronische Generierung bis zur *musique concrète*, mit dem Titel unweigerlich die Katastrophen und – allem zum Trotz – Hoffnungen des 20. Jahrhunderts beschwörend, aber eben mit autonom musikalischem Material. Persönliche, gleichwohl den Tod streifende Lyrik vertonte der 1945 in Südkorea geborene Younghi Pagh-Paan mit "Ma-am" (1990), einem stillen Gedicht von Chung-Chul, für Frauenstimme mit Claves. Über große Intervalle, mit kehligen Lautbildungen schwingt sich souverän die Stimme von Angelika Luz; die Sängerin hantiert auch mit den Holzstäben. Ein weiterer Kontrast: das "Sanctus" aus der Messe "Se la face ay pale" von Guillaume Dufay (um 1400-1474), in polyphoner Durchsichtigkeit gesungen vom Vocalensemble unter Hans Darmstadt in dem besonderen Schwingungsgewölbe des Chorraums hinter den Trennungsstreben zum Kirchenschiff in St. Martin. Wie schon in "Eure Augen" bläst Marco Blaauw auch virtuos Isabel Mundrys Trompeten-"Solo auf Schwellen" (2002). An seinem eigens konstruierten Instrument mit zwei Schalltrichtern, das rasche Klangwechsel mit Überblend-Effekten ermöglicht, tauscht er verschiedene Dämpfer aus, wandert vor dem Altar fünf Notenpulte entlang, entfernt sich schließlich mit dem letzten Ton seitlich. Beide in Kassel aufgeführten Kompositionen enthalten nach Äußerungen der Komponistin mit ihrer Spannung des Übergangs "Aspekte des Todes" – sie "finden sich an jeder Schwelle, die einen Raum entstehen und einen anderen verschwinden lässt". Eine Schwelle sieht sie überall entstehen, "wo ein Raumgefühl sich auflöst – mitten in einer leeren Fläche, bei einem Schritt ins Dunkel, am Ende eines Tons". Das musikalische Material, nach immanenter Gesetzmäßigkeit verarbeitet, lässt sich – assoziativ, intuitiv, bewusst – mit Bedeutung füllen: Das Phänomen zieht sich durch die Musikgeschichte von der Polyphonie mittelalterlicher Motettenkunst mit ihrer komplexen Textbehandlung über Johann Sebastian Bachs Symbolsprache bis in die Gegenwart. (Dazu noch eine Anmerkung: Nachdem die Gespräche mit den Komponisten Krieger, Oehring und Kaul so spannend und aufschlussreich verlaufen waren, musste es um so bedauerlicher erscheinen, dass mit Isabel Mundry und dann auch mit Hans Darmstadt diese Möglichkeit nach deren Uraufführungen aus Zeitgründen nicht mehr gegeben war.)

Zu Beginn des dritten Abschnitts der Musiknacht singt das Vocalensemble auch das "Sanctus" aus der "Missa Pange lingua" von Josquin des Prez (um 1450-1521) im Chorraum. Mit der darauf folgenden Improvisation für Saxofon und Orgel entfaltet sich das Gegensatzpaar "Fließen, Strömen – harter Schnitt", das diesem Schlussteil zugeordnet ist. Dror Feiler und Hans-Ola Ericsson geben noch einmal ein Beispiel der aggressiven, schockierenden Möglichkeiten ihrer Instrumente, mit Geräuschen, Bass/Diskantkontrasten, Schreien, mit abrupt dazwischen fahrenden Glockentönen. Dass im Zusammenwirken beider diese Improvisation und dann ein weiteres aufschreckendes Werk Feilers, "Schlafbrand" (1985) für Orgel und Tonband, der Uraufführung des "Sanctus" von Hans Darmstadt den Rahmen gaben, stellte erneut den beunruhigenden Kontext des tötenden Gottes her. Denn in "Schlafbrand", nach Ericsson "das gewaltsamste und extremste Stück, das je für einen Kirchenraum geschrieben wurde," brechen Erinnerungen an Gewalt, Vernichtung und deren Überwindung auf, Marschtakt und heftige Schläge oder Schüsse sind nur besonders plakative Bausteine des komponierten Schreckens. Das Stück entstand unter dem Eindruck des jiddischen Gedichtes vom vergehenden Städel, hochdeutsch "Es brennt, Brüder, ach, es brennt! Ach, unser armes Städtchen, alles brennt!", das Mordechai Gebirtig 1942 im Krakauer Getto schrieb.

Die Textgrundlage für Darmstadts "Sanctus" sind neben der übermächtigen Gottesbegegnung des Propheten in Jesaja 6, auf die das liturgische "Sanctus" zurückgeht, Zeilen aus der 1. Duineser Elegie von Rainer Maria Rilke. Die dreichörige Komposition, die Hans Darmstadt mit dem Vocalensemble präzise einstudiert hatte, ist das vierte Stück seiner "Missa hebraica" – wahrlich ein Höhepunkt dieser Interdisziplinären Tage. Nach "Kyrie", "Gloria" und "Credo", dem noch das "Agnus dei" folgen wird, formte Corinna Dahlgrün auch diese Textvorlage, von Darmstadt rhythmisch, dynamisch und phonetisch komplex umgesetzt. Mit dem hebräischen "qadôs", "heilig", beginnt ein fünfstimmiger Frauenchor in kräftig akzentuierter Bewegung, der sechsstimmige Männerchor fällt mit liegenden Akkorden ein, ein weiterer fünfstimmiger Frauenchor übernimmt das "qadôs" des ersten. Die fremde, phonetisch aufgebrochene Sprache und der geschichtete Klang formulieren die Grenzerfahrung einer prophetischen Engels- und Gottesvision, mit ekstatischen Exklamationen und Momenten gebannter Ruhe. Zum ersten Mal in der "Missa hebraica" grundiert die Orgel wie ein schwebend nur angedeuteter Generalbass den Vokalsatz. Ein tiefes C setzt den Anfang, sogleich durchdringt ein viergestrichenes h spitz das chorische Geflecht, nur wenige melismatische Figuren, den gesungenen entsprechend, seltener Akkorde unterbrechen den feinen instrumentalen Fluss. Die Solostimmen Angelika Luz, Sopran, und Ekkehard Abele, Bariton, setzen im zweiten Teil mit "wa'omàr ... ", "und ich sprach: weh mir ... ", ein, eine ganze Strecke unbegleitet, bis die Chöre den weiteren Bericht übernehmen. "Wer, wenn ich schriee, hörte mich ... " intoniert mit Rilke ein Baritonsolo den dritten Teil, langsam verdichten der Solosopran, dann Männerstimmen, schließlich alle Teilchöre das Geschehen. Über gesummten Liegetönen der Altstimmen, dann allein und mit dem Bariton, eröffnet die Solistin, immer wieder ins Sprechen fallend, den vierten Teil mit Rilkes Engel-Schau - "das Schöne ist nichts/als des Schrecklichen Anfang ... Ein jeder Engel ist schrecklich", der Satz zeitweise gesteigert bis zu zwanzig Stimmen. Kontrapunktisch auf den Anfang zurückgreifend, gehören nach einem verklingenden Solotriller auf dem hohen cis die letzten neun Takte den Chören - "qadôs".

Es kennzeichnet die überlegte Kasseler Dramaturgie, dass nach Konrad Lechners "Kleiner Salzburger Messe" am Ende der Musiknacht im Abschlussgottesdienst am Sonntagvormittag der Komponist noch einmal zu Wort kam und auch Hans Darmstadts "Sanctus" wiederholt wurde. Kantorei und Vocalensemble sangen Lechners doppelchörigen "Psalm aus h" (1969), begleitet von zwei Orgeln und drei Schlagzeugern. In eine Auswahl aus lateinischen und deutschen Psalmworten, teils psalmodierend, teils emphatisch deklamiert oder erregt gesprochen, ist auch das "Sanctus" in Gestalt des griechischen Trishagion integriert. Einwürfe der Orgeln und Perkussionschläge schärfen die verzweifelten Gebete des Psalmisten, die in Zuversicht münden: "Über uns ruht wie ein Schild deine Gnade."

So rundeten sich diese Tage, die im Eröffnungsgottesdienst mit einer Improvisation an den Klangsteinen der Martinskirche und mit Hans Werner Henzes "Prison Song" (1971) für Schlagzeug solo (beides Olaf Pyras) begonnen hatten, dazu mit "Kyrie" und "Sanctus" aus Dieter Schnebels "Missa brevis" für Solostimme (2000/2001), von Mechthild Seitz, Alt, virtuos realisiert. Das Thema des Schlussgottesdienstes trug kein Fragezeichen mehr: "Er tötet und macht lebendig." Die kompositorische Konfrontation mit dem Tod kennt auch die Sprache der Hoffnung.

Volker Stümke

"... Weil sie stets mit Geräusch verbunden"
Eine theologische Auswertung der Tage "neue musik in der kirche 2002"

Musik wird oft nicht schön gefunden,
Weil sie stets mit Geräusch verbunden.

Bei Wilhelm Busch[1] ist es ein am Gartenzaun vorbei ziehender Bettelmusikanten-
chor, der Gärtner Knoll zeitweilig davon abhält, einen verhassten Maulwurf im
Garten zu erschlagen. Deren musikalisches "Schnarräng" ist störend und aufschreckend zugleich; diese Geräusche stören seine Konzentration auf die geplan-
ten und eingeübten fachmännischen Handlungen zur Maulwurfsbeseitigung und
zugleich verschrecken sie den Maulwurf, der folglich seine unterirdischen Gefilde
nicht verlässt. Erst nachdem die Musiker durch den Einsatz einer Schaufel zum
Weitergehen veranlasst werden konnten und wieder Ruhe eingekehrt ist, kann der

---

[1] Wilhelm Busch, Der Maulwurf; in: ders., Dideldum (1874).

21

spießige Gärtner unter Inkaufnahme gravierender Kollateralschäden und eigener schmerzhafter Verletzungen den Maulwurf umbringen.

Aufschrecken und stören – diese Wirkungen waren auch bei der dritten interdisziplinären Begegnung von Theologie und neuer Musik in Kassel intendiert. Schon die Überschrift mit ihrer Rede von einem tötenden Gott hatte eine Signalwirkung. Zwar ist dieser Gottesbegriff mit einem Fragezeichen versehen worden, aber das steht wohl für die Probleme, die ein solches Reden von Gott mit sich führt und nicht dafür, eine solche Rede zu negieren und abzuschaffen. Vielmehr war mit Blick auf die gegenwärtige kirchliche und theologische Situation eine gegenteilige Stoßrichtung angepeilt: Gegen einen harmlosen, allzu lieben Gott samt der damit einher gehenden theologischen Verblödung[2] sollte ins Gedächtnis gerufen werden, dass die Bibel auch von einem zornigen und vernichtenden Gott spricht. Und dieser Ruf sollte nicht nur als theologische Mahnrede zu vernehmen sein, sondern auch als musikalisches Aufschrecken. Hierfür ist die neue Musik sicherlich besonders geeignet; sie wird von vielen Zeitgenossen "nicht schön gefunden", weil sie sich dem gewöhnlichen Musikkonsum nicht erschließt, und auch die Geräuschkulisse konnte sich zumindest auf dieser Veranstaltung hören lassen[3]. Dazu kommt, dass diese Musik eine andere Wahrnehmung der Wirklichkeit ermöglicht; sowohl die Komposition wie die Rezeption filtern einerseits die wahrgenommene Wirklichkeit und stellen sie andererseits in einen gedanklichen Freiraum.

Aber das Aufschrecken kann nur ein erster Impuls sein, sicherlich unverzichtbar angesichts sowohl der Thematik wie der diagnostizierten theologischen Situation. Es unterbricht eingespielte Gewohnheiten und eröffnet damit einen Raum für ein neues Hinhören, ein neues Wahrnehmen und auch ein verändertes Verstehen; kurz: für einen interdisziplinären Dialog. Das Konzept der Veranstalter, Prof.

---

[2]   Vgl. J.Christine Janowski, Ostersonntag – 1.Sam 2, 1-2.6-8a; in: CPhNF IV/1, 1993, 217-226. In ihrem Vortrag verwies sie auch auf das sprechende, sarkastisch gemeinte Zitat von Helmut Richard Niebuhr: "Ein Gott ohne Zorn leitete Menschen ohne Sünde in ein Reich ohne Gericht durch die Vermittlung eines Christus ohne Kreuz" (ders., Der Gedanke des Gottesreichs im amerikanischen Christentum, New York 1948, 140).
[3]   Im ersten Nachtkonzert, der Uraufführung von "Op F'arh", einer rituellen, musikalisch-visuellen Performance von Ulrich Krieger, wurden am Eingang Ohrstöpsel bereit gelegt. Die akustische Schmerzgrenze wurde bei diesem Stück bewusst erreicht und überschritten; das musikalische Geräusch sollte also aufschreckend und störend sein.

Dr. Corinna Dahlgrün und Prof. Hans Darmstadt, zielte dann auch auf solche Gespräche; die Vorträge und Gespräche in der Lutherkirche bildeten einen zweiten Schwerpunkt der Veranstaltung neben den Konzerten in der Martinskirche. Dementsprechend begann die Konzentration auf den vernichtenden Gott am ersten Abend mit dem Nachtkonzert, in dem das Werk Op F'arh von Ulrich Krieger uraufgeführt wurde, es wurde dann am folgenden Vormittag in der ersten theologischen Gesprächsrunde fortgesetzt und endete mit dem Musikergespräch am selben Nachmittag. Am zweiten Abend wurde mit den Aufführungen der Werke von Helmut Oehring und Matthias Kaul bereits der zweite Aspekt, der leidende Gott, eingeleitet. Man folgte also der hebräischen Tageszählung (vgl. 1. Mose 1,5: aus Abend und Morgen ward der erste Tag), aber sicherlich nicht vorrangig aus der Vorliebe der beiden Veranstalter für das Alte Testament, sondern um den musikalischen Impuls an den Anfang setzen zu können, der daraufhin in den beiden Gesprächsrunden vertieft werden konnte. Schon bei den vorausgegangenen Tagungen sollten diese Gespräche zwar unterschiedliche, teils theologische, teils musikalische Schwerpunkte haben, aber vor allem einen Austausch von Musikern und Theologen über das gestellte Thema ermöglichen – durchaus erfolgreich, aber noch verbesserungsfähig[4].

Hingegen wurde das Konzept eines interdisziplinären Dialogs diesmal vorzüglich umgesetzt. Hierfür sind sicherlich mehrere Faktoren ausschlaggebend: Zum einen wurden die theologischen Referate nicht mehr auf die Vermittlung von Fachwissen ausgerichtet, vielmehr wurde von der evangelischen Theologin Prof. Dr. J. Christine Janowski wie von dem katholischen Theologen Prof. Dr. Heinz-Günther Schöttler erwartet, dass sie sich direkt mit der Fragestellung auseinander setzten und also ihre eigenen Gedanken und Anfragen vorstellten, statt sich hinter den referierten Positionen anderer verstecken zu können und so auf Distanz zu

---

[4] Vgl. dazu die vorangegangenen Auswertungen von Corinna Dahlgrün (Auf der Suche nach "lebendiger Hoffnung". Eine Auswertung der Tage "neue musik in der kirche"; in: neue musik in der kirche: visionen gegen die zeit. Interdisziplinäre Tage für Neue Musik und Theologie 11.-14. Juni 1998 – Dokumentation und Auswertung, hrsg. von Corinna Dahlgrün und Hans Darmstadt, Frankfurt/Main 1999, S. 21-47) und Volker Stümke ("... aber die Musici die bleibt besteh'n". Eine theologische Auswertung der Tage "neue musik in der kirche 2000"; in: neue musik in der kirche II: Himmel, Hölle, Tod und Teufel. Interdisziplinäre Tage für Neue Musik und Theologie 15.-18. Juni 2000 – Dokumentation und Auswertung, hrsg. von Corinna Dahlgrün und Hans Darmstadt, Frankfurt/Main 2001, S. 9-40).

bleiben. Folglich standen nicht die Vorträge, sondern die anschließenden Gespräche im Mittelpunkt. Dass beide sich auf dieses (im akademischen Bereich nicht gewöhnliche) Verfahren einließen, und es zudem durch ihr persönliches Engagement mit Leben und Geist füllten, hat erheblich zum Gelingen des Dialogs beigetragen. Es war spürbar, dass ihnen das Thema, wie Schöttler formulierte, "an die eigene Substanz ging". Zum anderen wurden auch die Musiker und Komponisten Ulrich Krieger und Johannes Uhle einerseits, Helmut Oehring und Matthias Kaul andererseits auf den Bezug ihrer Darbietungen zum gestellten Thema befragt; auch sie waren bereit, sich auf diese Herausforderung einzulassen und eine Diskussion über die Aussagen und Implikationen ihrer Darbietungen zu führen. Dabei waren es vor allem ihre persönliche Offenheit und ihre klare Sprache, die zur Belebung der Gesprächsatmosphäre und zur vertieften Diskussion der problematischen und strittigen Fragen beitrugen. Die gemeinsame Konzentration auf das gemeinsame Thema ermöglichte einen äußerst spannenden Dialog der Theologen mit den Musikern, an dem sich dann auch das Publikum teils provokativ, teils um Verständnis ringend beteiligte. Schließlich bedurfte es drittens des Moderators Ezzelino von Wedel, der nicht nur alle Veranstaltungen begleitete und so für eine gedankliche Kontinuität und Weiterentwicklung bei den Gesprächsrunden sorgte, sondern der vor allem mit seinem mäeutischen Vermögen weiterführende Antworten und in die Tiefe gehende Äußerungen aus seinen Gesprächspartnern hervorlockte und selbst charmant und souverän im Hintergrund blieb. Sowohl für dieses das Gespräch betonende Konzept wie für die sehr gelungene Auswahl der Gesprächspartner kann den Veranstaltern nur gratuliert werden.

Im folgenden sollen diese Gespräche dargestellt und vorsichtig analysiert werden. Da die einführenden Vorträge im vorliegenden Band nachgelesen werden können, wird der Schwerpunkt auf den Diskussionsbeiträgen liegen, die durchaus verdienen, noch einmal in Erinnerung gerufen zu werden. Die Analyse wird vornehmlich durch eine thematische Schwerpunktsetzung vorgenommen; die Beiträge werden also nicht chronologisch referiert, sondern auf bestimmte Fragen und Probleme hingeordnet.

1. Die Problemanzeige: Gott und das Unheil

Nachdem schon auf der vorangegangenen Kasseler Tagung die dunklen Seiten der Wirklichkeit (Hölle, Tod und Teufel) erörtert worden waren, wurde auf der Tagung von 2002 die unmittelbare Anbindung dieser Unheilskräfte an Gott gesucht. Nicht mehr nur vermittelt über den Himmel oder über das Jüngste Gericht (wie vor zwei Jahren), sondern direkt und konfrontativ sollte von dem tötenden, dem vernichtenden und leidenden Gott die Rede sein.

Aber wie können Gott und das Unheil, können der allmächtige und barmherzige Schöpfergott der Bibel einerseits und das beobachtbare und erfahrene Leid in dieser Schöpfung andererseits zusammengedacht werden? Kann Gott nichts gegen das Leiden unternehmen – aber dann wäre er nicht allmächtig. Oder will er nichts dagegen unternehmen – aber dann wäre er nicht barmherzig (oder gar als Liebe zu bezeichnen, wie es 1. Joh 4,8.16 formuliert). Diese theologiekritische Einsicht bereits des griechischen Philosophen Epikurs[5] wurde durch den jüdischen Philosophen Hans Jonas noch präziser gefasst. In seinen Erwägungen zum "Gottesbegriff nach Auschwitz" erweitert er die beiden in Frage stehenden göttlichen Eigenschaften Allmacht und Barmherzigkeit um das dritte Attribut der Verstehbarkeit und kommt so zu folgender These: Diese drei Attribute "stehen in einem solchen Verhältnis, dass jede Verbindung von zweien von ihnen das dritte ausschließt"[6]. Wolle man also an den beiden erstgenannten Eigenschaften (Allmacht und Barmherzigkeit) angesichts des Unheils in der Welt festhalten, so sei dies nur möglich unter Verzicht auf die Verstehbarkeit eines solchen Gottes (die Epikur implizit vorausgesetzt und zum Maßstab erhoben hatte[7]). Denkbar hingegen sei entweder ein allmächtiger Gott, der auch das Unheil wolle; aber den kann

---

[5] Das vollständige Zitat findet sich bei Laktantius, de ira dei 13 (= Bibliothek der Kirchenväter 36: Des Luc. Cael. Firm. Lactantius ausgewählte Schriften, Kempten 1919, 102), der an dieser Stelle die Position Epikurs referiert. Von hier aus wird es in den Fragmenten Epikurs über die Götter als Fragment 59 wiedergegeben. Im Wortlaut: "Entweder will Gott die Übel beseitigen und kann es nicht, oder er kann es und will es nicht, oder er kann es nicht und will es nicht, oder er kann es und will es. Wenn er nun will und nicht kann, so ist er schwach, was auf Gott nicht zutrifft. Wenn er kann und nicht will, so ist er missgünstig, was ebenfalls Gott fremd ist. Wenn er nicht will und nicht kann, dann ist er sowohl missgünstig wie auch schwach und dann auch nicht Gott. Wenn er aber will und kann, was allein sich für Gott ziemt: Woher kommen dann die Übel, und warum nimmt er sie nicht weg?" (= Epikur, Von der Überwindung der Furcht – Katechismus – Lehrbriefe – Spruchsammlung – Fragmente, eingeleitet und übersetzt von Otto Gigon, Zürich 3. Auflage 1983, 136).

[6] Hans Jonas, Der Gottesbegriff nach Auschwitz. Eine jüdische Stimme, Frankfurt/Main 1987, 37.

[7] Vgl. Epikur, Fragment 51 (= a.a.O., 133).

man nicht – zumindest nicht mehr nach Auschwitz – als barmherzigen Gott bezeichnen. Oder man entschließt sich mit Jonas zur dritten Variante und gibt die Rede von der Allmacht Gottes auf zugunsten eines zwar mitleidenden und barmherzigen, aber ohnmächtigen Gottes.

Wie also können Gott und das Unheil zusammengedacht werden? Dieser Frage setzten sich auch Janowski und Schöttler in ihrer ersten Gesprächsrunde, schon in den Eingangsreferaten, aber vor allem in der anschließenden Podiumsdiskussion, aus. Dabei setzte der stark an der Bibel orientierte Schöttler mit Beobachtungen zum alttestamentlichen Befund ein, um so die Bedeutung der Frage für die christliche Theologie zu verdeutlichen: Der Prophet Deuterojesaja verkündigt, dass Gott nicht nur das Heil, sondern auch das Unheil schaffe (Jes 45,7); und dieses Wort "schaffen" (im Hebräischen: bara^j) beschreibt die ausschließliche Zuständigkeit des (göttlichen) Schöpfers. Ist daher diese Stelle einerseits ein Beleg für die Geburt des Monotheismus, so geht mit der Erkenntnis, dass es keine anderen Götter gebe, andererseits das Problem einher, nun auch niemand anderen mehr für das Unheil verantwortlich machen zu können. Genau dieses Problem setze die Bibel ihren Rezipienten vor, indem sie eben den einen Gott auch für das Unheil zuständig erklärt; schon deshalb müsse man hier theologisch Stand halten. Janowski wählt als Systematische Theologin den Zugang über die zeitgenössische Rezeption der Problematik. Sie wies nach, dass die neuzeitlichen Versuche, Gott und das Unheil dergestalt zusammenzudenken, dass man die Verantwortlichkeit für das Unheil dem Menschen (als "homo necans" – als [selbst Gott] tötenden Menschen) zuschreibe und damit Gott zu entlasten suche, theologisch zu kurz griffen[8]. Zunächst gesteht sie allerdings der modernen Theologie einen sehr berechtigten Impuls zu, nämlich den Protest gegen einen Schlächtergott: Die Rede von einem rachsüchtigen Gott, der Blut sehen will und sogar selbst bereit ist, sei-

---

[8] Im Podiumsgespräch verwies sie zur Stützung ihrer These auf Arbeiten des Philosophen Odo Marquard, der die vermeintliche Entschuldigung Gottes durch eine Verlagerung der Theodizee auf eine Anthropodizee als einen "Atheismus ad maiorem Dei gloriam" (als Atheismus zur größeren Ehre Gottes) bezeichnet hatte (Odo Marquard, Wie irrational kann Geschichtsphilosophie sein?; in: ders., Schwierigkeiten mit der Geschichtsphilosophie, Frankfurt/Main 1973, 66-82, 70). Indem nicht mehr Gott, sondern der autonome Mensch für das Unheil in der Welt verantwortlich gemacht werde, werde zwar Gott zunächst entlastet, aber die Probleme seien damit noch nicht gelöst worden, sondern müssten nun vom Menschen – da sie nicht gelöst werden können – verdrängt werden.

nen Sohn zu opfern bzw. das Sohnesopfer von seinem getreuen Abraham zu verlangen, kann theologisch nicht akzeptiert werden. Der vernichtende Gottvater, der das Opfer will, und ihm korrespondierend der leidende Gottessohn, der sich als Blitzableiter opfert – dieses Gottesbild lehnt sie mit der modernen Theologie deutlich ab; selbst wenn es sich in den Texten der Kirche und sogar den biblischen Texten finden mag[9]. Damit fällt die erste der drei von Jonas vorgeschlagenen Optionen: Ein allmächtiger Gott, der das Leiden und die Vernichtung (als Strafmaßnahme) will, könnte zwar gedacht, aber nicht als barmherziger Gott bekannt und geglaubt werden und ist damit für den christlichen Glauben nicht (mehr) akzeptabel. Allerdings dürfe dieser berechtigte kritische Impuls Janowski folgend nun nicht ins Gegenteil umschlagen und den biblischen Gott zu einer unschuldigen, weil harmlosen und letztlich unzurechnungsfähigen, Figur stilisieren, die menschlichem Handeln hilflos ausgesetzt sei und bestenfalls darunter leiden könne. Vielmehr fordert auch Janowski, dass Leiden und Unheil (bis hin zur Vernichtung) mit Gott gedanklich in Verbindung gebracht werden müssen.

Trotz unterschiedlicher Zugangsweise, die sicherlich nicht aus den konfessionellen Unterschieden, sondern aus den verschiedenen universitären Arbeitsschwerpunkten resultiert, gibt es also einen theologischen Konsens in der Problembeschreibung. Beide Theologieprofessoren fordern, es theologisch auszuhalten und zu verantworten, dass der schöpferische Gott mit dem Unheil zusammengedacht, in unmittelbare Verbindung gebracht werden müsse. Zusätzlich zu diesem theologischen Konsens ergab sich eine methodische Übereinstimmung in der Beantwortung der Frage, wie von diesem Gott geredet werden könne. Hier antwortet Janowski unter Rückgriff auf den Philosophen Hans Blumenberg mit dem Begriff der "absoluten Metapher"[10]: Nicht mit präzise geklärten Begriffen, sondern nur durch Geschichten und Bilder ließen sich unlösbare, aber auch unabdrängbare

---

[9] Janowski wies als exemplarischen Beleg auf den 3. Artikel der Confessio Augustana von 1530, einer grundlegenden Bekenntnisschrift der evangelisch-lutherischen Kirche. Im Artikel über den Sohn Gottes, in dem die reformatorischen Glaubensaussagen über Person und Werk Christi (von Melanchthon) festgehalten worden sind, wird dessen Lebenswerk konzentriert auf seine Passion und sein Sterben, die geschehen seien, um uns mit dem Vater zu versöhnen ("ut reconciliaret nobis patrem" – diese Passage wurde von Janowski lateinisch zitiert), oder, wie es der deutsche Text etwas ausführlicher beschreibt: "dass er [der Sohn Gottes] ein Opfer wäre nicht allein für die Erbsünde, sondern auch für alle anderen Sünden und Gottes Zorn versöhnt".
[10] Hans Blumenberg, Paradigmen zu einer Metaphorologie, Bonn 1960, 9.

Grundfragen menschlichen Daseins ausdrücken und entfalten[11] – und zu diesen Fragen gehöre eben auch die Verhältnisbestimmung von Gott und dem Unheil. Dieser Argumentation pflichtet Schöttler in eigenen Worten bei; auch für ihn bringt der erzählende Mythos mehr zur Sprache als der präzise, sachliche Logos. Denn solche Erzählung stelle nicht nur einen Sachstand dar, sondern interpretiere ihn und öffne damit den Blick und das Ohr für den Sinn, der sich dort verberge. Diese methodischen Erwägungen bestärken sogar seinen Ansatz bei den biblischen Erzählungen.

2. Abgelehnte Lösungen: Zweckrationalität und Ohnmacht

Nicht nur in der Problemanzeige stimmten die beiden Theologen überein, auch mit Blick auf diejenigen theologischen oder philosophischen Lösungsmodelle, die von beiden nicht akzeptiert worden sind, lässt sich ein Konsens festhalten, wenngleich er – wieder bedingt durch die differierende Zugangsweise – in unterschiedlichen Worten und Erzählungen zur Sprache gebracht wird. Sie sollen hier in systematisierter Form vorgestellt werden, nämlich in Anlehnung an das bereits vorgestellte Denkmodell von Hans Jonas[12].

Eine Möglichkeit, das Trilemma der göttlichen Attribute aufzulösen, besteht darin, die Allmacht und die Verstehbarkeit Gottes zu Lasten seiner Barmherzigkeit aufrecht zu erhalten. Demzufolge erklärt man den Zorn und die Vernichtung des allmächtigen Gottes als seine verständliche Reaktion auf die Sünde des Menschen – sei es als verdiente Strafe, sei es als pädagogischer Hinweis. Diese Option wurde von beiden Theologen verworfen. Janowski hatte dabei nicht nur die Schilderung des vernichtenden Gottes in der traditionellen Opfertheologie im Visier, also die Rede von einem zornigen Gott, der durch ein Opfer beruhigt, dessen Zorn (durch das Opferblut) gestillt werden müsse. Sondern ebenso vehement protestier-

---

[11] Blumenberg spricht von Totalhorizonten, "die für unsere Erfahrung nicht mehr zu durchschreiten und abzugrenzen sind", welche einen intensiven Umgang mit Metaphern erforderlich machen; vgl. ders., Schiffbruch mit Zuschauer. Paradigma einer Daseinsmetapher, Frankfurt/Main 1979, 80.

[12] Die grundlegende Bedeutung, die Hans Jonas für die Debatte über das Zusammendenken von Gott und dem Leiden zukommt, wird mit Recht betont von Christine Kress, Gottes Allmacht angesichts von Leiden. Zur Interpretation der Gotteslehre in den systematisch-theologischen Entwürfen von Paul Althaus, Paul Tillich und Karl Barth, Neukirchen-Vluyn 1999, 2f.

te sie im ersten Gespräch gegen jeglichen zweckrationalen Erklärungsversuch, also gegen jede Rede vom vernichtenden Gott, das in dessen Handeln einen Sinn für die Menschen meint erblicken zu können. Dagegen behauptet Janowski, dass jede Behauptung eines Zwecks, der sich hinter dem göttlichen Unheilshandeln verberge, eine Anmaßung besserwisserischer Menschen gegen Gott sei; hier spiele sich der Mensch als Richter auf, was ihm aber nicht zustehe. In derselben Argumentationslinie steht Schöttlers Eingeständnis, Schwierigkeiten mit der Argumentation Hiob 5,13ff. zu haben; diese pädagogische Deutung der Strafe Gottes, die das Unheil als Zuchtmittel zu verstehen sucht, sei schwer verdaulich. Zwar könne er ein Wahrheitsmoment solcher Erwägungen nicht abstreiten, so könne er durchaus nachvollziehen, dass der Terroranschlag auf das World Trade Center im September 2001 auch als Nein Gottes zur imperialistischen Ungerechtigkeit des Westens zu lesen sei. Aber ein solches Argument ginge zu Lasten der Opfer, die nun für etwas herhalten müssten, was nicht direkt und persönlich mit ihnen zu tun habe – und daher sei diese Deutung gerade angesichts der biblischen Erkenntnis, dass der Täter bei seinen eigenen Verfehlungen und nicht bei denen seiner Väter behaftet werde[13], letztlich nicht akzeptabel. Auch er protestiert damit gegen eine menschliche Rationalisierung des Leids, dem ein Zweck untergeschoben wird, um es so akzeptabel erscheinen zu lassen.

Zusammenfassend ist zu konstatieren, dass sich beide Theologen gegen den Versuch wenden, das Leiden als etwas für den Menschen Sinnvolles darzustellen. Dabei ist es nicht nur die (bei dieser Lösungsmöglichkeit vernachlässigte) Rede von Gottes Barmherzigkeit, die gegen solchen Versuch spricht: Der barmherzige Gott fügt nicht unnötiges und schweres Leid zu. Sondern hinter diesem Lösungsversuch steht zudem ein Begriff von Verstehen, der anmaßend ist: Denn es ist ja der deutende Mensch, der meint, diesen Sinn im Leid entdecken und dem Leidenden zumuten zu können. Damit bläht sich aber der deutende Mensch auf; er beansprucht, Gott erläutern zu können, also mindestens so gut informiert zu sein

---

[13] Schöttler spielte dabei auf Ez 18,1-21 an. Hier protestiert der Prophet im Auftrag Jhwhs gegen das israelitische Sprichwort "Die Väter haben saure Trauben gegessen, aber den Kindern sind die Zähne davon stumpf geworden". Dieses Sprichwort gelte nicht mehr in Israel, vielmehr werde jeder einzelne anhand seinen eigenen Sünden und seiner eigenen Gerechtigkeit von Gott gerichtet.

über Gottes Pläne wie Gott selbst. Und außerdem wird eine solche Deutung dem Leidenden nicht gerecht; weil sie auch über ihn zu bestimmen sucht.

Eine zweite Lösungsmöglichkeit des von Jonas beschriebenen Trilemmas besteht darin, an Gottes Barmherzigkeit und Verstehbarkeit festzuhalten, aber ihm nunmehr keine Allmacht zuzuschreiben. Nicht nur Jonas selbst, auch ein breiter Strom zeitgenössischer evangelischer Theologie sympathisiert mit dieser Option[14]. Begründet wird der Machtverzicht Gottes aus Gott selbst; es war seine freie (und damit machtvolle) Entscheidung, sich selbst in seiner Macht zurückzunehmen, um der Schöpfung und insbesondere ihrer Krone, dem Menschen, Freiheit zur eigenen Weltgestaltung einzuräumen. Allerdings war diese (machtvolle) Entscheidung Gottes auch irreversibel, so dass er nunmehr ohnmächtig zusehen muss, wie die Menschen seine Schöpfung nicht nur gestalten, sondern auch verunstalten. Wie noch darzustellen sein wird, sympathisieren auch Janowski und Schöttler bis zu einem bestimmten Punkt mit dieser Gedankenführung. Allerdings protestieren sie vehement gegen den Mythos als ganzen. Denn, so führt Schöttler aus, ein solcher Gott könne den Menschen, die im Elend gefangen sind und ihre Hoffnung auf eben ihn setzen wollen, nicht helfen[15]; die Rede vom ohnmächtigen Gott sei folglich gerade dort zu hart, wo ihr eigentlicher (und einziger) Ort sein müsste, sie verdopple nur das Elend, ohne eine Aussicht auf Hoffnung zu eröffnen. Janowski ergänzt, dass diese Ohnmacht Gottes zudem zu einer Stärkung menschlicher Macht führen werde, weil die Angelegenheiten, die aus der Machtsphäre Gottes fallen, nunmehr in den Machtbereich des Menschen gerieten: Der Mensch übernehme stellvertretend die Angelegenheiten, die der ohnmächtige Gott nicht selbst bearbeiten könne. Doch diese Verschiebung der Machtbalance impliziere nicht nur eine Überforderung des Menschen, sie würde vor allem das

---

[14] Vgl. die Aufarbeitung bei Walter Dietrich und Christian Link, Die dunklen Seiten Gottes Band 2: Allmacht und Ohnmacht, Neukirchen-Vluyn 2000, 295ff. Sie verweisen auf die jüdische Kabbala und auf die Freiheitsschrift Schellings als die beiden Wurzeln dieser Position, die von Hans Jonas in der Form eines "selbsterdachten Mythos" (ders., Der Gottesbegriff nach Auschwitz, 15) erzählt wird.

[15] Schöttler rekurriert dabei auf die bissig formulierte Kritik des katholischen Theologen Karl Rahner: "Um – einmal primitiv gesagt – aus meinem Dreck und Schlamassel und meiner Verzweiflung herauszukommen, nützt es mir doch nichts, wenn es Gott – um es einmal grob zu sagen – genau so dreckig geht"; vgl. ders., Im Gespräch Band 1 (1964-1977), hrsg. von Paul Imhof und Hubert Biallowons, München 1982, 246.

grundlegende Problem, nämlich die Schuld in der Welt und ihre Überwindung, keinesfalls lösen. Aspekte dieser Option werden also von beiden Theologen aufgegriffen, die Option insgesamt hingegen wird verworfen.

3. Weiterführende Lösungsansätze

Bislang wurde nur das Gespräch der beiden Theologieprofessoren referiert, in dem zudem ein weitgehender Konsens beobachtet werden konnte. Das könnte den Eindruck wecken, diese Veranstaltung sei einseitig von den beiden Fachtheologen dominiert worden; doch dieser Eindruck ist trügerisch. Vielmehr liegt es an der Natur der Fragestellung, dass zunächst die Theologen dominierten. Sie haben den theoretischen Rahmen abgesteckt und damit verdeutlicht, wovon wir reden und welche Probleme angeschnitten werden, wenn wir Gott und das Unheil gedanklich verbinden – und es ist genau die Aufgabe von Fachleuten, diesen Horizont und in ihm die Verbindungslinien zu anderen theologischen Themen aufzuzeigen. Mit dieser Klärung der Rahmenbedingungen sind aber noch nicht die Antworten selbst gegeben worden. Uns wurde zwar erläutert, worauf wir uns einlassen, wenn wir Gott und das Unheil verbinden, wenn wir also vom tötenden Gott, vom zürnenden Gott oder vom ohnmächtigen Gott reden. Aber das kann die Rede selbst nicht ersetzen. Um diese Rede soll es jetzt gehen; und hier haben die Musiker und das Publikum ebenso mitzureden und mitgeredet wie die Fachleute. Nun geht es um die eigenen und selbst verantworteten Antworten auf die Frage, wie ich von Gott denke und über ihn rede angesichts des Leidens und des Unheils in der Welt. In der Beantwortung dieser Frage gab es spannende Diskussionen und weiterführende Meinungsverschiedenheiten, die sich auch nicht auflösen lassen, sondern die nun dargestellt werden sollen.

a) Die begrenzte Tauglichkeit der Rede vom leidenden Gott

Begonnen werden soll aber noch einmal mit den Erwägungen von Schöttler und Janowski. Wie bereits angedeutet haben beide insbesondere in der zweiten Gesprächsrunde über den leidenden Gott auf die zweite Option von Hans Jonas zurückgegriffen. Schöttler entwickelt im Zusammenhang der talmudischen Korrelationstheorie, wonach Gott und Israel wie Zwillinge aneinander gebunden seien, den Gedanken des "Inleidens Gottes"; dieser Begriff soll aussagen, dass Gott nicht nur äußerlich mitleidet, sondern innerlich (sozusagen "persönlich") vom

Leiden seiner Schöpfung berührt ist. Zugleich protestiert Schöttler aber gegen eine Verabsolutierung dieses Leidens Gottes, er will es vielmehr trinitarisch verstanden wissen (die leidende "Person" ist nicht der "ganze Gott"), so dass auch die Allmacht neben seinem Inleiden dem biblischen Gott weiterhin zugeschrieben werden kann. Durch solche trinitarische Deutung wird die Hoffnung des leidenden Menschen auf Gott zweifach aussagbar: Zum einen kann er hoffen, dass der inleidende Gott ihm auch in diesem Leid nicht fern, sondern eben darin zu finden ist. Zum anderen kann er auf eine Überwindung des Leidens durch den allmächtigen Gott hoffen.

Janowski konnte dieser Gedankenführung tendenziell zustimmen, wollte sie allerdings an zwei Stellen präzisiert wissen. Erstens müsse das Leiden Gottes durch einen expliziten Bezug auf Jesus Christus von anderen leidenden Gottheiten (wie beispielsweise Dionysios) abgehoben werden. Der biblische Gott leidet nicht an diesem und jenem, sondern sein Leiden kann am Leiden Jesu Christi abgelesen werden[16]. Schöttler hingegen wies auf den Talmud, der erzählt, dass Gott nach der Vernichtung der Ägypter im Schilfmeer nicht mit Moses, Miriam und den Israeliten feierte, sondern am Ufer trauerte um die Feinde Israel, die er vernichtet hatte, die aber doch auch seine Geschöpfe waren. Für Janowski droht bei solcher Rede die Gefahr, dass das christliche Reden vom leidenden Gott konturlos werde; ein reiner Mythos, wie er in der gegenwärtigen Philosophie auch als Gedanke zu finden sei[17].

---

[16] Eine persönliche Anmerkung: Ich halte sowohl den Gedanken Schöttlers wie seine Präzisierung durch Janowski für weiterführende Argumente. Jedoch ist Janowskis Hinweis auf Jesus Christus noch zu plakativ und bedürfte einer weiteren Konkretisierung. Wäre es hilfreich, hier zum einen (sozusagen klassisch dogmatisch) auf die menschliche Sünde (im engeren theologischen Sinn als ablehnende Haltung gegen Gott verstanden) zu verweisen; vor allem die Passionsgeschichte Jesu könnte unter dieser Perspektive gelesen werden? Zum anderen könnten die Heilungsgeschichten und das Engagement Jesu (sozialethisch) als ein Leiden an den gesellschaftlichen Ungerechtigkeiten interpretiert werden. Sicherlich sind Sünde und Gerechtigkeit auch noch abstrakte Begriffe, aber sie geben zumindest eine Richtung vor und sperren sich damit gegen eine uferlose Ausweitung des wichtigen Grundgedankens.

[17] Sie spielte damit auf den ersten Band der zweibändigen Vorlesungen über die neue Mythologie von Manfred Frank (ders., Der kommende Gott, Frankfurt/Main 1982 – Band 2 erschien 1988: Gott im Exil) an. Frank habe (wie schon Nietzsche) den Gott Dionysos vor Augen. Aber auch auf Hans Jonas, der sein Konzept als selbsterdachten Mythos vorgetragen hatte, könnte hier verwiesen werden.

Zweitens muss für Janowski diese trinitarische Einbindung von Leiden und Allmacht in den Gottesgedanken auch noch die Zukunft Gottes bis hin zum Jüngsten Gericht berücksichtigen; eine solche Rede vom leidenden Gott muss demnach eschatologisch konzipiert werden: Es handele sich um einen dramatischen Prozess, der sich bis zum Weltende als "Endspiel"[18] erstrecken werde und in dem Gott sich mit der Schuld, die Leid und Unheil verursacht, auseinandersetze, in dem aber auch der Mensch als "Mitspieler" seine Rolle verantwortlich zu gestalten habe[19]. Schon die Sintflutgeschichte müsste in diesem Sinne verstanden werden, hier wollte Gott das durch menschliche Schuld entstandene Unheil dadurch aus der Welt schaffen, dass er kurzerhand alles vernichtete – aber das war keine Lösung. Und selbst der Kreuzestod Jesu, der als Eintreten Gottes in die Schuldgeschichte bis zur letzten Konsequenz verstanden werden könne, habe eine endgültige Überwindung der Schuld samt des Leidens und des Unheils noch nicht erreicht. Auch der ohnmächtige Gott werde die Schuld nicht überwinden können. Darum sei eine eschatologische, auf das Ende der Welt bezogene Lesart der Allmacht des inleidenden Gottes unverzichtbar. Christen hoffen also darauf, dass am Ende der Welt sich diese Allmacht Gottes durchsetzen und die Schuld endgültig überwinden werde. Janowski bevorzugte allerdings den Begriff der "Identifikation" Gottes mit dem Leiden, weil so besser als bei der Rede vom "Inleiden" die Aktivität Gottes zum Ausdruck gebracht werden und die Gefahr eines ohnmächtigen Gottes, der wie geschildert Jonas erlegen ist, vermieden werden könne.

b) Das Gebet des Leidenden: Klage oder Anklage?
Eine solche theologische Einbindung des Leidens in Gott und seine Beziehungsge-

---

[18] Janowski verweist auf den katholischen Theologen Hans Urs von Balthasar, der seine vierbändige Dogmatik als Theodramatik konzipiert hatte. Der letzte Band trägt den Titel "Das Endspiel".
[19] Janowski griff damit einen Diskussionsbeitrag aus dem Publikum auf, der angemahnt hatte, dass die hochkomplizierte Rede vom Leiden Gottes nicht den biblischen Befund aus den Augen verlieren dürfe, wonach dieses Leiden zunächst einmal hervorgerufen werde durch die Übertretungen der Menschen. Sie kämen eben der Aufforderung Gottes nicht nach, seinen Namen zu heiligen (wie es im Vaterunser erbeten werde) und die Tora als das göttliche Geschenk des Lebens anzunehmen und danach ihr Leben auszurichten. – Diesem Votum stimmte Janowski insoweit zu, als sie die Verantwortlichkeit des Menschen sozialethisch als Mitarbeit gegen das Leiden hervorhob. Allerdings dürfe solche Argumentation eben nicht bis zu der von Odo Marquard beschriebenen Position gesteigert werden, welche das Leiden und das Unheil nur noch am (autonomen) Menschen festzumachen suche.

schichte sorgt für notwendige Klärungen bezüglich des theologisch verantwortbaren Redens von Gott[20]. Aber sie beantwortet noch nicht die Frage, wie der einzelne Christ angesichts erfahrenen Unheils auf Gott hofft, mit ihm ringt oder auch nur von ihm denkt. Hier hat Schöttler mit seiner These von einer Anklage Gottes durch den (glaubenden) Menschen eine brisante Debatte hervorgerufen. Sein Ausgangspunkt ist – in Übereinstimmung mit Janowski – der konkrete biblische Gott, dessen Gebote der Glaubende kennt und dessen barmherziges und gerechtes Wesen er bereits erfahren hat. Aber gerade mit diesem Bild von Gott sind das Unheil und das Leiden nicht oder nur schwer zu vereinbaren: Wie verhält sich der Glaubende in dieser Spannung, welche Möglichkeiten hat er, um das erfahrene Leiden mit seinem Gott in Verbindung zu bringen? Hier plädiert Schöttler unter Rückgriff auf Hiob 13,13ff. für die Möglichkeit einer Anklage gegen Gott. Hiob protestiert gegen das fromme Geschwätz seiner Freunde, weil ihr ständiger Verweis auf eine Logik von Gerechtigkeit, die das Unheil nur als Reaktion Gottes auf begangene Sünden des Menschen (Hiob) erklären kann, mit seiner eigenen Beobachtung nicht in Einklang zu bringen ist. Die Freunde Hiobs versuchen also ständig, ihm zu erklären, dass sein Leiden von Gott geschickt worden sei – als Strafe für seine Sünden. Aber Hiob ist sich solcher Sünden nicht bewusst und bestreitet daher – nicht Gott, wohl aber den Zusammenhang, den seine Freunde herstellen wollen: Sollte die Argumentation seiner Freunde stimmen, dann hätte sich Gott nach Hiobs Überzeugung ungerecht verhalten, weil er einen Unschuldigen bestraft hätte. Gott hätte einen Justizirrtum begangen, wenn das Leiden nur als Strafe für Schuldige verstanden werden könne; denn Hiob leidet, obwohl er (nach eigener Einschätzung) unschuldig ist. In dieser Situation wendet

---

[20] Sicherlich könnte man auch noch diese Prämisse problematisieren, also hinterfragen, inwiefern eine solche theologische Verantwortlichkeit und Verantwortbarkeit für das Reden von Gott überhaupt relevant sei. Man könnte demgegenüber behaupten, dass eine solche Rede von Gott nur sich selbst genügen, also die eigenen Gedanken und Erfahrungen in sich konsistent beschreiben muss. Aber erstens wurden solche Fragen nur am Rande der Veranstaltung überhaupt geäußert, während ansonsten ein stillschweigender Konsens vorhanden war. Zweitens muss sachlich erwidert werden, dass auch diese geschilderte Gegenposition sich behauptet, also als eine Position etabliert und damit theologische Geltung beansprucht. Wer die (theologische) Verantwortbarkeit einer Rede von Gott bestreitet, übernimmt doch entweder für diese Bestreitung die theologische Verantwortung, oder er negiert eine solche Verantwortlichkeit derart konsequent, dass man auch seiner Bestreitung (als einer verantwortungslosen Rede) keine Bedeutung beimessen müsste. Eine solche Position gerät also in einen performativen Selbstwiderspruch.

sich Hiob nun an Gott und erwartet von ihm Aufklärung über seine vermeintlichen Vergehen; Gott soll also Rechenschaft ablegen, inwiefern die Bestrafung Hiobs (nach Gottes eigenem Maßstab) gerecht genannt werden könne. Hiob beugt sich daher nicht der Logik der Freunde, sondern wendet sich an Gott – allerdings im Bewusstsein, selbst im Recht zu sein, so dass sich nun Gott rechtfertigen muss.

Zwei Einwände wurden gegen diesen Gedanken Schöttlers vorgetragen. Erstens kann wohl nicht bestritten werden, dass diese Beschreibung des Gebets Hiobs zu Gott in der juristischen Sprache eine metaphorische Rede ist. Hier wird das Verhältnis des Beters Hiob zu seinem Gott im Bild einer Gerichtsverhandlung geschildert – aber eben, so würde es der Einwand formulieren, auch nur im Bild, keinesfalls werde damit die Wirklichkeit des Gottesverhältnisses beschrieben. Jedoch hatte Schöttler (wie Janowski) im ersten Gespräch ausdrücklich der metaphorischen Rede von Gott die sachliche Priorität eingeräumt: Der Metapher gebühre in diesem Fall der Vorrang vor dem Logos, weil sie sowohl die Gottesbeziehung des Menschen wie seine eigenen Gedanken klarer beschreiben könne. Ich habe Schöttlers Gedanken wie folgt verstanden: Der Mensch Hiob redet mit Gott – und solche Rede ist immer indirekt, weil Gott kein sichtbarer Gesprächspartner ist. Indem Hiob nun "juristisch" mit Gott redet, wird deutlich, dass es um die Verlässlichkeit Gottes geht, um seine Bündnistreue.

Der zweite Einwand machte drauf aufmerksam, dass es sich hierbei um eine extreme Reaktion Hiobs handele. Das Gebet und die Buße seien doch die gewöhnlichen Reaktionen auch eines leidenden Menschen im Umgang mit Gott. Aber auch das wurde von Schöttler nicht bestritten; er wollte vielmehr am Extremfall diskutieren und in Frage stellen, wie weit der Mensch in seiner Behandlung Gottes gehen darf. Die eigentliche Frage lautet also, ob der Mensch (im Extremfall) das Recht habe, Gott anzuklagen und sich damit gleichsam zur richtenden Instanz über Gott aufzuspielen. Janowski hat diese Frage verneint und damit Schöttler widersprochen. Zwei Einwände hat sie vorgebracht. Erstens setze eine Anklage voraus, dass Gott wirklich für genau dieses Leiden verantwortlich gemacht werden könne. Zwar will Janowski auch nicht das Gegenteil behaupten, aber sie bestreitet dem Menschen die Erkenntnis, diese Verstrickung Gottes im konkreten Fall wissen und damit zur Anklage bringen zu können. Man müsse die Zuständigkeit Gottes in diesem Fall beweisen können – und das vermöge der Mensch nicht zu leisten. Zweitens setze ein solcher Rechtsstreit voraus, dass der Mensch nicht nur Ankläger sei, sondern auch zum Richter über Gott mutiere. Der Mensch maße sich also an, beurteilen zu können, warum Gott sich falsch verhalten habe und welche anderen Handlungsoptionen ihm in der fraglichen Situation möglich (und zumutbar) gewesen wären[21]. Zusammenfassend ist es also der Vorwurf der menschlichen Vermessenheit, den Janowski gegen Schöttlers Position erhebt. Als wahren Impuls greift sie das Moment der Klage heraus: In der Klage stelle der Mensch die Situation vor Gott, aber wahre dabei die Distanz zu und den Respekt vor Gott. Der Klagende sehe keinen Ausweg und stelle daher die Situation in ihrer Auswegslosigkeit vor Gott, von dem allein er Abhilfe erhoffe, ohne aber sagen zu können, wie diese Hilfe aussehen könnte – während der Kläger hier etwas zu wissen vorgebe und von da aus sowohl Gott der Unterlassung bezichtige wie ihm die hilfreiche Auflösung vorgebe. Der Klagende hingegen vermag, seine Situation als rätselhaft stehen zu lassen, und genau so, als (für ihn nicht lösbares) Rätsel, stellt er sie in der Form der Klage vor Gott.

Schöttler hielt trotz der Einwände an seiner Position fest. Argumentativ führte er zwar nur noch aus, dass der Mensch vor Gott durchaus einen eigenen Standpunkt vertreten könne, ohne näher in die Debatte einzusteigen, wie dies zu denken sei. Eindrucksvoll aber waren die beiden Geschichten, mit denen er seine Position erläuterte und verteidigte. Zum einen rekurrierte er auf folgenden Midrasch von Elie Wiesel[22]:

"Während des Krieges im Lager [Auschwitz] arbeitete ich einmal in einem Kommando zusammen mit einem Mann, der vor dem Krieg ein [Rabbi] war. Ich erinnere mich nicht an sein Gesicht. Zunächst schon, weil alle Gesichter gleich waren, alle Augen waren die gleichen, wir hatten keine Namen. Ich erinnere mich an seinen Nacken, denn wir schleppten Ziegel und Steine und ich ging immer hinter ihm beim Schleppen und so erinnere ich mich an seinen Nacken. Aber weil er Leiter einer [Gemeinde] gewesen war, sagte er mir: Warum sollten wir nicht studieren? So begannen wir während der Arbeit Talmud und Midrasch zu studie-

---

[21] Ergänzend sei erwähnt, dass sich diese Anmaßung nicht erst in einem möglichen Schuldspruch zeigt, sondern schon darin, überhaupt ein solches Verfahren gegen Gott zu eröffnen; denn selbst wenn der Prozess mit einem Freispruch endete, so bliebe es doch der Mensch, der sich zu einem (wie auch immer gearteten) Urteil über Gott aufschwinge.

[22] Nach Mitteilung Schöttlers von Wiesel 1986 bei einer Tagung in Loccum erzählt. In seinem Stück "Der Prozeß von Schamgorod", Freiburg 1987, schildert Wiesel ein vergleichbares Gericht über Gott als Purim-Spiel aus dem Jahre 1649 anlässlich zahlreicher Pogrome in Russland.

ren aus dem Gedächtnis. Wir hörten niemals damit auf. Eines Abends sagte er zu mir: Komm heute nacht nahe zu meiner Pritsche. Ich ging hin. Jetzt weiß ich, warum er es tat, weil ich der Jüngste im Lager war und er muss gedacht haben, dass ich, weil ich jünger war, eine größere Chance haben würde, zu überleben und die Geschichte zu erzählen. Und was er dann tat, war ein rabbinisches Tribunal einzuberufen und Gott anzuklagen. Er hatte zwei andere gelehrte Rabbiner hinzugezogen und sie beschlossen, Gott anzuklagen. In angemessener korrekter Form wie es ein richtiges rabbinisches Tribunal sein soll mit Zeugen und Argumenten usw. Und so beschlossen die drei Rabbiner in diesem Lager ein Tribunal zu veranstalten. Die Verhandlungen des Tribunals zogen sich lange hin. Und schließlich verkündete mein Lehrer, der Vorsitzende des Tribunals, das Urteil: Schuldig. Und dann herrschte Schweigen; ein Schweigen, das mich an das Schweigen am Sinai erinnerte, ein endloses, ewiges Schweigen. Aber schließlich sagte mein Lehrer, der Rabbi: Und nun, meine Freunde, lasst uns geh'n und beten. Und wir beteten zu Gott, der gerade wenige Minuten vorher von seinen Kindern für schuldig erklärt worden war".

Diese Erzählung schildert einer Extremsituation. Ohne groß in den Historikerstreit (über die strittige Unvergleichbarkeit von Auschwitz) eingreifen zu müssen, lässt sich konstatieren, dass das Leiden von Juden in den Konzentrationslagern der Nazis extrem groß war und neben den körperlichen und seelischen Erniedrigungen auch (und sogar besonders[23]) theologisch bedrängend war. Den Vorwurf eines leichtfertigen und unbußfertigen Umgangs mit Gott wird man also in diesem

---

[23] Der evangelische Theologe Karl Barth hat bereits 1947 erkannt, dass der deutsche Antisemitismus "keine zufällige und irgendwie leicht zu nehmende Sache" gewesen ist, sondern vielmehr einen "Angriff auf den Felsen des Werkes und der Offenbarung Gottes" (ders., Dogmatik im Grundriß, Zürich 1947, 89) darstellte. "Ein Volk, welches - und das war die andere Seite des Nationalsozialismus - sich selbst erwählt und zum Grund und Masstab aller Dinge macht, ein solches Volk muss früher oder später mit dem in Wahrheit erwählten Volk Gottes zusammenstossen" (90). Sollte die Vernichtung der Juden eben auch – entsprechend der von Schöttler vorgetragenen Zwillingstheorie – den biblischen Gott treffen und vernichten, dann ist klar, dass dieser Zusammenhang auch von Gläubigen erkannt und (im Gebet) vor diesen Gott gebracht wurde. In diesem Sinn hat der evangelische Theologe Friedrich-Wilhelm Marquardt davon gesprochen, dass Auschwitz ein "metaphysisches Projekt" war, in dem es bewusst darum ging, den biblischen Gott durch die Vernichtung seines Volkes zu falsifizieren (ders., Was dürfen wir hoffen, wenn wir hoffen dürften? Eine Eschatologie Band 3, Gütersloh 1996, 392). Vergleichbar betont der katholische Theologe Eckhard Nordhofen, dass die behauptete Erwählung zur Weltherrschaft des deutschen Volkes von der Vorsehung Hitler vor das Problem stellte, dass es bereits ein ausgewähltes Volk Gottes gab. Der "Erwählungsneid" Hitlers wurde so zum "Grundmotiv" seines metaphysischen Antisemitismus (ders., Die Zukunft des Monotheismus; in: Merkur 53, 1999, 828-846, 836).

Extremfall nicht erheben können. Indem das Gerichtsverfahren in ein Gebet mündet, kann auch der Vorwurf der Vermessenheit meines Erachtens entkräftet werden: Der Gläubige erhebt sich nicht (in sündiger Vermessenheit) über Gott, obwohl er ihn anklagt – denn er beendet das Gerichtsverfahren mit einem Gebet. Dadurch wird nicht nur deutlich, dass auch die Glaubenden (zumindest unbewusst) um die metaphorische Rede eines solchen Verfahrens wussten, es ist vor allem zu erkennen, dass sie den Glaubensgehorsam trotz dieser extremen Redeweise mit Gott nicht hinterfragt haben. Die Herrschaft Gottes ist also nach dem Selbstverständnis der Glaubenden durch diesen Rechtsstreit nicht angegriffen oder gar unterlaufen worden. Vielleicht leuchtete im Schweigen (nach der Urteilsverkündung) diese Möglichkeit am Horizont auf, aber sie wurde jedenfalls durch den Gebetsaufruf eindeutig zurückgewiesen. Andererseits wird deutlich, warum die Glaubenden die Situation nicht als rätselhaft stehen lassen können: Die Spannung zwischen dem Gottesbild ihres Glaubens und dem erfahrenem Leid ist nicht nur unermesslich groß; sie erscheint kontradiktorisch. Diese Zustände in Auschwitz sind mit dem Gott der Bibel nicht zu vereinbaren, soll dieser Gott seine Kontur als Bundespartner Israels nicht vollends verlieren und damit zu einem unauslotbaren Rätsel verkommen. Ist das nicht sogar strukturell geurteilt das gleiche Argument, das von Janowski selbst als Präzisierung des inleidenden Gottes vorgetragen worden war, nämlich der Verweis auf die bestimmte Kontur dieses Gottes, mit dem sich nicht jegliches Leiden verbinden lasse? Denn jede Bestimmung (Konturierung) impliziert als begriffliche Festlegung zugleich eine Ausgrenzung derjenigen Aussagen, die dieser Bestimmung diametral entgegen stehen[24].

---

[24] Wenn ich richtig verstehe, handelt es sich hierbei um einen logischen Grundsatz des Philosophen Baruch Spinoza aus der Epistola L: "[omnis] determinatio negatio est" (= 50. Brief an den wohlgebildeten und wohlweisen Herrn Jarig Jelles vom 2. Juni 1674): Indem ich einen Begriff bestimme, ihm also eine bestimmte Eigenschaft zuspreche (bspw. die Farbe weiß), schließe ich zugleich andere Bestimmungen (bspw. andere Farben) aus. Das gilt auch für den Gottesbegriff, wobei natürlich bedacht werden muss, dass dieser Begriff nicht einfach von uns gebildet werden kann, sondern berücksichtigt werden muss, dass Gott sich selbst bestimmt hat, indem er sich offenbart hat. Aber auch diese Offenbarung (in Jesus Christus) schließt zugleich andere Gottesbestimmungen (bspw. die Leidensunfähigkeit oder die reine Jenseitigkeit Gottes) aus. Auf Auschwitz angewandt ist es der Bund, den Gott mit seinem Volk geschlossen und trotz aller Übertretungen Israels immer wieder erneuert und erhalten hat, der ausschließt, dass Gott dieses Volk ausrottet oder ausrotten lässt. Denn damit wäre die Gottesbestimmung (als Bündnispartner) hinfällig, hätte es einen solchen Gott entweder nie gegeben oder würde es ihn zumindest hiernach nicht mehr ge-

Die absolute Ausnahmesituation der geschilderten Erzählung markiert zugleich die Grenze dieser von Schöttler intendierten Argumentation – so lautete auch der einzige Kommentar, den Janowski auf diesen Midrasch abgab. Ihre Reaktion: "Ich war nicht in Auschwitz". Abgesehen von der verständlichen Betroffenheit, die sich hier artikuliert, habe ich diesen Satz dahingehend verstanden, dass er auf eine doppelte Weise die Begrenztheit dieses Beispiels geltend machen wollte. Erstens wird eine leichtfertige Übertragung der Situation von Auschwitz in andere Kontexte nicht akzeptiert werden können; ein Extremfall kann eben nicht ohne weiteres auf andere, alltäglichere Situationen übertragen werden. Zweitens müsste geklärt werden, ob (und gegebenenfalls wie) wir Christen diesen Umgang mit Gott in der jüdischen Tradition übernehmen dürfen und können. Im Hintergrund dieser Anfragen steht aber noch ein weiteres Problem. Schöttler hat mit zwei Beispielen aus der jüdischen Tradition (Hiob, Wiesel) argumentiert; in beiden Fällen reden einzelne Gläubige in einer extremen Situation mit Gott auf eine ungewöhnliche Weise. Hieraus scheint Schöttler abzuleiten, dass eine solche Redeweise übertragbar ist. Aber auch das könnte hinterfragt werden: Lassen sich solche Extremfälle eines Redens mit Gott übertragen in eine theologische Debatte, also in einer Reden von Gott? Oder muss nicht vielmehr der Extremfall (gleichsam seelsorgerlich) geschützt werden? Aber diese Anfragen ändern nichts daran, dass in diesen Fällen Gott angeklagt worden ist, ohne dass die theologischen Bedenken wirklich überzeugend dagegen sprechen konnten.

Die zweite Geschichte von Schöttler ist kontroverser zu diskutieren. Als Gemeindepfarrer in einem Dorf wurde er mit der Situation konfrontiert, innerhalb von zwei Wochen drei Kinder beerdigen zu müssen, die alle auf tragische Weise ums Leben gekommen waren. Schöttler begann seine Trauerpredigt mit den Worten "Gott, es reicht!" – und verstand auch dies als Anklage Gottes. Entscheidend war für ihn die Situation des Dorfes, in dem die Menschen einerseits wie gelähmt waren, andererseits aber auch nicht von Gott lassen konnten. Die Hoffnung, dass auch diese Katastrophe etwas mit Gott zu tun habe, sei der Rettungsanker gewesen, um überhaupt der Situation begegnen zu können. Dieser Hoffnung entsprang der zitierte Ausruf des Predigers. Aber handelt es sich hier wirklich um eine An-

---

ben können.

klage oder nicht vielmehr um eine expressive Form der Klage? Wird hier ein Prozess gegen Gott angestrengt, der mit einem Schuldspruch gegen Gott endet oder zumindest enden könnte? Impliziert das "es reicht" ein Wissen darum, was Gott falsch gemacht hat und wie er es hätte besser machen können? Oder bringt es nicht vielmehr die Spannung zum Ausdruck, einerseits auf den biblischen Gott (mit seiner bestimmten Kontur) zu hoffen, andererseits aber die Situation nicht mehr mit dieser Kontur in Einklang bringen zu können? Geht es nicht um ein Aushalten einer unerträglich erscheinenden Situation vor Gott, dem diese Situation klagend geschildert und auf dessen Eingreifen nur gehofft werden kann? Dann würde aber diese Geschichte für die Position von Janowski sprechen, wäre also der Form nach eine Klage, die das Unverständnis und die Fassungslosigkeit der Glaubenden vor Gott trägt – durchaus in drastischen Worten, aber ohne den Gestus der Verurteilung. Was die Wortwahl angeht, bemerke ich bei mir Verständnis und Sympathie für den Predigteinstieg Schöttlers. Was allerdings die Gattung der Rede angeht, scheint mir eher Janowski Recht zu haben: Es handelt sich um eine eindrucksvoll vorgetragene Klage; sie löst die Lähmung der Betroffenen und trägt deren Anliegen, die geschilderte Spannung vor Gott, von dem sie Hilfe erhoffen, ohne aber sagen zu können, worin diese bestehen müsste[25].

Die offenherzige Schilderung solcher schwierigen Situationen einschließlich der eigenen Reaktion und der Gedanken, die zu diesem Verhalten führten, zwang den Zuhörern in der Lutherkirche nicht nur Respekt vor beiden Theologen ab, sie markiert auch eine Grenze der kritischen Analyse. Für beide steht fest, dass Gott mit solchem Unheil und Leiden in Verbindung gebracht werden kann und soll – und zwar nicht nur als derjenige, der mit den Menschen leidet und in ihrem Lei-

---

[25]   Die von Janowski erzählte Gegenerfahrung war zwar ein eindrücklicher Beleg dafür, dass auch sie mit solchen Situationen im Pfarramt konfrontiert gewesen war und ihnen pastoral Stand gehalten hatte. Sie hatte einen jugendlichen Selbstmörder zu beerdigen, dessen Vater alkoholsüchtig und dessen Mutter völlig verzweifelt in sich selbst vergraben war. In ihrer Trauerpredigt griff sie auf Davids Trauer über den Tod seines Sohnes Absalom zurück: "Mein Sohn, mein Sohn Absalom! Wollte Gott, ich wäre für dich gestorben" (2. Sam 19,1). So konnte die Lähmung der Mutter aufgebrochen und sie zu einer weinenden und schreienden Klage befreit werden. Jedoch ist die Klage in diesem Fall erst die Folge der Predigt; die Pastorin führt durchaus mit pädagogischem Impetus die trauernde Mutter zur Klage, aber sie klagt nicht selbst. Trotzdem wird auch hier erkennbar, dass für Janowski die Klage aus den geschilderten Erwägungen die angemessene menschliche Reaktion auf erfahrenes schweres Unheil darstellt.

den zu finden ist, sondern auch als derjenige, dem wie auch immer eine Verantwortung für das Unheil und das Leiden nicht einfach abgesprochen werden darf. Wie aber das "nicht absprechen dürfen" positiv Gestalt gewinnt, darin bestand der Dissens, der tief in die persönliche Frömmigkeit ragt – schließlich geht es um Gespräche mit Gott.

c) Gott fürchten und lieben

Neben den beiden analysierten Optionen des Trilemmas von Jonas wurde auch die dritte Möglichkeit in Kassel vertreten, also das Festhalten an sowohl der Barmherzigkeit Gottes wie seiner Allmacht, wenngleich diese Zusammengehörigkeit vom Menschen nicht mehr wird verstanden werden können. Die von Epikur noch fraglos vorausgesetzte Verstehbarkeit Gottes wird nunmehr hinterfragt. Ein klassischer Vertreter dieser Position ist Martin Luther, der insbesondere in seiner Auseinandersetzung mit Erasmus von Rotterdam über den unfreien Willen (in: "De servo arbitrio" von 1525) die Verstehbarkeit Gottes dahingehend einschränkte, dass er vom offenbaren Gott einen verborgenen Gott unterschied, der in einem Dunkel zu verorten sei, so dass er für uns nicht erreichbar sei – nicht durch Vernunft, noch nicht einmal durch Glauben, vielmehr bleibe nur die Flucht zum offenbaren Gott. Auch Janowskis Rede vom Rätsel hatte Berührungspunkte mit dieser theologischen Position, die ansonsten in einigen Diskussionsbeiträgen vorgetragen worden und vor allem in den beiden Predigten von Bischof Dr. Martin Hein im Eröffnungsgottesdienst einerseits und Prof. Dr. Corinna Dahlgrün im Schlussgottesdienst andererseits herauszuhören war.

Hein beschäftigte sich in seiner Predigt mit der Bedeutung der Gottesfurcht, die Luther in seiner Auslegung der Zehn Gebote (im Kleinen Katechismus) zur Erklärung jedes Gebotes heranzog: "Wir sollen Gott fürchten und lieben". Aber warum sollen wir Christen Gott nicht nur lieben, sondern auch fürchten? Weil nach Hein die Gottesfurcht den nötigen Abstand zwischen Gott und Mensch bewahre und damit sowohl einer Vergottung des Menschen wie korrespondierend einer Verharmlosung Gottes wehre. Dieser Abstand sei vor allem deshalb unverzichtbar für den Glauben, weil er Gott andere Handlungsmöglichkeiten zuschreibt, als sie dem Menschen zukommen. Das göttliche Gegenüber, das sich einer verstehenden Aneignung durch den Glaubenden widersetzt, ist zugleich Grund der Hoffnung, dass dieser Gott auch dann noch handelnd eingreifen (könne und) werde, wenn wir keine Möglichkeiten mehr erkennen können: im Tod. - Auch für Dahlgrün ist die Unergründbarkeit Gottes, der von der Bibel als auch für das Böse und das Unheil verantwortlich beschrieben wird, einerseits die Absage an jede Eindeutigkeit weltlicher Erklärungen (und sei es der Rekurs auf ein ominöses Schicksal); sie alle zerbrechen angesichts des unerwarteten und unsere Erwartungen umstürzenden Handeln Gottes, so wie es das Lied der Hanna (I Sam 2,1ff.) zur Sprache bringt. Andererseits ist sie aber auch der Garant dafür, dass Gott am Ende des Lebens stehen werde, denn dieser Gott töte zwar, aber daraufhin mache er auch lebendig. Eindrucksvoll bestätigte das am Abend zuvor uraufgeführte Sanctus (aus der Missa Hebraica) von Hans Darmstadt, das im Gottesdienst unmittelbar vor der Predigt erklang, diese theologische Position, indem es die Herrlichkeit Gottes (in ihrer Doppelbedeutung als Heiligkeit und Souveränität) herausstrich. Jeder allzu große Vertraulichkeit des Menschen mit Gott und jedem daher rührenden (theologischen) Verfügenwollen über Gott wurde hiermit vehement widersprochen und der Mensch in seine Grenzen gewiesen.

Bringt man diese Argumentation mit den Erwägungen von Janowski und Schöttler zusammen, so dürfte entscheidend sein, ob sich diese lutherische Position gegen die Gefahr einer Pädagogisierung des göttlichen Handelns deutlich abgrenzt. Würde man formulieren, dass Gott tötet, um dann lebendig zu machen, dann würde man einen Sinn in das Unheil (konkret: den Tod) eintragen, würde damit aber wieder die Opfer missachten (Schöttlers Einwand) und einem zweckrationalistischen Denken verfallen (Janowskis Replik). Jedoch haben die beiden Prediger hier ein Nebeneinander von göttlichem Handeln nur konstatiert, nicht aber ergründet; gerade dass es nicht (pädagogisch) ausgeglichen wurde, führte die Notwendigkeit der Gottesfurcht vor Augen und eröffnete eine Hoffnung auf ein neues, nicht berechenbares Handeln Gottes. Und genau so blieb ihre Position lutherisch, weil sie ein letztes Rätsel für unser Verstehen konstatiert und bewusst nicht aufgelöst haben. Der verborgene Gott dient daher nicht dazu, die Gewissheit des Glaubens zu erschüttern, sondern dazu, das Verstehen in seine Grenzen zu weisen, die in theologischer Hinsicht enger sind als die der Gottesfurcht.

4. Der Protest der Musiker

Bislang erweckt diese Analyse den Eindruck einer theologischen Debatte, in der unterschiedliche Möglichkeiten, die Verbindung Gottes mit dem Unheil zu denken, gegeneinander abgewogen werden. Eine solche theologische Diskussion war angesichts der schwierigen Thematik wohl auch unverzichtbar – und sicherlich gewollt. Dennoch wurde auch der neuen Musik eine eigenständige Position in diesem Diskurs zugewiesen. Es waren vor allem Konzerte, die in den Gesprächsrunden kontrovers erörtert wurden und auch die bisherige Debatte heftig aufrüttelten, zum einen das "Op F'arh" von Krieger im Nachtkonzert des ersten Abends, dirigiert von Uhle, zum anderen das folgende Nachtkonzert (am Freitag), in dem vor allem Werke von Oehring und Kaul vorgetragen wurden. Alle drei Komponisten und auch der Dirigent haben sich in den Gesprächsrunden in der Lutherkirche den Debatten gestellt.

Doch nicht nur die Konzerte haben eine andere Stimme und Stimmung in die Tagung eingetragen. Auch die Gottesdienste und die Mittagsgebete setzten Kontrapunkte und wehrten so eine Dominanz der Diskussionen ab. Auch hier war ein klug gesponnenes Konzept nicht nur zu erkennen, sondern auch in den Gottesdiensten spürbar. Im Eröffnungsgottesdienst waren es nach meinem Eindruck vor allem die Klangsteine mit ihren ungewöhnlichen Tönen, die als Gegengewicht zur Predigt prägend wirkten, sie wurden beim anschließenden Empfang dann auch ausgiebig bewundert. Die beiden Stücke aus der missa brevis von Dieter Schnebel beeindruckten mich vor allem durch die Virtuosität der Sängerin Mechthild Seitz, während der Prison Song von Hans Werner Henze mit seiner deutlich politischen Stoßrichtung die Orientierung der Predigt am einzelnen Christen komplementär ergänzte. Der Abschlussgottesdienst erhielt wie erwähnt durch das Sanctus der Missa Hebraica wichtige Impulse. Der Psalm aus h von Konrad Lechner, der den anbetenden Gesamtduktus des Gottesdienstes intonierte, rief eine Mischung aus Ehrfurcht und Hoffnung bei mir wach und erinnerte mich an das "Gott fürchten und lieben" der Eröffnungspredigt, so dass hier ein Bogen gespannt wurde, den die Sonntagspredigt mit anderem Schwerpunkt, dem Rekurs auf Luther, wieder aufgegriffen hat.

Die beiden Mittagsgebete waren thematisch den Tagesschwerpunkten zugeordnet, so stand das Gebet am Freitag unter dem Gotteswort 1. Mose 6,7 ("Ich will die Menschen, die ich geschaffen habe, vertilgen von der Erde"), während der folgende Tag den Spruch Christi aus Joh 15, 13 ("Niemand hat größere Liebe als die, dass er sein Leben lässt für seine Freunde") in die Mitte stellte. Als Gegenpol zu den schwierigen theologischen Debatten riefen die Mittagsgebete in ihrer

Schlichtheit und vor allem in der Konzentration auf kurze biblische Texte und auf das anschließende Gebet den Glaubenden zur Besinnung. Hier wurde das wichtige und sehr ergiebige Reden über Gott am Vormittag durch ein Reden mit Gott im Gebet und dem korrespondierend ein Hören auf Gott in der Lesung auf seine Grundlage zurückgeführt, ohne aufdringlich oder frömmelnd zu sein.

a) Keine semantische Musik

Das erste Abendkonzert war die Uraufführung des Auftragswerkes "Op F'arh" von Ulrich Krieger, eines abendfüllenden Stückes, das auf mich vor allem durch seine Langsamkeit wirkte. Es lag musikalisch im Grenzbereich zwischen ernster und unterhaltender Musik; Krieger selbst wies auf Einflüsse aus der Techno-Szene und dem Heavy-Metal, mich erinnerten die langatmigen Klangteppiche zudem an neue Veröffentlichungen aus der Independent-Szene wie beispielsweise von Godspeed You Black Emperor. So spielte die Wahrnehmung der verrinnenden Zeit für mich eine große Rolle, das lange Leiden der Opfer wurde spürbar, sicherlich wesentlich unterstützt durch die Videokollagen des Künstlers Lillevän, in dem Opfer von Gewalt immer wieder zu sehen waren. Am Ende brach das Stück in einen infernalischen Krach aus, der allerdings auf viele wie eine Befreiung wirkte, weil er (zumindest bei mir) wieder Aggressivität und damit eigene aktive Regungen ermöglichte und so aus dem passiven Opfergefühl herausführte. Die diskursive Auseinandersetzung mit dem Werk von Krieger am folgenden Nachmittag wurde erheblich durch dessen These geprägt, er wollte keine semantische Musik vorgestellt haben. Um die Brisanz dieser These zu verdeutlichen, möchte ich sie auf dem Hintergrund der Ausführungen von Janowski zu dem dezidiert atheistischen Philosophen Friedrich Nietzsche profilieren; ich bin also überzeugt, dass die Sprengkraft und Valenz dieser These so klarer zu Tage treten werden als es in der etwas hilflos wirkenden Debatte in der Lutherkirche der Fall war, so dass meine Analyse an dieser Stelle zu einer weiter gehenden (und hoffentlich auch weiter führenden) Interpretation auswächst.

In ihrem ersten Statement vollzog Janowski zwei Weichenstellungen, die unter den Theologen nicht sonderlich problematisch waren, deren weitreichende Implikationen aber in der Auseinandersetzung mit Krieger zu bedenken sind. Zunächst griff sie auf den Tollen Menschen in Nietzsches "Fröhlicher Wissenschaft" zurück, der mit dem Verkündigungsruf vom Tode Gottes durch die Straßen zieht.

Zentral ist dabei nach Janowski die Fortsetzung dieses Rufes, nämlich dass es wir Menschen gewesen sind, die diesen Mord vollbracht haben und nunmehr vor der Aufgabe stehen, diese Lücke auszufüllen und ohne Gott weiterzuleben[26]. Dieser Nietzsche wird von Janowski zweifach eingesetzt, einerseits greift sie seine Kritik auf, um sie aber explizit nur auf die herkömmlichen Vorstellungen von Gott (als Schlächter und rachsüchtigen Despot) anzuwenden. Andererseits deutet sie seinen Hinweis auf die Folgen als Indiz für eine Überforderung des Menschen, der nach dem Weggang Gottes dessen Arbeiten in Stellvertretung mit übernehmen muss (sozusagen, weil kein Ersatz gefunden oder eingestellt werden konnte) und damit überfordert ist[27]. Es ist also ein dezidiert theologischer Umgang mit Nietzsche, den Janowski vorgeführt hat. Das wird durch ihre zweite Weichenstellung bestärkt, nämlich der Forderung, dass die Rede vom vernichtenden Gott sekundär sein müsse gegenüber einer positiven Gottesvorstellung[28]. Hergeleitet hat sie diese Forderung aus dem logischen Satz, dass man nicht mit einer Negation beginnen könne. Vernichten sei eine negative, eine verneinende Aussage über Gott, deshalb könne sie nicht am Anfang stehen, sondern zuerst müsse gesagt werden, wofür Gott einsteht – und das sei nach biblischem Befund Gott als Schöpfer und Befreier. Mit dieser zweiten Weichenstellung wird abgesichert, dass man sich zunächst auf den biblischen Gottesgedanken einzulassen habe, um diesem dann auch – in welcher Form und mit welchen Schwierigkeiten auch immer – die Vernichtung zuzuschreiben.

Aber Nietzsches Atheismus wollte tiefer greifen; er wollte die Christen nicht nur zur Besinnung auf eine angemessene Rede von Gott aufrufen, sondern deren Gottesvorstellung vernichtend treffen. Die Aufgabe, die ein solcher Tod Gottes mit

---

[26] Vgl. Friedrich Nietzsche, Die fröhliche Wissenschaft (1882), Drittes Buch Nr. 125 (=KSA 3, 480f.).

[27] Vgl. zur Differenz von Stellvertreter und Ersatzmann Dorothee Sölle, Stellvertretung. Ein Kapitel Theologie nach dem "Tode Gottes", Stuttgart 1965, 17ff.

[28] Schöttler hatte unter Rekurs auf Jes 45,7 zwar eingewandt, dass diese "sekundäre" Zuschreibung das größere Gewicht beanspruchen könne, denn das theologisch gewichtige Verb "schaffen" werde bei Deuterojesaja gerade auf das Unheil bezogen, während das Schaffen des Heils mit dem Allerweltsverb "machen" bezeichnet wird. Aber diese Beobachtung kann die Argumentation Janowskis nicht widerlegen, weil die schöpferische Potenz Gottes hier die logische Priorität beansprucht. Zudem verdeutlicht gerade die dargestellte Debatte über die Klage oder Anklage Gottes, dass ein solches positives Gottesbild vorausgesetzt wird, um daraufhin diesen Gott mit dem Negativen verbinden zu können.

sich bringt, wurde von ihm zwar in ihrer Bodenlosigkeit erkannt, jedoch trotzdem ernsthaft erwogen. Und in diesem Zusammenhang äußert er in der "Götzen-Dämmerung" die Befürchtung: "Ich fürchte, wir werden Gott nicht los, weil wir noch an die Grammatik glauben"[29]. In genau diesem Kontext sollte nun die These Kriegers gelesen werden. Seine bewusst nicht-semantische Musik wäre dann ein Ausbruch aus einer Welt, die immer noch für theologische Interpretationen offen ist, solange sie sich auf sprachliche Spielregeln einlässt. Krieger erläuterte, dass lediglich die "klassische" Musik in Europa semantisch sei, während sowohl die frühe Musik (Renaissance) wie die Musik anderer Kulturkreise asemantisch sei; solche Musik wolle nicht intellektuell argumentieren, sondern vielmehr emotional einen Klangraum öffnen und strukturieren. In dieser Traditionslinie wolle Krieger Musik komponieren, die "weniger geschwätzig" sei; daher zähle er sich selbst auch nicht zur "neuen Musik" (im Sinne der contemporary classics), sondern eher zur Popmusik, näherhin zur Techno-Szene. Von da aus erschließt sich, warum Krieger im Gespräch mit von Wedel die theologische Diskussion als "hermetisch" bezeichnete und sich von ihr abwandte – einmal abgesehen von dem häufig vorgetragenen Argument, dass auch er sich von seiner religiösen (näherhin katholischen) Sozialisation noch befreie, doch selbst diesen Befreiungskampf kann man im Sinne Nietzsches lesen. Krieger will keine Antworten suchen oder Sinnfragen provozieren, denn damit verbliebe er in einer semantischen Sphäre, in der die Theologie immer noch mitreden kann – was man ja an Janowskis Beschäftigung mit Nietzsche eindrucksvoll beobachten konnte.

Kriegers Intention lassen sich von einem Befreiungsimpuls, wie er bei dem Philosophen Nietzsche zur Sprache gebracht wird, her verstehen. Seine Musik soll nach eigenem Bekunden unmittelbare Emotionen auslösen und nicht zum Nachdenken anregen; die Sinnlichkeit und Körperlichkeit bei Rockkonzerten sei für ihn anregend, während das körperlose, intellektualistische Spiel der "neuen Musiker" eher abschreckend wirke – für Nietzsche lebt in solchen Eruptionen der neue, vom Joch des Christentums befreite Mensch, während in der Nachdenklichkeit der tote Gott noch nachwirkend sein Unwesen treibe. Selbst die pornographi-

---

[29]   Friedrich Nietzsche, Götzen-Dämmerung (1889). Die "Vernunft" in der Philosophie Nr. 5 (= KSA 6, 78).

schen Szenen im Videofilm[30], der den musikalischen Klangteppich kontinuierlich begleitete und nach Auskunft Kriegers als zweite kompositorische Leistung angesehen werden sollte, wurden von Krieger in seinem abschließenden Plädoyer gerade nicht nur in der Opferperspektive gesehen, sondern als Aufbruch in einen "progressiven Hedonismus" interpretiert und als Empfehlung für einen neuen, "progressiv hedonistisch-freudvollen" Lebensstil an das Publikum verkündet ("macht endlich [Sex], und zwar richtig"), während Janowski und viele andere Konzertbesucher (mich eingeschlossen) hier nur das Leiden einer Frau, die vergewaltigt wurde, entdecken konnten – und kann man nicht beide Perspektiven, sowohl das ressentiment-behaftete theologische Kreisen um das Leiden wie den gewaltbereite Aufbruch der "blonden Bestie" im Sinne Nietzsches deuten[31]? – Wohlgemerkt geht es mit dieser Interpretation Kriegers auf keinen Fall darum, ihn in eine Ecke mit dem "hässlichen Nietzsche", dem Frauenhasser und Praefaschisten, zu stellen. Abgesehen davon, dass solche Vorurteile der Person und vor allem dem Werk Nietzsches nicht gerecht werden, knüpfen meine Beobachtungen bei Janowskis positiver Würdigung Nietzsches an und versuchen nur nachzuweisen, dass Krieger eine konsequentere Lesart Nietzsches vertreten hat, die für Theologen wenig eingänglich und daher gewöhnungsbedürftig ist.

Übertroffen wurde diese Position allerdings noch von den Äußerungen Uhles, der nicht nur als Dirigent die Aufführung leitete, sondern schon bei der Entstehung des Werkes als Ansprechpartner mitgewirkt hatte. Seine Zielperspektive war es, neue Erfahrungen zu ermöglichen und auch selbst zu erleben; und gerade der wilde Mix von Eindrücken, den das Konzert (also die Musik im Zusammenwirken mit dem Video) ohne analytische oder systematisierende Konzeption anbot, habe solche unmittelbaren Erfahrungen hervorgerufen. Vor allem die (bereits geschil-

---

[30] Konkret ging es um eine Filmkollage, in der Szenen aus einem Pornofilm, Ausschnitte aus einem Musikvideo von Madonna und ein Kruzifix immer wieder neu zusammengestellt zu sehen waren. – Das Musikvideo wurde von dem Video-Jockey Lillevän (in Absprache mit Krieger) selbständig komponiert und live vorgetragen. Vergleichbar einem Disc-Jockey arbeitete Lillevän mit vorbereiteten Filmkollagen, die er aber erst im Konzert einsetzte, so dass es sich um einen in dieser Abfolge einmaligen "event" handelte.

[31] Vgl. Friedrich Nietzsche, Zur Genealogie der Moral (1887). Erste Abhandlung: "Gut und Böse", "Gut und Schlecht", Nr. 7-11 (= KSA 5, 266-277). Zum Repertoire des Übermenschen gehört eben auch die Schändung; die "blonde Bestie ... bedarf von Zeit zu Zeit der Entladung" (ebd. Nr. 11 = 275).

derte, lang diskutierte) Szene, in der die Sängerin Madonna, ein Kruzifix und der Porno als Kollage zu sehen waren, habe ihn (semantisch) sprachlos gemacht und statt dessen Reaktionen im Unterzwerchfell ausgelöst. Da kann man eben nichts mehr sagen – nur dass diese Sprachlosigkeit als unmittelbare Selbsterfahrung von Uhle gesucht wurde, während sie für Janowski erschreckend war, weil hier keine Kommunikation mehr stattfinde, sondern nur noch Rauschen[32]. Wird hier die Flucht aus der Semantik nicht zu einer Beliebigkeit, die vergleichbar einem Süchtigen nur noch auf einen "kick", einen neuen vegetativen Schub ausgerichtet ist, wobei es gleichgültig oder zumindest zweitrangig zu sein scheint, welche (optischen und akustischen) Reize diese Reaktion auslösen?

Krieger hat eine solche Extremposition in der Diskussion nicht bezogen, obwohl er ebenfalls das hedonistische Erleben in den Vordergrund gestellt hatte. Jedoch gab er auch zu bedenken, dass seine Musik auf die gesellschaftliche Rolle von Opfern reflektiere. Ihn habe also bei der Komposition die Frage beschäftigt, ob die Gesellschaft Opfer brauche. Wäre auch eine zukünftige Gesellschaft auf Opfer angewiesen? Oder: "Ist es nicht vielmehr so, dass Opfer immer von der staatstragenden Macht eingefordert werden und im Grunde konservativ sind und den Status Quo unterstützen"[33]? Hier sind dann doch Fragen formuliert worden, die seine Musik beim Rezipienten aufwerfen könnte, sofern sie ihn während der Abfassung beschäftigt haben – "aufwerfen sollte" wäre schon zuviel gesagt, denn dann wäre man wieder in semantischen Strukturen.

Vor allem wird hinter diesen Fragen ein aktiver Begriff von Opfer erkennbar, der vom passiven Opferbegriff unterschieden werden sollte. Krieger wies auf die Differenzierungsmöglichkeit in der englischen Sprache; hier bezeichnet "sacrifice"

---

[32] Janowski spielte damit nach eigener Angabe auf eine kritische Äußerung des Soziologen Niklas Luhmann an, die ich leider nicht in dessen umfangreichen Werk wiedergefunden habe.

[33] Zitat aus dem Kommentar Kriegers zu seinem Stück im Programmheft (S. 26). – Als eigene Beobachtung sei hinzugefügt, dass im ersten Halbjahr 2002, in dem die Komposition entstand, in Deutschland Zitate aus der "Berliner Rede" Roman Herzogs vom 26. April 1997 zusammen mit einem Portrait des damaligen Bundespräsidenten plakatiert wurden. Zu den besonders häufig zitierten Worten Herzogs auch bei der erwähnten Plakatierungsaktion gehört folgende Passage: "Durch Deutschland muß ein Ruck gehen. Wir müssen Abschied nehmen von liebgewonnenen Besitzständen. Alle sind angesprochen, alle müssen Opfer bringen, alle müssen mitmachen" (zitiert nach: Stimmen gegen den Stillstand. Roman Herzogs "Berliner Rede" und 33 Antworten, hrsg. von Manfred Bissinger, Hamburg 1997, 28). Vermutlich hat dieses Zitat (samt seiner Wirkungsgeschichte) die Arbeit Kriegers mit beeinflusst.

die aktive Hingabe, während "victim" das passive Ertragen von Gewalt meint. Diese Differenzierung wurde in der Diskussion vom Publikum in mehreren Beiträgen dahingehend aufgegriffen, dem Video eine Verkürzung des Opferbegriffs auf die Sprache der Gewalt vorzuwerfen: Opfer sind diejenigen, die bei einem Unfall geschädigt werden; ihr Gegenüber sind die Täter, die dieses Leid verursacht haben; hier sei also nur von "victims" die Rede. Das kultische Opfer hingegen, die aktive Hingabe, sei zwar in der Musik spürbar gewesen, nicht aber im Video; und da die Filmsequenzen den Eindruck im Konzert dominiert und die Musik zur Begleitung herabgewürdigt hätten, sei dementsprechend die Verkürzung der Opferthematik dominant geworden. Krieger bestätigte der Tendenz nach diese Schwerpunktsetzung; die Empfindung der Dominanz des Videos konnte er nicht weiter kommentieren, sondern nur zur Kenntnis nehmen[34]. Leider war der Video-Jockey Lillevän nicht mehr in Kassel; seine Repliken und Kommentare hätten die sehr konzentrierte und bei aller Kritik sachliche Debatte sicherlich noch weiter bereichert.

b) Menschliches Leid – Behinderung und Bereicherung

Im Gegensatz zu Krieger und Uhle haben die beiden Musiker, deren Werke maßgeblich die zweite Musiknacht gestalteten, nicht nur semantische Musik komponiert und vorgestellt, sondern sich zudem ausdrücklich dazu bekannt, mit ihrer Musik Anstöße vermitteln zu wollen und Fragen oder Probleme, die sie beschäftigt haben, weiterzugeben. Darauf angesprochen, welche Bedeutung der Kirchenraum für ihre Musik habe, was also das "in der kirche" des Veranstaltungsrahmens für sie besage, antworteten beide mit einem Hinweis auf das ihnen vorgegebene Thema. Für Matthias Kaul war nicht eine besondere Atmosphäre des Kir-

---

[34] Eine eigenständige und sehr starke Wirkung des Videos wurde auch von Uhle bestätigt. Er schilderte, dass die Musiker das Stück zunächst nicht akzeptiert hätten – vermutlich, weil es eher aus der Techno-Szene stammte denn als neue Musik konzipiert war. Das Stück sei eher langsam und flächig aufgebaut, ihm fehle die für neue Musik typische Entwicklungskomponente. Selbstverständlich hätten die Musiker aber professionell gearbeitet. Diese eher ablehnende Haltung der Musiker habe sich allerdings diametral geändert, als das Video hinzugekommen sei, nun sei eine Begeisterung zu spüren gewesen, die auch von ihnen geäußert worden sei. Uhle schrieb diesen Stimmungsumschwung zwei Faktoren zu, zum einen der schlicht guten, teilweise sogar anrührenden Qualität des Videos, zum anderen der Tatsache, dass eine neue Erfahrungsebene hinzukam und so die Eindrucksvielfalt (den bereits zitierten "wilden Mix" von Eindrücken) steigerte.

chenraumes der Impuls für seine Mitarbeit, sondern vielmehr die gemeinsame Arbeit an einer beide (Kirche wie Musiker) beschäftigenden gesellschaftlichen Problematik. Helmut Oehring beschrieb zwar eine solche Dignität des Raumes, die er darin empfand, dass hier unaufdringlich andere Stimmen präsent seien, die vor ihm lebten mit ihren Fragen und Problemen. Aber diese Beobachtung war gegen eine Überbetonung des persönlichen Glaubens gerichtet, und vor allem gibt auch sie dem thematischen Bezug den Vorrang, den er nur geschichtlich erweiterte und vertiefte.

Das Thema der zweiten Musiknacht trug die Überschrift "Der leidende Gott". Beide Musiker haben sich explizit mit dem Leiden beschäftigt – allerdings, wie Oehring protestierend gegen die Theologie einwandte, nicht mit einem behaupteten Leiden Gottes, sondern mit dem Leiden der Menschen: "Menschen leiden und nicht Gott". Was die beiden Theologen als Trost angesehen haben, nämlich das "Inleiden Gottes", wurde von diesem Musiker als Anmaßung zurückgewiesen. Hiermit werde die offene Wunde der Theologie, dass sie nämlich keine Antwort geben könne auf die Frage, warum der allmächtige Gott dieses Leiden zulasse, schon wider zugepflastert – auf Kosten der menschlichen Wahrnehmung des Leidens. Aber es gehe genau um uns Menschen, denn Gott lasse ja auch uns zu mit unseren teils Leiden verursachenden, teils Leiden ertragenden Schwächen. Unser Mitleid sei also gefordert, statt hier einen Gott einzuspannen, dessen Existenzannahme an diesem Leiden auch nichts ändere.

Diese Forderung nach dem Offenhalten der Frage und nach dem Aushalten der schmerzhaften Wirklichkeit menschlichen Leidens fand Schöttler in dem fragmentarischen Ausdruck der Musik wieder: Das "Stottern" der Musikinstrumente, welche die Möglichkeiten ihres Klanges nie ausschöpften, sondern immer wieder nur andeuteten und dann abbrachen, sei für ihn schmerzhaft gewesen, weil er (insbesondere aus der ihm vertrauten romantischen Musik) um die Klangfülle dieser Instrumente wisse, doch zugleich faszinierend, weil es ihm die Brüchigkeit, das Fragmentarische unseres Denkens demonstriere. Er habe "gemerkt, wie brüchig das Denken in Systemen heute geworden ist" – ohne damit als Theologe auf solches Denken verzichten zu wollen oder zu können. Statt in durchdachten gedanklichen Gebilden das Leiden korrekt (auch im Zusammenhang mit Gott) zu verorten, fordere ihn diese Musik dazu auf, dem Leiden einfach nur standzuhalten.

Die Wahrnehmung menschlichen Leidens sollte insbesondere in "Mischwesen"

(Oehring/Iris ter Schiphorst) durch den Auftritt der gehörlosen Künstlerin Christina Schönfeld, die teils mit Gebärdensprache, teils auch mit Artikulationen ein Gedicht ("Stille" von Anne Sexton) vortrug, vermittelt werden. Der Wortlaut war dem Publikum nicht bekannt; nur dass es sich um ein Gedicht handele, war zuvor angekündigt worden. Beim Publikum löste dieser Auftritt ein Gefühl der Ausgeschlossenheit aus – und damit war das Anliegen Oehrings auf den Punkt gebracht. Das Gefühl, an etwas nicht teilnehmen zu können, was die Menschen um mich herum bewegt und was ihnen wichtig und gut zu sein scheint, weckt eine Empfindsamkeit gegenüber anderen Menschen, die ebenfalls ausgeschlossen sind. Das Leiden der Menschen wird von Oehring also sehr spezifisch und konkret als Exklusion, als Ausschluss aus der menschlichen Gesellschaft, verstanden; es wird nicht auf die Symptome (beispielsweise das Fehlen der Hörfähigkeit) fixiert, sondern auf deren gesellschaftliche Konnotationen[35].

Dass Oehring gerade die Gebärdensprache als Medium wählte, ist autobiographisch begründet: Er ist als Kind gehörloser Eltern mit dieser Sprache groß geworden und hat erst mit vier Jahren sprechen gelernt. Daher ist die Gebärdensprache für ihn die Grundlage seines Denkens geblieben, die Denkungsart, in die er Äußerungen anderer rückübersetzt – so wie wir deutsch denken, auch wenn wir englisch sprechen. Dadurch weiß er aber auch um die Schönheit dieser Sprache, die sich seinen Ausführungen folgend vor allem in ihrer körperlichen Intensität niederschlage und die weitaus komplexer und vielschichtiger sei als die gesprochene Sprache, wodurch sie eine höhere Aussagekraft besitze. Angesichts dieses Hintergrundes konnte er auch eine Einschätzung aus dem Publikum, dass hier eine Behinderte vorgeführt worden sei, nicht teilen[36]. Nicht ein Mangel

---

[35] In diesem Sinn interpretierte Oehring auch das erste Stück der Musiknacht, sein Werk 'Cayabyab' von 1993. Es beschreibt die technische Errungenschaft, mit Giftspritzen einen Todeskandidaten in den USA hinrichten zu können, die von ihrem Entdecker als humanitäre Verbesserung angesehen worden war, weil sie angeblich das Leiden des Delinquenten verringere. Oehring geht es aber um den (endgültigen) Ausschluss dieses Menschen aus der Gesellschaft, der den Kern seines Leidens ausmacht, und nicht um die Verringerung des körperlichen Schmerzes.
[36] Oehring war aus dem Publikum mit der zwar in angemessener Freundlichkeit vorgetragenen, aber der Sache nach sehr kritischen Frage konfrontiert worden, ob seine Musik nicht eine Behinderung zur Schau stelle. Worin unterscheide sich der Auftritt der gehörlosen Künstlerin im Nachtkonzert von einem Auftritt beispielsweise eines Liliputaners in einem alten Zirkus oder der Ausstellung eines Pygmäen in einem Museum? Während das Publikum diese Frage teilweise als ungehörig empfand und entsprechend rumorte, sogar (strotzend vor Selbstgerechtigkeit und politischer

sollte vorgeführt werden, sondern ein uns unbekannter Reichtum und eine uns nicht bewusste Schönheit an Artikulation, so dass eine wechselseitige Ausgeschlossenheit spürbar werden sollte. Der "fragile Boden aller Kommunikation" werde aufgezeigt; also die Nichtselbstverständlichkeit gelingender Verständigung. Wir verstehen ihre Sprache nicht, so wie sie unsere Musik nicht aufnehmen kann. Auch Mathias Kaul ging es in seinem Stück "Amadeu Antonio Kiowa" um das Leiden – speziell dieses Menschen aus Angola, der im Jahre 1990 von etwa 50 rechtsradikalen Skinheads in Eberswalde (Brandenburg) erschlagen worden war. Kauls Impuls war gegen das Verdrängen oder Vergessen solchen Leides gerichtet: Die vier improvisierten Versionen des Stückes stehen für die menschliche Freiheit, aber sie gründen alle auf der Vorgabe (des Komponisten), dass das Vibrieren der Snaredrums im Stück nicht aufhören darf, dass also dieser eher störende Krach nicht bei der freien Gestaltung in ihrer begeisternden Eigendynamik vergessen oder verdrängt werden darf. Unsere Freiheit (in der Ausgestaltung unseres Lebens) dürfe es also nur im Wissen um solches Leiden geben, daher wird dieses Leid akustisch durch die Schläge auf die Snaredrum am Anfang des Stückes eingehämmert und hält sich (erzwungen) durch. Das Leiden von Menschen soll nicht dazu führen, unserer Leben, unsere Gestaltungsfreiheit zu negieren oder moralisch zu diskreditieren, aber es muss präsent bleiben als (störendes) Hintergrundgeräusch – und wir müssen (wie die Musiker) dafür sorgen, dass wir es nicht durch eine Fixierung auf die genussträchtigen Seiten unseres Lebens verdrängen.

Diese Position der Musiker hat ein vielstimmiges Echo im Publikum hervorgerufen. Das lag sicherlich daran, dass beide mit ihrer Musik Geschichten erzählt haben, also dem methodischen Hinweis der Theologen wenngleich unbewusst entsprochen haben – aber vielleicht ist dies auch ein Indiz dafür, dass die theologischen Erörterungen über das angemessene Reden von Gott angesichts von Unheil und Leid der Sache nach (unbeschadet aller wissenschaftlichen Form) Zustimmung verdienen. Die Musiker haben konkret vor Augen geführt, also sinnlich er-

---

Korrektheit) dagegen protestierte, dass solche Frage überhaupt gestellt werden dürfe, ging Oehring freundlich und sachlich auf sie ein. Zwar könne er die Anfrage verstehen, jedoch sei ein Konzert nach seiner Überzeugung keine Zurschaustellung, sondern eher ein Geschenk, in dem etwas gezeigt werde. In seinen Kompositionen solle konkret die Schönheit der Gebärdensprache gezeigt werden.

fahrbar gemacht, was Leiden besagen und implizieren kann. Demgegenüber wurde aus dem Publikum kritisch eingewandt, dass die Musiker sich auf den leidenden und vernichtenden Menschen fokussiert und dabei das eigentliche Thema, den leidenden und vernichtenden Gott, nicht bearbeitet hätten. Dem wurde jedoch entgegnet, dass genau dieser Fokus die kritische Aufforderung an die Theologie und die Verkündigung der Kirche sei, die offene Wunde (der Theodizeefrage) nicht durch einen auch dies noch aufsaugenden Gottesbegriff zu schließen. Eine andere Stimme beschrieb, dass die Frage, warum Gott das abgrundtief schlechte Handeln der Menschen zulasse, durch diese Kompositionen neu geweckt worden sei. Doch auch der Aufruf, den Leidenden zu begegnen und ihnen zu helfen, wurde durch das Konzert hörbar – verbunden mit der Erkenntnis, dass solche Begegnung mit Leidenden eine rettende Gottesbegegnung sei und daher nur in der Kraft des Evangeliums nicht in Ohnmacht, sondern in Hilfe umschlagen werde.

5. Die Rolle der neuen Musik in der Kirche

Die soeben geschilderten Reaktionen des Publikums auf die Gedanken von Oehring und Kaul sind ein deutlicher Beleg dafür, dass eine interdisziplinäre Begegnung von Kirche und neuer Musik auf dieser Tagung stattgefunden hat. Es gab ein gemeinsames Ringen um die vorgegebene Thematik und es gab ein Hören auf die Argumente und Bedenken der Gesprächspartner. Die zahlreichen Gespräche in den Pausen und auf den Wegen von der Lutherkirche zur Martinskirche und zurück bestätigen diesen Eindruck, ohne dass sie hier wiedergegeben werden können. Als Grundstimmung habe ich eine ruhige und behutsame Nachdenklichkeit wahrgenommen; es wurde nicht laut gestritten oder wortreich protestiert, sondern die Tragweite der vorgetragenen Argumente wurde analysiert und mit eigenen Glaubenserfahrungen oder Überzeugungen abgeglichen. Ich habe jedenfalls keinen Streit um das beste Argumentationsmodell erlebt, sondern eher die Einsicht, auch selbst diese Fragen nicht beantworten zu können, gepaart mit der Bereitschaft, auf die Antworten der anderen zu hören – ohne sie unkritisch übernehmen zu wollen.

Besonders eindrucksvoll zeigte sich dieser weiterführende Umgang mit anderen Positionen in den Entgegnungen der Musiker auf einen "frommen Protest", der sich vor allem in der letzten Gesprächsrunde artikulierte, nachdem er sich aber schon zuvor angemeldet hatte. Dieser Protest monierte, dass ein echter Dialog nicht stattgefunden habe, weil den Musikern die Bereitschaft fehle, sich auf das Evangelium, also das Zentrum der kirchlichen Botschaft, einzulassen. Die Kirche sei damit nur als Konzertraum präsent gewesen, nicht aber als geistige Größe, in der das Evangelium verkündigt werde (und die Sakramente recht verwaltet werden)[37]. Angesichts des Ausfalls dieses Bezugs auf das Evangelium hätten die Musiker nur sich selbst produziert; ihnen fehlte das Gegenüber einer Auseinandersetzung, die folglich bei sich selbst verharrte.

Diesem frommen Protest wurde vehement widersprochen. Dabei fielen einige Äußerungen des Publikums dadurch negativ auf, dass sie solche Kritik offenkundig nicht zulassen wollten (oder konnten) und daher mundtot zu machen suchten; hier wurde geschimpft, gelästert oder mit Bibelzitaten ("wer Ohren hat zu hören, der höre" – gemeint als Hinweis auf die fromme Verstockung der Protestler, die demnach nicht bereit gewesen seien, sich überhaupt auf die Musik und ihre Herausforderungen einzulassen) zurückgeschlagen; aber damit wurde eine Form gewählt, welche die eigene Äußerung als Diskussionsbeitrag disqualifizierte, weil sie das Anliegen eben nicht ernst nahm, sich vielleicht auch vor einer Auseinandersetzung scheute.

Selbst Schöttlers unmittelbare Replik konnte (zumindest mich) nicht überzeugen, wenngleich sie keinesfalls als (und sei es versteckte) Gesprächsverweigerung gelesen werden soll. Er protestierte gegen die von ihm in diesen Wortmeldungen wahrgenommene Verengung des Evangeliums zum einen auf das Wort und zum anderen auf die kirchlichen Verkündiger. Evangelium sei aber nach biblischem Verständnis eine von Gott ausgehende Kraft (Röm 1,16), die man nicht in die Sonntagspredigt einsperren dürfe; es gebe kein pastorales Monopol auf das Evangelium. Dieser Gedanke ist zwar theologisch durchdacht und nicht zu beanstanden, man könnte ihn sogar durch einen Hinweis auf Liturgie oder Sakramente verstärken, die ebenso die frohe, befreiende Botschaft von Christus den Men-

---

[37] Der Protest bezog sich damit bewusst auf eine Formulierung aus Artikel 7 der Confessio Augustana. In Augsburg wurde Kirche definiert als "Versammlung aller Gläubigen, bei welchen das Evangelium rein gepredigt und die heiligen Sakramente laut des Evangeliums gereicht werden". Die lateinische Fassung formuliert direkter, auf sie bezieht sich im geschilderten Protest die Zitatanspielung: "Est autem ecclesia congregatio sanctorum, in qua evangelium pure docetur et recte administrantur sacramenta" (Es ist aber die Kirche eine Versammlung der Heiligen, in der das Evangelium rein gepredigt und die Sakramente recht verwaltet werden).

schen überbringen. Aber Schöttler ging es noch grundlegender darum, den Geist Gottes nicht einzusperren – jedoch war dies nicht die Stoßrichtung des Protestes. Der Protest beklagte, dass jeglicher Bezug der Musik auf das Evangelium fehlte – und man wird doch nicht behaupten können, dass die vorgetragene Musik sich selbst als Liturgie verstanden oder auch nur beansprucht habe, dass von ihr eine den Menschen befreiende Wirkung ausgehe. Sie wollte vielmehr nach den Bekundungen aller Musiker Fragen aufwerfen und Probleme spürbar werden lassen, gerade ohne Antworten zu geben. Insbesondere Krieger hatte darauf hingewiesen, dass er keine Antworten geben, sondern Fragen stellen wolle – und zwar auf eine Weise, die nicht nur intellektuell (semantisch), sondern unmittelbar (körperlich) sensibilisiere.

Die Replik von Oehring hingegen zeichnete sich dadurch aus, dass sie den frommen Protest ernst nahm und darum ernsthaft antwortete, was der inhaltlichen Schärfe seiner Entgegnung keinen Abbruch tat. Seine direkte Anrede "Verwechseln Sie meine Freundlichkeit nicht mit Schwäche" spricht für sich. Er lobte nämlich zunächst die Offenheit und Schärfe dieser Kritik und monierte den sonst eher moderaten und beschwichtigenden kirchlichen Umgangston, mit dem der wichtige Austrag von Konflikten verhindert würde – ein kleiner [und wohl nicht unberechtigter] Seitenhieb zur kirchlichen Konfliktbearbeitung und Streitkultur. Dann trug er seine beiden Gegenargumente vor. Zuerst wies er auf die gesellschaftliche Bedeutung des kirchlichen Raumes als einer offenen Begegnungsstätte hin; gerade an seiner Biographie als Jugendlicher in Ost-Berlin könne man ablesen, dass die Kirche dort als Forum für Unzufriedene und nicht nur als Versammlungsort der Christen wichtig gewesen sei. Allerdings waren diese Zusammenhänge vom frommen Protest auch nicht bezweifelt worden, man notierte nur, dass ein offener Raum allein noch keinen Dialog bewirke. Erst der folgende Gedanke Oehrings und dessen negative Begründung bringen sein erstes Argument zur Geltung: Er forderte nämlich die Kirche auf, sich als Raum noch weiter zu öffnen, und gerade auch radikale Kritiker zu Wort kommen zu lassen, denn ansonsten verkomme die Kirche zu einem Ort, in dem nur noch Traditionen gehortet und Sehnsüchte gepflegt würden, in dem aber kein Leben mehr pulsiere. Zu dieser Lebendigkeit gehöre konstitutiv die Wahrnehmung, dass das Leben komplex und verwickelt (geworden) sei; daher würden die vermeintlichen Eindeutig-

keiten der aufbewahrten Traditionen und Sehnsüchte heute ins Leere laufen[38].
Hinter dem frommen Protest entdeckte Oehring eine herrschaftliche Haltung, die
ihr Recht des Stärkeren einklage, also konkret die kirchliche Hausordnung (sich
auf das Evangelium beziehen zu müssen, wenn man in diesem Haus auftreten
wolle) vorgab, statt sich für die neuen Wahrnehmungen zu interessieren und zu
öffnen.

Mit dem zweiten Argument geht der Komponist in die Offensive, indem er behauptet, dass eine solche Kritik auf sich selbst zurückfallen und die Position Oehrings sogar noch stärken werde. Denn je stärker man das Evangelium einklage
und damit argumentativ ins Spiel bringe, desto stärker werde auch die Erwar-
tungshaltung, von diesem Evangelium her eine überzeugende Antwort zu hören.
Diesem Argument stimmte Janowski zu; ihr leuchtete die Kritik Oehrings ein,
dass die Kirche (zu der sie sich zugehörig wisse) in der Gefahr stehe, ihre Botschaft nicht mehr vermitteln zu können, sondern hermetisch zu werden. Daher sei
sie sogar auf neue und kritische Impulse angewiesen – und solche Anregungen
für die Religion könnten insbesondere von der Kunst (und der Philosophie) erwartet werden, weil auch in ihnen sich der "absolute Geist" manifestiere[39].

Auch Schöttler konnte diesen Gedanken Oehrings nicht nur zustimmen, er vertiefte sie durch den wiederum von Elie Wiesel aufgegriffenen Hinweis, dass "jede
Frage eine Kraft besitzt, welche die Antwort nicht mehr enthält"[40]: Wiesel
spricht dabei von der besonderen Würde der Frage an Gott, die darin liege, dass
sich der Mensch auf diese Weise zu Gott erhebe. Diesen Gedanken weitet Schöttler auf das Fragen an sich aus: Die Frage habe eine Kraft, die der Antwort nicht
mehr zukomme, weil sie in uns eigene Gedanken wachrüttele oder hervorrufe. In

---

[38] Diese Wahrnehmung der Komplexität des Lebens entspricht der in der Gebärdensprache ver-
hafteten Denkungsart Oehrings. Denn diese Sprache zeichnet sich eben auch durch Komplexität
aus, ihre Äußerungen bewegen sich seinen Ausführungen folgend zugleich auf fünf Ebenen, weswegen eine solche Sprache fünfzeilig transkribiert werde. Und auch die vermeintliche
Eindeutigkeit konnte zumindest am Beispiel der Gehörlosigkeit als wechselseitiges
Ausgeschlossensein modifiziert werden, so dass seine Kompositionen als anschaulicher
Kommentar zu seinen Diskussionsbeiträgen gehört werden können.
[39] Janowski spielt damit auf die Religionsphilosophie Georg Wilhelm Friedrich Hegels an, der
in seiner "Phänomenologie des Geistes" (1806) einen Entwicklungsgang dieses Geistes vorstellte,
der schließlich in den drei absoluten Erscheinungsformen Kunst und Religion und abschließend in
der Philosophie (als dem absolutem Wissen) kulminiere.
[40] Elie Wiesel, Die Nacht. Erinnerung und Zeugnis, Freiburg 19963, 19.

der Frage stecke eine Dynamik und eine Offenheit, während die Antwort zur Systematisierung (und damit zur Einordnung des in Frage stehenden Problems) neige. Darum sei das Aufwerfen von Fragen und Problemen ein unverzichtbar wichtiger Beitrag der neuen Musik in der Kirche, den die herkömmliche Kirchenmusik nicht zu leisten vermöge, weil sie zu assertorisch, zu sehr dem Evangelium als Bekräftigung zugeordnet sei. Folglich forderte Schöttler sogar eine Öffnung der Kirchen für solche dezidiert autonomen und widerständigen musikalischen Impulse. Gerade weil das Denken in Systemen brüchig geworden sei, es aber in der Kirche immer noch ungebrochen herrsche, sei sie auf solche Impulse angewiesen.

Gerade diese Diskussion bestätigt noch einmal den Eindruck, der von den meisten Beteiligten auch so geäußert worden war, dass es bei dieser Tagung wirklich zu einem Dialog zwischen neuer Musik und christlicher Theologie gekommen sei. Die Musik war zwar mit Geräusch verbunden, aber sie war kein Rauschen, sondern Partner einer weiterführenden, weil in die Tiefe gehenden Kommunikation. Beide Gesprächspartner hatten etwas zu sagen und beide konnten einander zuhören und die jeweiligen Argumente des anderen ernst nehmen. Solches Geräusch verursacht eine heilsame Unterbrechung des bürgerlichen Alltags. Hoffentlich wird den Veranstaltern eine vergleichbar gelungene Tagung auch beim nächsten Treffen zu dem christologischen Thema "Gottesfleisch" glücken.

Das Gesamtprogramm

Konzeption: Corinna Dahlgrün und Hans Darmstadt
Künstlerische Gesamtleitung: Hans Darmstadt

Zeittafel

Donnerstag, 20. Juni 2002
"Gott über alle Dinge fürchten, lieben und vertrauen" (Martin Luther)
19.00 Uhr Eröffnungsgottesdienst
21.00 Uhr Nachtkonzert I – ensemble est! est!! est!!!

Freitag, 21. Juni 2002
"Ich will die Menschen, die ich geschaffen habe, vertilgen von der Erde" (Gen 6,7)
9.30 Uhr Theologie im Gespräch I (Janowski, Schöttler, v. Wedel)
12.30 Uhr Mittagsgebet
15.15 Uhr Neue Musik im Gespräch I (Krieger, Uhle, v. Wedel)
21.00 Uhr Nachtkonzert II – ensemble l'art pour l'art

Samstag, 22. Juni 2002
"Niemand hat größere Liebe als die, daß er sein Leben läßt für seine Freunde" (Joh 15,13)
9.30 Uhr Theologie im Gespräch II (Janowski, Schöttler, v. Wedel)
12.30 Uhr Mittagsgebet
15.15 Uhr Neue Musik im Gespräch II (Oehring, Kaul, v. Wedel)
19.00 Uhr Musiknacht 1. Teil
20.00 Uhr Musiknacht 2. Teil
21.15 Uhr Musiknacht 3. Teil
22.00 Uhr Nachtgespräche in Sankt Martin

Sonntag, 23. Juni 2002
"Er tötet und macht lebendig" (I Sam 2,6)
10.00 Uhr Abschlußgottesdienst

J. Christine Janowski

Ein Gott, der tötet?
Der vernichtende Gott - Der leidende Gott

1. Ein Gott, der tötet?
Das Thema dieser Tagung "Ein Gott der tötet?" ist nicht nur ungewöhnlich. Es ist auch ausgesprochen anstößig, obwohl die Anstößigkeit durch ein Fragezeichen gemildert wird. Denn dieses ist aufgrund von biblischen und nachbiblischen Traditionen, von außerjüdischen und außerchristlichen ganz zu schweigen, nicht einfach zugunsten einer rhetorischen Frage zu lesen. Die Anstößigkeit ist also auszuhalten. Eben deshalb habe ich die Einladung zu dieser Tagung gerne angenommen.

Zugleich muß ich gestehen, daß für mich an sich folgende Frage näher liegt: "Ein *Mensch*, der (auch) *Gott* tötet?" - "homo necans"[1] auch in dieser Hinsicht?! Bin ich doch nicht zuletzt mit Friedrich Nietzsche geistig groß geworden, der heute mit Gründen wieder hoch gehandelt wird. Dessen "toller Mensch" aber zündet am hellen Vormittag eine Laterne an, läuft auf den Markt und schreit unaufhörlich: "Ich suche Gott! Ich suche Gott!" - um darüber bei den vielen, welche nicht an Gott glauben, ein großes Gelächter und spöttische Fragen auszulösen:

"Ist er denn verloren gegangen? sagte der Eine. Hat er sich verlaufen? sagte der Andre. Oder hält er sich versteckt? Fürchtet er sich vor uns? Ist er zu Schiff gegangen? ausgewandert? ...".

Nietzsche bzw. sein "toller Mensch" stellt daraufhin im Blick auf die neuzeitliche Geschichte des latenten oder offenen, praktischen oder theoretischen Atheismus, der heute kaum noch kämpferisch, sondern eher gleichgültig oder aber religiös verbrämt ist, mit einem die Lachenden und Spottenden durchbohrenden Blick die prophetische Diagnose auf:

"'Wohin ist Gott? ... ich will es euch sagen! *Wir haben ihn getödtet*, - ihr und ich! Wir Alle sind seine Mörder! Aber wie haben wir diess gemacht? Wie vermochten wird das Meer auszutrinken? Wer gab uns den Schwamm, um den ganzen Horizont wegzuwi-

---

[1] Vgl. W. Burkert, Homo Necans. Interpretationen altgriechischer Opferriten und Mythen, Berlin/New York, 2. um ein Nachwort erw. Aufl., Berlin/New York 1997.

schen? Was thaten wir, als wir diese Erde von ihrer Sonne losketteten? Wohin bewegt sie sich nun? Wohin bewegen wir uns? Fort von allen Sonnen? Stürzen wir nicht fortwährend? Und rückwärts, seitwärts, vorwärts, nach allen Seiten? Gibt es noch ein Oben und Unten? Irren wir nicht durch ein unendliches Nichts? Haucht uns nicht der leere Raum an? Ist es nicht kälter geworden? Kommt nicht immerfort die Nacht und mehr Nacht? Müssen nicht Laternen am Vormittage angezündet werden? Hören wir Nichts von dem Lärm der Todtengräber, welche Gott begraben? Riechen wir noch Nichts von der göttlichen Verwesung? - auch Götter verwesen! Gott ist todt. Gott bleibt todt. Und wir haben ihn getödtet! Wie trösten wir uns, die Mörder aller Mörder? Das Heiligste und Mächtigste, was die Welt bisher besass, es ist unter unsern Messern verblutet, - und wer wischt dies Blut von uns ab? Mit welchem Wasser könnten wir uns reinigen? Welche Sühnfeiern, welche heiligen Spiele werden wir erfinden müssen? Ist nicht die Grösse dieser That zu gross für uns? Müssen wir nicht selber Götter werden, um nur ihrer würdig zu erscheinen? Es gab nie eine grössere That, - und wer nur immer nach uns geboren wird, gehört um dieser That willen in eine höhere Geschichte, als alle Geschichte bisher war' ... 'Ich komme zu früh, ... ich bin noch nicht an der Zeit. Diess ungeheure Ereigniss ist noch unterwegs und wandert, - es ist noch nicht zu den Ohren der Menschen gedrungen. Blitz und Donner brauchen Zeit, das Licht der Gestirne braucht Zeit, Thaten brauchen Zeit, auch nachdem sie gethan sind, um gesehen und gehört zu werden. Diese That ist ihnen noch immer ferner, als die fernsten Gestirne, - *und doch haben sie dieselbe gethan!*' ... 'Was sind denn diese Kirchen noch, wenn sie nicht die Grüfte und Grabmäler Gottes sind?' -"[2]

Mit immerhin einem *Gedankenstrich* endet der berühmte Aphorismus, und zwar nicht ohne daß vor jenen Abschlußworten vermerkt wird, der "tolle Mensch" sei desselbigen Tages in verschiedene Kirchen eingedrungen und habe in ihnen sein "Requiem aeternam deo" angestimmt. Wiederum: immerhin!

Denn der Pfarrersohn Nietzsche, der schließlich auch seinen "Antichristen" schrieb, knüpft mit seinem Aphorismus nicht nur an die *christliche* Rede vom Tode Gottes, nämlich im Tode Jesu Christi, an, wie sie sogar in das evangelische Kirchenlied hineinreicht:

"O Traurigkeit, o Herzeleid! Ist das nicht zu beklagen? Gott des Vaters einigs Kind wird ins Grab getragen.
O große Not! Gott's Sohn (ältere Fassung: Gott selbst) liegt tot. Am Kreuz ist er gestorben; hat dadurch das Himmelreich uns aus Lieb erworben.

---

[2]   Die fröhliche Wissenschaft, III/125, KSA 3, Berlin/New York, 2. durchges. Aufl. 1988, 480-482. - Hier und im Folgenden füge ich einen Teil der Textausschnitte, die ich auf der Tagung selbst in Gestalt von Materialblättern zugänglich machte, um der größeren Plastizität willen in den Text selbst ein.

O Menschenkind, nur deine Sünd hat dies angerichtet, da du durch die Missetat warest ganz vernichtet.

O selig ist zu aller Frist, der dieses recht bedenket, wie der Herr der Herrlichkeit wird ins Grab versenket.

O Jesu, du mein Hilf und Ruh, ich bitte dich mit Tränen: hilf, daß ich mich bis ins Grab nach dir möge sehnen."[3]

Er knüpft damit - und zwar auf seine Weise positiv - auch dann an diese insbesondere lutherische Rede an, wenn sich ihm das Evangelium von der Auferweckung bzw. Auferstehung des Gekreuzigten verwandelt in das "Evangelium"[4] von der "ewigen Wiederkunft" desselben, das auf alle Erlösung verzichtet oder auch von der Idee der Erlösung selbst erlöst[5], um im unendlichen Wollen des Nicht-anders-Wollen und in "Versöhnung mit der Zeit" als einer in sich verschlossen und in sich kreisenden in einer entsprechenden Bejahung der Erde - "cru" - treu zu bleiben, in das "Evangelium" zugleich vom "Übermenschen" jenseits von Gut und Böse, der dem ganzen bisherigen Erden-Ernst absagt.

Er knüpft darüber hinaus - und zwar negativ - an die schon von ihm selbst so genannte *christliche* "Henkermetaphysik"[6] an, die westlich nachweislich vom Schuld- und Strafgedanken unter Voraussetzung phantastischer Urstandsprämissen mit Folgen für die Interpretation des Kreuzesgeschehens geradezu besessen ist, an einen Gott der Liebe, der die ihm nicht Gehorsamen zwar nicht - wie z.T. im Alten Testament - hier auf Erden tötet und vernichtet bzw. vernichten läßt, wohl aber in alle Ewigkeit, also auferweckt zum "sine fine cruciari"/ewigen Gequält-werden, wie es bis hinein in ein lutherisches Grundbekenntnis heißt:

"Auch wird gelehrt, daß unser Herr Jesus Christus am Jüngsten Tag kommen wird, um zu richten und alle Toten aufzuerwecken, den Gläubigen und Auserwählten ewiges Leben und ewige Freude geben, die gottlosen Menschen aber und die Teufel in die Hölle und

---

[3]   EG 80 (1. Strophe von Friedrich Spee, die folgenden Strophen von Johann Rist).

[4]   So dem Verkündigungsgestus und Anspruch Nietzsches entsprechend schon K. Löwith, Weltgeschichte und Heilsgeschehen. Die theologischen Voraussetzungen der Geschichtsphilosophie, Stuttgart [7]1979, 203.

[5]   Vgl. bes.: Also sprach Zarathustra, II: Von der Erlösung, KSA 4 (s.o. Anm. 2), 177-182, 108f.

[6]   Diese Rede wird zugunsten eines "sanften Gottes", die sich nicht auf Nietzsche berufen kann, feministisch gelegentlich aufgegriffen, z.B. von U. Ranke-Heinemann, Bitte um einen sanften Gott, in: Der Spiegel, 46/ 1988, 262-266. - Wie ich hörte, verdankt sich das Tagungsthema entsprechenden innerkirchlichen Tendenzen bis heute.

zur ewigen Strafe verdammen wird [lateinische Fassung: condemnabit, ut sine fine cru-
cientur]"[7].

Er knüpft an einen Gott der Liebe an, der - wie es wiederum in einem evangelisch-lutherischen Kirchenlied heißt - seinen Sohn "schlachtet als wie ein Lamm":

"Du [Gott] marterst ihn am Kreuzesstamm mit Nägeln und mit Spießen; Du [Gott]
schlachtest ihn als wie ein Lamm, machst Herz und Adern fließen"[8];

an einen Gott der Versöhnung durch das stellvertretend durch Jesus Christus ge-
tragene Gericht, von dem es im 20. Jahrhundert z.B. bei Eduard Thurneysen, immerhin einem der besten Freunde Karl Barths, heißen kann:

"... Gott tut, was er tut, wie einer, der einen Hammer ergreift, um einen Nagel einzu-
schlagen und an diesem Nagel etwas aufzuhängen. Gott will den Zusammenbruch nicht
um des Zusammenbruches willen. Er will einen Nagel damit einschlagen. Und sein Nagel heißt: 'Gericht!'. Dies Gericht aber ist der Nagel, an dem seine Gerechtigkeit hängt
... denken wir nur an Golgatha, an den Krieg, der dort ausgefochten worden ist, an die
Nägel, die Gott [!] dort eingeschlagen hat, um [!] daran aufzuhängen [!] seinen Sohn
..."[9],

an einen Gott, dessen ewiger Zorn nach klassischen westlichen Voraussetzungen
über einem jeden ungetauften Kinde steht, obwohl doch Jesus - wie in anderer
Weise dann auch Nietzsche - die Kinder zum Modell des neuen Menschen machte
(Mt 18,3 parr.):

---

[7]   Augsburger Bekenntnis, Art. 17, in: Die Bekenntnisschriften der evangelisch-lutherischen Kirche. Ausgabe für die Gemeinde, bearb. v. H.G. Pöhlmann (GTB 1289), Gütersloh 1986, 72.
[8]   Paul Gerhardt 1647, inzwischen gestrichene Strophe aus "Ein Lämmlein geht und trägt die
Schuld", vgl. EG 83.
[9]   E. Thurneysen, Christ und Welt, 2. erw. Aufl. Basel o.J., 20f. Das steht hier im Zeichen
einer Allversöhnung, die hier also entsprechend vermittelt ist. - K. Barth hat sich zwar nicht direkt so ausgesprochen. Doch seine am Heidelberger Katechismus orientierte Rede "Der Richter
als der an unserer Stelle Gerichtete" (Die Kirchliche Dogmatik, Bd. IV/1, §59.2, Zürich 1953,
231ff.) impliziert doch eine Art von Handeln Gottes in Jesus Christus, die mit Entsprechungen
schon in seiner Erwählungslehre (a.a.O., Bd. II/2, Zürich 1944) trotz allem (!) von einer überzo-
genen Selbstreferentialität des trinitarischen Gottes mitbestimmt ist und darüber hinaus allzu sehr
mit der Notwendigkeit der Vernichtung des Sünders (nicht nur der Sünde!) operiert. Dazu kritisch, wenngleich etwas einseitig: S. Brandt, Opfer als Gedächtnis. Auf dem Weg zu einer befrei-
enden theologischen Rede vom Opfer (Altes Testament und Moderne 2), Münster 2001, 282-303.
- Ich selbst gehe vorläufig davon aus, daß K. Barths an sich weiterführendes Modell (vgl. zurechtbringendes, gnädiges Gericht) trotz seiner Absage an die sog. natürliche Theologie u.a. übermäßig
kontextuell mitbestimmt ist. Vgl. seine Auseinandersetzung mit der Neuzeit, in der auch *expressis
verbis* "der Mensch" das (Jüngste) Gericht und damit in zugespitzter Weise die Stelle Gottes usur-
piert - durchaus nicht erst in Auschwitz!

"Weiterhin wird bei uns gelehrt, daß nach Adams Fall alle natürlich geborenen Menschen in Sünden empfangen und geboren werden, das heißt, daß sie alle von Mutterleib an voll böser Lust und Neigung ... sind und von Natur keine wahre Gottesfurcht, keinen wahren Glauben ... an Gott haben können, [ferner] daß auch diese angeborene Seuche und Erbsünde wirklich Sünde ist und daher alle die unter den ewigen Gotteszorn [lateinische Fassung: aeternam mortem] verdamme, die nicht durch die Taufe und den heiligen Geist wieder neu geboren werden"[10];

an einen Gott, in dessen Zeichen Christen sich "selbst ans Kreuz schlagen", wie es wiederum im Kirchenlied heißt (EG 84,12). Usw.

Es ging Nietzsche insofern um Menschen, die Gott "töten", weil er ihnen tödlich ist und ihre auch geistige Vitalität *allzu sehr* versehrt. Und dabei bezog er sich - durchaus positiv - auf *Jesus* und die *Jesusüberlieferung* selbst[11].

Doch auch wenn z.B. lutherische PfarrerInnen noch immer auf die lutherischen Bekenntnisschriften verpflichtet werden und der ewigen Vernichtung oder auch Tötung der "Gottlosen" durch Gott ökumenisch noch immer nur ausnahmsweise klar und deutlich abgesagt ist[12] - das böse theologische Märchen "war einmal" auch dann, wenn wie in Märchen ein "und wenn sie nicht gestorben sind, so leben sie noch heute" mitzubedenken wäre. Denn inzwischen hat man sich auch christlich, speziell theologisch, weithin von jenem Gott oder auch Gottesbild befreit - ebenso allerdings vom liberalen "lieben Vatergott", in dessen Zeichen gleichwohl Waffen gesegnet wurden. Das Wort des jüdischen Religionsphilosophen Martin Buber aus der Zeit kurz nach dem zweiten Weltkrieg:

"... Ja ... es ['Gott'] ist das beladenste aller Menschenworte. Keines ist so besudelt und zerfetzt worden. Die Geschlechter der Menschen haben die Last ihres geängstigten Lebens auf dieses Wort gewälzt und es zu Boden gedrückt; es liegt im Staub und trägt ihrer aller Last ... Wie gut läßt sich verstehen, daß manche vorschlagen, eine Zeit über die

---

[10] Augsburger Bekenntnis, Art. 2, in: Die Bekenntnisschriften (s.o. Anm. 7) 20f. Vgl. zum paradigmatischen Kinderproblem J.C. Janowski, "Was wird aus den Kindern ...?". Einige Anfragen an die klassische Theologie in Zuspitzung auf die eschatologische Perspektive, in: Jahrbuch für Biblische Theologie 17 (2002) 337-367.
[11] Vgl. dazu bes. E. Biser, Nietzsche. Zerstörer oder Erneuerer des Christentums?, Darmstadt 2002.
[12] Vgl. dazu J.C. Janowski, Allerlösung. Annäherungen an eine entdualisierte Eschatologie (NBST 23, 1/2), Neukirchen-Vluyn 2000, bes. Bd. 1,2-8.241-274; Bd. 2, 578ff. Dasselbe gilt lutherisch für die eschatologische Vernichtung der Welt durch Gott oder auch die "annihilatio mundi". Vgl. dazu K. Stock, Annihilatio mundi. Johann Gerhards Eschatologie der Welt, München 1971.

'letzten Dinge' zu schweigen, damit die mißbrauchten Worte erlöst werden! Aber so sind sie nicht zu erlösen. Wir können das Wort 'Gott' nicht reinwaschen und wir können es nicht ganz machen; aber wir können es, befleckt und zerfetzt wie es ist, vom Boden erheben und aufrichten über einer Stunde großer Sorge ..."[13],

- dieses Wort wurde angesichts der Katastrophen des 20. Jahrhunderts, aufgrund deren es selbst schon gesprochen wurde, mit Grund vielfältig zitiert und variiert[14]. Entsprechend wurde das Menschenwort "Gott" auf vielfältige Weise weltweit neu bedacht, sowohl im Blick auf den jüdischen als den christlich geglaubten Gott - sofern man nicht z.b. in östliche Religionen flieht, die allerdings schöpferische und zugleich vernichtende Götter kennen, ohne einen leidenden Inkarnierten auszuschließen (vgl. Buddha), der jedoch im Zeichen der Erlösung *von und aus* der Welt steht (vgl. Nirwana). Mit dieser Lösung oder auch Flucht aber, die insbesondere schon Arthur Schopenhauer gegenüber dem Christentum präferierte, hatte Nietzsche schlechterdings nichts im Sinne.

An die Stelle des "allmächtigen Gottes" (vgl. Apostolikum), des Schöpfers "ex nihilo", aus nichts (Vorgegebenem), des "Herrn der Geschichte", über Leben oder Tod bzw. über Lebende und Tote, ist innerchristlich weithin - auch philosophisch und dichterisch - in Verarbeitung des neuzeitlichen Atheismus als A-Theismus, d.h. als gegen den klassisch-philosophischen bzw. -metaphysischen und theologisch übermäßig beerbten Theismus gerichtet, im Namen Jesu Christi ein oft übermäßig depotenzierter, verohnmächtigter, anwesend-abwesender und/oder leidender Gott getreten, der alleine als solcher helfen kann und dem geholfen werden muß.

So heißt es - allerdings noch in tiefer christologischer Paradoxie - schon bei dem wirkungsmächtigen Dietrich Bonhoeffer in seinen Gefängnisaufzeichnungen gegen Ende des 2. Weltkrieges:

"Menschen gehen zu Gott in ihrer Not,
flehen um Hilfe, bitten um Glück und Brot,
um Errettung aus Krankheit, Schuld und Tod.
So tun sie alle, alle, Christen und Heiden.

---

[13] M. Buber, Gottesfinsternis. Betrachtungen zur Beziehung zwischen Religion und Philosophie, Zürich 1953, 13ff.
[14] Vgl. z.B. K. Marti, Die Passion des Wortes GOTT, in: ders., abendland, Neuwied/Berlin 1980; ferner K.-M. Kodalle, Gott, in: E. Martens/H. Schnädelbach (Hgg.), Philosophie. Ein Grundkurs (re 4408), Reinbek bei Hamburg 1985, 395-439, 396.

Menschen gehen zu Gott in Seiner Not,
finden ihn arm, geschmäht, ohne Obdach und Brot,
sehn ihn verschlungen von Sünde, Schwachheit und Tod,
Christen stehen bei Gott in Seinem Leiden.

Gott geht zu allen Menschen in ihrer Not,
sättigt den Leib und die Seele mit Seinem Brot,
stirbt für Christen und Heiden den Kreuzestod,
und vergibt ihnen beiden"[15].

Oder es heißt bei ihm ebendort:

"... Gott als moralische, politische, naturwissenschaftliche Arbeitshypothese ist abgeschafft, überwunden; ebenso aber als philosophische und religiöse Arbeitshypothese (Feuerbach!). Es gehört zu unserer intellektuellen Redlichkeit, diese Arbeitshypothese fallen zu lassen bzw. sie wo weitgehend wie möglich auszuschalten. Ein erbaulicher Naturwissenschaftler, Mediziner etc. ist ein Zwitter. Wo behält Gott noch Raum? fragen ängstliche Gemüter, und weil sie darauf keine Antwort wissen, verdammen sie die ganze Entwicklung, die sie in eine solche Notlage gebracht hat. ... wir können nicht redlich sein, ohne zu erkennen, daß wir in der Welt leben müssen - 'etsi deus non daretur' [als ob es Gott nicht gäbe]. Und eben dies erkennen wir - vor Gott! Gott selbst zwingt uns zu dieser Erkenntnis. So führt uns unser Mündigwerden zu einer wahrhaftigeren Erkenntnis unserer Lage vor Gott. Gott gibt uns zu wissen, daß wir leben müssen als solche, die mit dem Leben ohne Gott fertig werden müssen. Der Gott, der mit uns ist, ist der Gott, der uns verläßt (Markus 15,34). Der Gott, der uns in der Welt leben läßt, ohne die Arbeitshypothese Gott, ist der Gott, vor dem wir dauernd stehen. Vor und mit Gott leben wir ohne Gott. Gott läßt sich aus der Welt herausdrängen ans Kreuz, Gott ist ohnmächtig und schwach in der Welt und gerade nur so ist er bei uns und hilft uns. Es ist Matthäus 8,17 ganz deutlich, daß Christus nicht hilft kraft seiner Allmacht, sondern kraft seiner Schwachheit, seines Leidens! Hier liegt der entscheidende Unterschied zu allen Religionen. Die Religiosität des Menschen weist ihn in seiner Not an die Macht Gottes in der Welt, Gott ist der deus ex machina. Die Bibel weist den Menschen an die Ohnmacht und das Leiden Gottes; nur der leidende Gott kann helfen. Insofern kann man sagen, daß die beschriebene Entwicklung zur Mündigkeit der Welt, durch die mit einer falschen Gottesvorstellung aufgeräumt wird, den Blick frei macht für den Gott der Bibel, der durch seine Ohnmacht in der Welt Raum gewinnt. Hier wird wohl die 'weltliche Interpretation' einzusetzen haben."[16]

---

[15] Christen und Heiden, in: D. Bonhoeffer, Widerstand und Ergebung. Briefe und Aufzeichnungen aus der Haft, hg. v. Chr. Gremmels u.a., in Zusammenarbeit mit I. Tödt (W 8), München 1998, 515f. (Numerierung der Strophen getilgt.)
[16] A.a.O., An E. Bethge, 16.7. (1944), 532-535.

Auch wenn dies alles andere im Sinne eines "Extra scientiam nulla salus"[17]/ "Außerhalb der Wissenschaft ist kein Heil" gemeint war, wurden solche und andere Worte Bonhoeffers in der Folge z.t. vereinseitigt und von da aus übermäßig radikalisiert. Abgesehen von der amerikanischen sog. Gott-ist-tot-Theologie (übrigens auch von Juden[18]) gilt dies innerdeutsch und zugleich innerchristlich besonders von Dorothee Sölle:

"Wenn noch für das 19. Jahrhundert der Schmerz 'der Felsen des Atheismus' [Georg Büchner] ist, so gilt in diesem [sc. dem 20. Jahrhundert], daß nichts uns so sehr auf Gott hinweist wie seine Niederlagen in der Welt. Daß Gott in der Welt beleidigt und gefoltert, verbrannt und vergast wurde und wird, das ist der Fels des christlichen Glaubens, dessen Hoffnung darauf geht, daß Gott zu seiner Identität komme. Dieser Schmerz ist unauslöschlich, und diese Hoffnung kann nicht vergessen werden. Was den Christen gemeinsam ist, ist 'das Teilhaben am Leiden Gott in Christus. Das ist ihr Glaube.' [Dietrich Bonhoeffer] Darin wissen sie, daß Gott ohnmächtig ist und Hilfe braucht. Als die Zeit erfüllt war, hatte Gott lange genug etwas für uns getan. Er setzte sich selber aufs Spiel, machte sich abhängig von uns und identifizierte sich mit den Nichtidentischen. Es ist nunmehr Zeit, etwas für Gott zu tun."[19]

Nochmals radikalisiert und zudem universalisiert wurde dies schließlich von dem jüdischen Philosophen Hans Jonas. Denn angesichts von Auschwitz konzipierte er um der Theodiezee und zugleich um des auch und gerade unjüdisch zu nennenden Axioms der 'Verstehbarkeit' Gottes willen hypothetisch den Gedanken eines Gottes, der sich schon in und mit seiner Schöpfung "ex nihilo"/aus nichts (Vorgegebenem) in völliger Preisgabe seiner Allmacht und in entsprechender Selbstbeschränkung bzw. Selbstentäußerung abhängig von der evolutiven Selbstorganisation der Welt und insbesondere von uns Menschen gemacht hat - eines Menschen, den Gott gleichwohl noch irgendwie ruft[20]. Damit aber ist aufgrund der Unverrechenbarkeit der Leiden in Auschwitz durch die klassischen jüdischen Straf-, Prüfungs- und Läuterungsmodelle ein allmächtiger Gott "getötet", der

---

[17] Vgl. dazu K.-M. Kodalle, Gott (s.o. Anm. 14) 428 und ff.

[18] Vgl. z.B. K. Rohmann, Vollendung im Nichts? Eine Dokumentation der amerikanischen 'Gott-ist-tot-Theologie', Zürich u.a. 1977 - in kritischem Verweis u.a. auf problematische Tendenzen zum Buddhismus.

[19] D. Sölle, Stellvertretung. Ein Kapitel Theologie nach dem 'Tode Gottes', Stuttgart 1965, Schlußkapitel: Die Ohnmacht Gottes in der Welt, 171ff., Schlußabsatz, 173.

[20] H. Jonas, Der Gottesbegriff nach Auschwitz. Eine jüdische Stimme (stb 1580), Frankfurt/M. 1988. Vgl. schon ders., Unsterblichkeit und heutige Existenz, in: ders., Zwischen Nichts und Ewigkeit. Zur Lehre vom Menschen (KVR 165), Göttingen 1963, 44-62 (63-72).

Menschen z.B. durch Leiden straft, prüft und läutert; Gott selbst leidet nun statt dessen in und an den Leiden der Menschen, wenn ihm von ihnen nicht im Sinne des "Prinzips Verantwortung"[21] geholfen wird. Die Frage auch nur: "Wie kann Gott das alles zulassen?", scheint sich also endlich zu erübrigen[22]. Und Jonas stützt seine Hypothese oder auch Spekulation später durch ein authentisches Bekenntnis aus Auschwitz selbst ab:

"... Zu der wohl nach jeder Glaubenslehre ketzerischen Ansicht, daß nicht Gott uns helfen kann, sondern wir ihm helfen müssen, wurde ich durch das Auschwitz-Ereignis gedrängt - vom sicheren Port des Nicht-Dabeigewesenseins, von dem aus sich leichter spekulieren läßt. Gültiger wird die Ansicht erst als mit dem eigenen Leben besiegeltes Bekenntnis einer wirklichen Zeugin, von dem ich viel später erfuhr. Diese Bekennerworte finden sich in den erhaltenen Tagbüchern der Etty Hillesum, einer jungen holländischen Jüdin, die sich 1942 freiwillig im Lager Westerborg meldete, um dort zu helfen und das Schicksal ihres Volkes zu teilen; 1943 wurde sie in Auschwitz vergast.

'... ich gehe an jeden Ort dieser Erde, wohin mich Gott schickt, und ich bin bereit, in jeder Situation und bis zum Tod Zeugnis davon abzulegen, ... daß es nicht Gottes Schuld ist, daß alles so gekommen ist, sondern die unsere.'

'... und wenn Gott mir nicht weiterhilft, dann muß ich Gott helfen ... Ich werde mich immer bemühen, Gott so gut wie möglich zu helfen.'

'Ich will dir helfen, Gott, daß du mich nicht verläßt, aber ich kann mich von vornherein für nichts verbürgen. Nur dies eine wird mir immer deutlicher: daß du uns nicht helfen kannst, sondern daß wir dir helfen müssen, und dadurch helfen wir uns letzten Endes selbst. Es ist das einzige, auf das es ankommt: ein Stück von dir in uns selbst zu retten, Gott ... Ja, mein Gott, an den Umständen scheinst auch du nicht viel ändern zu können ... Ich fordere keine Rechenschaft von dir, du wirst uns später zur Rechenschaft ziehen [eine Möglichkeit, die bei Jonas nicht mehr auftaucht]. Und mit fast jedem Herzschlag wird mir klarer, daß du uns nicht helfen kannst, sondern daß wir dir helfen müssen und deinen Wohnsitz in unserem Inneren bis zum Letzten verteidigen müssen.' ..."[23]

---

[21]   Vgl. ders., Das Prinzip Verantwortung. Versuch einer Ethik für die technologische Zivilisation, Frankfurt/M. 1979.

[22]   Kluge StudentInnen kommen allerdings von alleine darauf, daß Jonas die Theodizeefrage nicht los werden kann. Hat doch Gott auch nach ihm die Welt in freier Wahl geschaffen, und zwar - ausdrücklich antidualistisch - "ex nihilo".

[23]   H. Jonas, Philosophische Untersuchungen und metaphysische Vermutungen, Frankfurt/M. 1992, 172ff., 274f. Jonas zitiert dabei aus: Das denkende Herz. Die Tagebücher von Etty Hillesum 1941-1943, Freiburg/Heidelberg 1983.

Andere - nicht nur Feministinnen - versuchen wieder[24] einen sanften, sanft sorgenden und ordnenden Gott zu denken, der - gleichfalls nicht mehr allmächtig, aber auch ohne radikale Selbstentäußerung bzw. -beschränkung - mit dem Risiko der selbst kreativen Schöpfung für das Chaotische und Destruktive in ihr nicht verantwortlich zu machen ist, weil er die Welt gar nicht "ex nihilo" geschaffen hat, sondern - ähnlich wie einstmals der platonische Demiurg, von dem es entsprechend relativ unangefochten heißen konnte "Der Gott ist immer gut" aus einer ihm vorgegebenen chaotischen Materie[25]. Usw.

Doch gibt es jüdisch wie christlich selbstverständlich Gegenstimmen bzw. -bewegungen, auch und gerade biblisch orientierte. Auch ohne eine abstrakte Allmacht Gottes zu beschwören, gegen die man sich klassisch sowieso im Allgemeinen gewehrt hatte[26], entdeckt man die "dunklen Seiten Gottes" wieder[27], seine "Verborgenheit" auch in der Offenbarung[28], seine Unverrechenbarkeit und Unverfügbarkeit für unser Denken, für unser Erkennen und für unsere Wünsche, seine transmoralische Heiligkeit - auch Vergebung ist ja etwas Transmoralisches! -, seinen Zorn als Ausdruck seiner Liebe, seine "theodizee-empfindlich", "katastrophenempfindlich", überhaupt "zeitempfindlich" und "leidensempfindlich"[29] in der menschlichen Klage einzuklagende Gerechtigkeit als Eigenschaft mit Verheißungscharakter, die die menschlichen Henker schlußendlich nicht über ihre Opfer

---

[24] Vgl. zum sanften Gott der liberalen Theologie speziell in Amerika H.R. Niebuhr, Der Gedanke des Gottesreiches im amerikanischen Christentum, New York 1948, 140: "Ein Gott ohne Zorn leitet Menschen ohne Sünde in ein Reich ohne Gericht durch die Vermittlung eines Christus ohne Kreuz."

[25] Vgl. dazu so manches Prozessphilosophische und -theologische. Dabei kann man sich u.a. auf das Alte Testament beziehen, aus dem sich nach neueren Forschungen die "creatio ex nihilo" in der Tat kaum begründen läßt.

[26] Vgl. besonders die scholastische Unterscheidung zwischen "potentia absoluta" und "potentia ordinata", der gemäß sich Gott an die mit der Schöpfung und seinen Heilsratschluß gesetzten Bedingungen/Ordnungen hält - wobei die Rede von der "potentia ordinata" modifiziert aus verschiedenen Gründen ihre neue Aktualität gewinnt (einschließlich des Problems der Kontingenz der Naturgesetze und überhaupt der Unwahrscheinlichkeit von Ordnung).

[27] Vgl. W. Dietrich/Chr. Link, Die dunklen Seiten Gottes, Neukirchen-Vluyn, Bd. 1, ³2000: Willkür und Gewalt; Bd. 2, 2000: Allmacht und Ohnmacht.

[28] Vgl. z.B. U.H.J. Körtner, Die Verborgenheit Gottes. Zur Gotteslehre, Neukirchen-Vluyn 2000.

[29] Vgl. J.B. Metz, Gotteskrise. Versuch zur "geistigen Situation der Zeit", in: Diagnosen der Zeit. Mit Beiträgen von J.B. Metz u.a., Darmstadt 1994, 76-92.

siegen läßt[30], Gott also als Störfaktor, der uns und die Welt (auch die Toten) nicht in Ruhe läßt, der uns - wie Jakob - an der Hüfte verwundet und uns bitten läßt: "Ich lasse dich nicht, du segnest mich denn", der uns also nicht automatisch segnet oder ein Tischlein-deck-dich ist, ein Glücksesel oder auch goldenes Kalb. Man wagt (wieder) vom Problem einer Letztverantwortlichkeit Gottes unter Berufung z.B. auf Jes 45,7 zu sprechen, daran zu erinnern, daß die Bitte um Erlösung vom Bösen im Vaterunser, der dort die Bitte um die Nichtversuchung zum Bösen (durch Gott!) entspricht, nur Sinn macht, wenn Gott irgendwie - ich sage irgendwie - ins Böse mitverstrickt ist und zugleich doch - zumal in eschatologischer Ausrichtung und Zuspitzung - Macht über es hat[31].

Doch wie ist Gott in das Böse mitverstrickt, das er nach neutestamentlicher Voraussetzung in Erfüllung alttestamentlicher Verheißungen in Jesus Christus uns, ja allen Menschen und dem ganzen Kosmos zugute "auf sich genommen hat"?

2. Der vernichtende Gott

Diese Tagung geht mit ihrem Rahmenthema *dieser* Frage faktisch aus dem Weg, sofern sie gleich danach fragt, ob Gott - so interpretiere ich zunächst einmal das Rahmenthema - *das Böse, gar die Bösen* einfach tötet. Doch akzeptieren wir erst einmal die entsprechende Frage: "Ein Gott, der tötet?": Soll es mit ihr dem Unterthema gemäß etwa um die Wiederkehr eines *unmittelbar* vernichtenden Gottes gehen? Eines Gottes, der z.B. für sich selbst (!) Opfer braucht und seinen Sohn für uns, ja die ganze Welt, schlachtet als wie ein Lamm (s.o. 1.), um erst daraufhin zu vergeben? Gerade so, als müsse *Gott* - gegen Paulus, der von der Versöhnung *der Menschen und der Welt* mit Gott in Jesus Christus spricht (Röm 5,10; II Kor 5,18f.) - durch das Leiden seines menschgewordenen Sohnes versöhnt, sein Zorn gestillt werden! Von daher müßte dann auch der leidende Gott (vgl. u. 3.) im Zeichen des unmittelbar vernichtenden Gottes stehen, wie es bis hinein in die evangelische Bekenntnis- und Kirchenliedtradition gelegentlich naheliegt:

---

[30] So zuerst und inzwischen vielzitiert, z.T. aber mißbraucht, der jüdische Philosoph M. Horkheimer, Die Sehnsucht nach dem ganz Anderen. Ein Interview und Kommentar von H. Gummior, Hamburg ³1975.

[31] Vgl. dazu auf unterschiedliche Weise W. Gross/K.-J. Kuschel, "Ich schaffe Finsternis und Unheil!". Ist Gott verantwortlich für das Übel?, Mainz 1992; J.C. Janowski, Allerlösung (s.o. Anm. 12).

"Ebenso wird gelehrt, daß Gott, der Sohn, der Mensch geworden ist, ... der wahrer Gott und wahrer Mensch ist, wahrhaftig geboren, gelitten, gekreuzigt, gestorben und begraben, daß er ein Opfer nicht allein für die Erbsünde, sondern auch für alle anderen Sünden war und Gottes Zorn versöhnte [lateinische Fassung: reconciliaret nobis patrem - also nicht: nos patri!] ..."[32];

"Gottes Sohn ist Mensch geborn, ist Mensch geborn, hat versöhnt des Vaters Zorn, des Vaters Zorn."[33]

Ich denke, darum kann und darf es nicht einfach gehen, auch von den biblischen Texten her nicht[34], die übrigens höchst plural und zudem pluraler Auslegung fähig wie bedürftig sind.

Ich formuliere dazu in aller Vorläufigkeit einige Thesen, die - wie es sich m.E. gehört - gelegentlich in Fragen übergehen.

1. Mit der Rede vom vernichtenden Gott[35] läßt sich *nicht beginnen*, wenn Gott nicht zum Satan bzw. Teufel und also Verderber werden soll. Das impliziert also eine Kritik an der Themastellung dieser Tagung.

Zu beginnen ist mit Gott, dem Schöpfer, den auch der Jude Jesus verkündigt, und der das *Leben* seiner *endlichen* Geschöpfe und Gemeinschaft mit ihnen, insbesondere den Menschen, haben, zu ihnen kommen, unter und in ihnen "wohnen", ihnen "einwohnen" will.

Warum dieser sein Wille auch post Jesum Christum weithin durchkreuzt wird, ist ein großes Problem, auf das schon Paulus - und zwar von Jesus Christus aus - eine kühne Antwort gab, zu der die Rede von der Verstockung der nicht an Jesus Christus glaubenden Juden, die gleichwohl schließlich alle "gerettet" werden

---

[32] Augsburger Bekenntnis, Art. 3 (s.o. Anm. 7), 61.

[33] EG 29, Kehrvers für alle.

[34] Im Blick auf die alttestamentliche und neutestamentlich z.T. aufgenommene Sühnevorstellung vgl. bes. B. Janowski, Sühne als Heilsgeschehen. Traditions- und religionsgeschichtliche Studien zur priesterschriftlichen Sühnetheologie (WMANT 55), 2. durchges. und durch e. Anhang erw. Aufl., Neukirchen-Vluyn 2000. Im Blick auf die Opfervorstellung vgl. interdisziplinär B. Janowski/M. Welker (Hgg.), Opfer. Theologische und kulturelle Kontexte (stw 1454), Frankfurt/M. 2000. In Auseinandersetzung mit feministischen Anfragen vgl. R. Weth (Hg.), Das Kreuz Jesu. Gewalt - Opfer - Sühne, Neukirchen-Vluyn 2001, darin auf sehr unterschiedliche Weise die Beiträge von B. Janowski (13ff.), M. Frettlöh (77ff.), H. Kuhlmann (105ff.) und S. Brandt (161ff.).

[35] Vgl. dazu die Lutherkonkordanz - wobei im Einzelnen zu prüfen wäre, ob die Übersetzung dem Urtext (eindeutig) entspricht.

(Röm 9-11), ebenso gehört wie die Einschärfung der Unerforschlichkeit der Wege Gottes:

"Gott hat alle in den Ungehorsam verschlossen, um sich aller zu erbarmen. O Tiefe des Reichtums, der Weisheit und Erkenntnis Gottes! Wie unergründlich sind seine Entscheidungen, wie unerforschlich sind seine Wege! Denn wer hat die Gedanken des Herrn erkannt? Oder wer ist sein Ratgeber gewesen? Wer hat ihm etwas gegeben, so daß Gott ihm etwas zurückgeben müßte? Denn aus ihm und durch ihn und auf ihn hin ist die ganze Schöpfung. Ihm sei Ehre in Ewigkeit! Amen." (Röm 11,32-36)

2. Die *sekundäre* biblische Rede vom vernichtenden und tötenden Gott, der schon alttestamentlich z.T. zugleich ein und denselben Menschen töten und lebendig machen kann (vgl. bes. I Sam 2,1-10[36]), statt dies auf immer auf die Einen und die Anderen zu verteilen (s.o. 1.), hat selbst im Falle der auf andere gerichteten Vernichtung wie z.B. die der damaligen Ägypter, nachweislich im Allgemeinen die *positive Funktion*, Gott die Vernichtung des Vernichtenden, die Tötung des Tötenden, die Negation des Negativen, die Destruktion des Destruktiven zuzusprechen und aufgrund entsprechender Erfahrungen auch weiterhin zuzutrauen. Maßstab dessen, was primär destruktiv ist, ist dabei die Gerechtigkeit vor dem Gott Israels, die sich von der Gefügigkeit unter z.B. irgendwelche menschliche "Fleischtöpfe" und "Goldene Kälber" striktestens und entsprechend auf geradezu ungemütlich-anstößige, also (auf-)störende Weise unterscheidet.

Es geht demnach um die Vernichtung bzw. Überwindung der Ungerechtigkeit vor Gott und damit auch unter den Menschen, der Sünde als eines mehr als moralischen und mehr als bloß individuellen Problems wie Phänomens, von tödlichen Herrschaften einschließlich der Herrschaft des Todes (I Kor 15,24.26). So kann vom ins Herz gegebenen *Geist Gottes* neutestamentlich gesagt werden, daß er - und wir mit ihm - die Sünde tötet bzw. das selbstsüchtige Handeln (Röm 8,13), also auch die Sünder, sofern es zu ihrer Selbstgerechtigkeit gehört, sich mit ihr zu identifizieren. Und so sind nach Auffassung schon des Allerlösers Origenes z.B. die in der herrschend gewordenen westlichen Tradition ganz anders interpretierten (vgl. o. 1.) Worte vom "ewigen Feuer" in Mt 25,41 zu verstehen.[37] Da-

---

[36] Vgl. dazu unterminologisch auch viele Psalmen mit ihrem sog. Stimmungsumschwung (von der Klage zum Lob).
[37] Es sei vermerkt, daß die herrschend gewordene Tradition des Westens bis hinein in das 20. Jahrhundert in eschatologischer Hinsicht eine Verewigung der Sünde bei den Einen bzw. den Anderen voraussetzte, die zugleich mit einer ewigen Vernichtung des Sünders ohne dessen schlecht-

bei möchte ich hier das in der Alltagssprache zur "Verkehrssünde", "Kaloriensünde" usw. verkommene Wort "Sünde" mit Karl Barth als Hochmut nicht nur, sondern auch als Trägheit und als Lüge[38] bzw. - über ihn hinaus - auch als Blindheit/Verblendung[39] verstehen.

3. Die sekundäre Rede vom vernichtenden und tötenden Gott kann jedenfalls christlich angemessen nur angeeignet und weitergegeben werden, wenn man *an sich selbst - individuell und zugleich mehr als dies - vor Gott erfährt, daß* in uns selbst *um des (wahren) Lebens willen* etwas zum Vergehen bestimmt ist, ja vergehen darf, eben auch die Trägheit, die vor falschen Herren, der Arroganz und Ignoranz der Mächtigen und der Kälte des Mammons kuscht und letztlich Mittäterschaft ist, wenn man sich nicht selbst belügt bzw. von z.B. dem Mammon verblenden läßt.

Sie darf von daher einerseits nicht von ihrer Funktion und von ihren jeweils verschiedenen Adressaten und Kontexten isoliert werden; andererseits darf diese Rede und Denkfigur nicht einfach auf alle Destruktionen angewandt werden, gerade so, als sei die Weltgeschichte als solche das Weltgericht (vgl. bes. Friedrich Schiller und Georg Wilhelm Friedrich Hegel, mit seiner etwas zynischen "List

---

hinnige Vernichtung verbunden ist (vgl. "ewiger Tod", "Sterben ohne doch Sterben zu können"), insofern also - pointiert gesprochen - mit einer spezifischen Ohnmacht Gottes, die ihn aber nach Voraussetzung nicht leiden läßt.

[38] K. Barth, Die Kirchliche Dogmatik, Bd. IV/1, Leitsatz zu §58, Zürich 1953, 83 - im Insistieren auf der Erkenntnis der (wirklichen) Sünde (in ihrer Tiefe und Radikalität) allererst in der Erkenntnis (des für die Sünder gestorbenen) Jesus Christus als (1) des wahren, nämlich sich selbst erniedrigenden Gottes, aber auch (2) des wahren, nämlich des von Gott erhöhten und versöhnten Menschen, und in der Einheit beider (3) des Bürgen und Zeugen unserer Versöhnung - was dann in den Bdn IV/1 bis 3 *in extenso* ausgeführt wird.

[39] Vgl. zu dieser verstärkt transmoralischen, an die Tragödie und also ans Tragische erinnernden Zuspitzung die letzten Worte des lukanischen Jesus: "Vater, vergib ihnen, denn sie wissen nicht, was sie tun" (Lk 23,34), wozu z.B. die auch neutestamentlichen Verstockungsaussagen (mit göttlichem Subjekt) zu vergleichen sind, ferner I Kor 2,7f., dazu vom Teufel als "Vater der Lüge" und als "Mörder von Anfang an" (Joh 8,44), sofern der Teufel für eine der menschlichen Sünde vorgängige Macht gut oder auch schlecht steht, an die Menschen - ebenso wie an anderen Stellen an die Macht der Sünde selbst - gefesselt usw. sind, schließlich die Rede von Blindheit und Irrtum im Alten wie im Neuen Testament - einschließlich der realen und zugleich gleichnishaften Blindenheilungen. - Es war bes. Paul Tillich, der theologisch an die Dimension des Tragischen erinnert, die Freiheit und Verantwortung nicht aus-, sondern schon griechisch einschließt. Vgl. Ödipus, der unwissend/blind/irrend schuldig wurde, um sich in potenzierter Tragik dann selbst zu blenden - was jüdisch und christlich eben nicht die Lösung ist!

der Vernunft"), als vollstrecke sich in ihr als solcher also - gar immer - Gottes gerechter Wille oder aber auch die göttliche Vernunft. (Vgl. dagegen nicht erst z.b. Auschwitz, sondern individuell und zugleich repräsentativ Hiob oder die Klagepsalmen, ferner die sich schon im Alten Testament aufgrund der entsprechenden Aporien ausbildende Hoffnung auf ein Jüngstes, zurechtbringendes und klärendes Gericht.)

4. Jene sekundäre Vernichtungsrede setzt deutlich voraus, daß Gott *kein apathischer*, leidensunfähiger, entsprechend unveränderlicher und zeitloser Gott ist, kein "unbewegter Beweger" (Aristoteles), der sich - selig ruhend in sich selber - nicht um die Welt "kümmert" (vgl. Epikur), sondern ein an der Sünde aktiv leidender, also entsprechend passionierter, leidenschaftlicher Gott, der eben deshalb auch "zürnt". Sie setzt also *in spezifischer Weise* das 2. Unterthema dieser Tagung *voraus*, nämlich *einen leidenden Gott* - womit ich noch einmal die Themenstellung dieser Tagung zu kritisieren wage.

Wenn Gott "tötet", bzw. "vernichtet", so das seine Schöpfung Vernichtende, an dem er selbst leidet, weil er *sich* an seine Schöpfung, insbesondere an Israel und die Kirche als stellvertretende Größen, *gebunden* hat. Wobei man sich auch hier und heute fragen kann, darf und muß, warum er denn einstweilen nicht im Weltmaßstab so manches vernichtet, was als zu vernichtend sogar verheißen ist. Heißt es doch im "Magnifikat", das über der Geburt und Geschichte Jesu steht (Lk 1,46ff.; vgl. bes. I Sam 2,1ff.[40]), daß die Verhältnisse umgekehrt bzw. gerade gerückt werden sollen, auch durch die uns von Gott verliehene "große Kraft".

5. Die sekundäre Vernichtungsrede bedarf darüber hinaus einer *Interpretation*, die das negative wie auch das positive *Handeln Gottes*, von dem biblisch auf höchst unterschiedliche Weise erzählt wird, anders versteht als im Sinne einer All- oder gar Alleinwirksamkeit Gottes, der wie "ein gasförmiges Wirbeltier" (so ironisch schon ein Naturwissenschaftler des 19. Jahrhunderts) die Welt regiert, also einfach unmittelbar bzw. kausal-effizient wirksam wäre in den - gar allen - menschlichen oder kosmischen Vernichtungen, die nach unserer Kenntnis schon die vormenschliche Evolution zugunsten eines entsprechenden "Golgatha" auch von zahllosen Arten mitbestimmen.

---

[40] [Beide Texte waren Bestandteil des Abschlußgottesdienstes, sie sind in dessen Dokumentation in diesem Band abgedruckt, C.D.]

Genau im Blick auf Hans Jonas aber läßt sich fragen, ob er nicht die Macht Gottes letztlich so, d.h. physisch versteht[41], um sie zugleich zu leugnen, obwohl er doch auch ein geistig-worthaftes Werben bzw. Sorgen noch kennt.

6. Wie die biblische Rede vom Handeln Gottes (auch Zulassen oder aktives Leiden ist ein entsprechend zurechenbares Handeln) *überhaupt* als *metaphorisch*, d.h. durchaus nicht notwendig: als uneigentlich, zu verstehen ist, so *ganz besonders* die so und so sekundäre Rede vom Vernichten und Töten Gottes. Anders gesprochen: Es geschieht zwar *nichts* in der Welt *ohne* Gott, wenn Gott (Gott) ist, aber *nicht alles durch* ihn als einer unmittelbar und im Eins-zu-Eins-Verhältnis "alles bestimmenden Wirklichkeit"[42]. Das gilt - weit vorausweisend, aber lange vergessen - biblisch auch in positiver Richtung. Denn in dem ersten sog. Schöpfungs"bericht" (Gen 1,1ff.) spricht Gott dem von ihm Geschaffenen auch kreative Selbsttätigkeit zu, und zwar nicht nur und allererst den Menschen[43], wenngleich diesen als "Bildern Gottes", d.h. aus auch rein religionsgeschichtlichen Gründen[44] "Stellvertretern" Gottes.

7. Die biblische Rede vom Handeln Gottes wird auch im Blick auf die traditionell so genannte *"Vorsehung"*, die sich auf alle/s, aber jedenfalls christlich (statt stoisch) immer schon teleologisch-eschatologisch bezieht und die neuzeitlich zugleich mit der Allmacht und Allwirksamkeit Gottes in die Krise geraten ist, auf mannigfache Weise neu durchbuchstabiert. Dies vor allem, um gegen die Gefahr des Deismus, dessen Gott im Grunde nur am Anfang steht, eine differenzierte (All-) Gegenwart Gottes in Schutz zu nehmen bzw. alle/s nicht nur von seinem Ursprung "am Anfang" her mit Gott zusammenzubringen. Es gibt dafür verschiedene Modelle, besonders ein sog. sapiental-ordinatives Modell, das an die klassische "potentia ordinata"/"geordnete Macht" erinnert, ein sog. aktuales, das an

---

[41] Zur entsprechenden Kritik vgl. T. Trappe, Allmacht und Selbstbeschränkung Gottes. Die Theologie der Liebe im Spannungsfeld von Philosophie und protestantischer Theologie im 19. Jahrhundert (ThSt 142), Zürich 1997, 14ff.

[42] So z.B. noch der an sich nicht nur mythologie-, sondern auch metaphsysikkritische R. Bultmann in seinem berühmten Aufsatz: Welchen Sinn hat es von Gott zu reden? 1925, in: ders., Glauben und Verstehen. Gesammelte Aufsätze, Bd. 1, Tübingen 1933, 26-37.

[43] Vgl. dazu systematisch-theologisch M. Welker, Schöpfung und Wirklichkeit (NBSZ 13), Neukirchen-Vluyn 1995.

[44] Vgl. die inzwischen vielbesprochene Demokratisierung bzw. Universalisierung der in Ägypten den Königen zukommenden Gottebenbildlichkeit/Stellvertretung Gottes in Gen 1.

den reformatorischen Aktualismus (bis hin zu besonders Karl Barth) erinnert und diesen zugunsten einer "double agency" von Gott und Geschöpf, insbesondere menschlichem Geschöpf, zu denken versucht, teils schließlich ein sog. Repräsentationsmodell, das sich eher an einem universalen transpersonalen Geistwirken Gottes in gestaltbildenden Energiefeldern orientiert, die sich aufgrund der relativen Selbständigkeit der Geschöpfe und ihrer Vernetzungszusammenhänge eben auch pervertieren und Gegenfelder bilden können[45].

8. Die Metapher vom Vernichten oder Töten Gottes darf über das mehrfache Problem ihrer Interpretation hinaus *nicht* gegenüber anderen negativen Metaphern wie "Abwenden des Angesichts", "Verlassen" usw. *verabsolutiert* und zudem *nicht biblizistisch oder auch fundamentalistisch fraglos* verwendet werden. Die entsprechenden (entsprechend interpretierten) Erfahrungen sind nicht masochistisch-lammfromm einfach zu akzeptieren, sondern dürfen, ja müssen gelegentlich verbunden werden mit der klagend-einklagenden Frage "Warum? Wozu?". Nach der ältesten Überlieferung starb auch der potenzierte Hiob Jesus bis hin zum bloßen Schrei mit ihr, um von Gott, dem "Vater", erhört zu werden (vgl. Auferweckung). - Es ist nicht gut, daß im Zeichen dieser Erhörung die Klage christlich weithin verstummte.

9. Die Rede vom vernichtenden und tötenden Gott ist - gegen unter 1. Zitiertes - *(auch) nicht unmittelbar auf den gekreuzigten Jesus anzuwenden,* obwohl dies von der neuen lutherischen Perikopenordnung leider nahe gelegt wird, sofern sie das Lied der Hanna (I Sam 2,1ff.) mit seinem "Gott tötet und macht lebendig" für Ostern zugrunde legt und damit suggeriert, als gehe es am Kreuz einfach um die Tötung bzw. Vernichtung des Gottessohnes - für uns - durch seinen göttlichen Vater, der ihn dann wiederum für uns auferweckt. Eine solche Symmetrie des Handelns Gottes an (einem noch) Lebenden und an (einem) Toten behandelt faktisch (einen noch) Lebende(n) schon wie (einen) Tote(n), radikal Verohnmächtigte(n).

---

[45] Vgl. dazu die umfassende Studie von R. Bernhardt, Was heißt "Handeln Gottes"? Eine Rekonstruktion der Lehre von der Vorsehung, Gütersloh 1999, 313ff. - wobei Bernhardt selbst in primär pneumatologischer Perspektive, die entsprechend nur noch eine normative, aber nicht mehr exklusive Christologie kennt, für eine "Aufhebung der Trennung von Welt- und Heilshandeln Gottes", für ein "Wirken Gottes in der 'Macht der Schwachheit'" und gegen die "double agency" für ein "Wirken Gottes als postcuratio" (Nachsorge) usw. plädiert (a.a.O., 443ff.).

Zudem stirbt Jesus - und diese weltliche Außenseite ist nicht zu vernachlässigen oder aber zu doketisieren, d.h. für letztlich bloßen Schein zu erklären - als Opfer *menschlicher* Gewalt und also Sünde. Er stirbt insofern also als "victim" *dieser* Gewalt. Zugleich nimmt er die Sünde spätestens angefangen von seiner Taufe, in der er sich mit Sündern - gerade nicht mit der Sünde - identifizierte, stellvertretend so "auf sich", daß er sie selbst nicht begeht, also auch keine Gegengewalt ausübt, sondern an Gott und seinem Reich den Sündern einschließlich seiner direkten Feinde zugute festhält und schließlich nur noch nach Gott schreiend, der ihn dieser Situation überläßt, seinen Willen tut. Er stirbt *insofern* also als Opfer im Sinne von "sacrifice".

Daß, wie und warum Gott, der "Vater", ihn dieser Situation *überläßt, ja in sie hineinführt und ihn verläßt, in ihr versucht* bzw. versuchen läßt[46], ihn sich in dieser Situation gewaltlos, aber eben betend, bewähren läßt, ja, warum dieser Tod laut biblischer Überlieferung sogar unter einem göttlichen "Muß" steht, ist gleichwohl letztlich unauslotbar. Und ich habe noch keine Theologie gefunden, die darauf wirklich befriedigende Antwort gibt. Das ist vielleicht auch gut so. Denn was man löst, das ist man auch los; danach sucht man nicht mehr. Am befriedigendsten scheinen mir deshalb Lösungen zu sein, die keine glatten sind, vielmehr mehrperspektivisch und mit verschiedenen Kategorien bzw. Metaphern dieses von jeher anstößige (vgl. bes. Gal 5,11; I Kor 1,23) Zentrum christlichen Glaubens umkreisen.

Dafür sprechen auch die neutestamentlichen Schriften, die auf höchst unterschiedliche Weise dieses Zentrum als "Mysterium" umkreisen - wie Paulus wissend darum, daß wir gerade auch in dieser Hinsicht den "Schatz nur in irdischen Gefäßen" haben (II Kor 4,7) und nur "undeutlich ... wie in einem Spiegel" sehen, nicht aber schon "von Angesicht zu Angesicht" (I Kor 13,12)[47]. Verbirgt sich doch hier, also in dem, was man "Offenbarung" nennt, Gott - mit Martin Luther zu sprechen - unter dem zugespitzten Gegenteil seiner selbst: einem Verbrecherkreuz, also - wie es schon in alter Zeit hieß - unter einer "mors turpissima",

---

[46] Es ist wichtig genug, daß es neutestamentlich der Geist Gottes ist, der Jesus in die Wüste führt, wo er vom Satan als transsubjektivem Exponenten der (Macht der) Sünde versucht wird (Mt 4,1ff. parr.). Vgl. dazu noch einmal die Bitte um Nichtversuchung im Vaterunser (s.o. 1.)

[47] Die Schwierigkeit dieser Stelle fängt schon bei Übersetzungsproblemen an, auf die ich hier nicht eingehen kann.

einem schändlichsten Tod, und nicht nur unter irgendeinem Tod. Zugleich heißt das, daß Gott in Jesus Christus der Welt eben bis hinein in diese Situation der äußersten Gottverlassenheit nahegekommen, auf den Leib gerückt ist oder auch ihr einwohnte, also diese Situation auf sich genommen, ertragen, getragen und von innen und unten geteilt hat. Wem sollte da nicht ein Schwindel kommen, die religiösen Maßstäbe aus der Hand geschlagen werden? Das sog. "höchste Wesen" in der tiefsten Tiefe! Die Umwertung aller Werte, so Friedrich Nietzsche immer wieder.

Warum der Lebensweg Jesu bis hin ans Kreuz (nicht abstrakt "das Kreuz"!) sogar einem biblisch nun einmal mehrfach eingeschärften göttlichen, besser wohl göttlich-menschlichen "Muß" entspricht, ist sehr schwierig dechiffrierbar. Das Drama der Geschichte Jesu, in der sich die Dramatik der Weltgeschichte, insbesondere der Geschichte Israels, abgründig zuspitzt, widerspricht jedenfalls einer übersanften, letztlich unrealistischen Theologie, die davon ausgeht, daß wir so und so angenommen sind, so wie wir sind. O nein: Vergebung ist nicht selbstverständlich und entsprechend billig. Ferner: Die Sünde ist zum Vergehen bestimmt, und zwar nicht nur "von oben herab", d.h. z.B. im Sinne eines "Dieu - pardonner c'est son metier", das letztlich alles weitergehen läßt wie bisher. Eine Theologie wie die: "Den Urheber des Lebens [den sündlosen Jesus] habt ihr [die Juden] getötet, Gott aber hat ihn auferweckt" (Act 3,15), ist nicht nur etwas arg einfach, sondern auch arg gefährlich (vgl. die Juden als Gottesmörder usw.). Ihr wird denn auch selbst in derselben Schrift widersprochen zugunsten eines: "... ihn, der nach Gottes beschlossenem Willen und Vorauswissen hingegeben wurde, habt ihr durch die Hand der Gesetzlosen ans Kreuz geschlagen und umgebracht. Gott aber hat ihn von den Wehen des Todes befreit" (Act 2,23f.). Sie entspricht aber doch der Tatsache, daß dem durch Menschen veranstalteten gewaltsamen Tod Jesu, also einem extremen Unheilsereignis, als solchem kein Heilsgewinn abgewonnen werden kann (er ist - mit Eberhard Jüngel zu sprechen - als solches "soteriologisch stumm") und daß der Jesus durch die Kraft des Geistes auferweckende Gott damit den Gott und seinem Kommen zu sündigen Menschen gewidmeten Weg Jesu bestätigt, ins Recht gesetzt, gerechtfertigt (I Tim 3,16), also die menschliche Gewalt ins Unrecht gesetzt hat.

Wie man historisch von Ostern und damit von der noch so schwierig gewordenen Auferweckung Jesu Christi nach dem heilsamen Sinn seines Todes und seines gesamten Lebens zurückgefragt hat, so sollte man dies auch systematisch, praktisch-theologisch und ganz existentiell so tun, daß man dabei *die ganze Lebensgeschichte Jesu* als Geschichte seiner "Proexistenz", seines Eintretens für Gott und die Menschen und damit für das "Reich Gottes", aber *nicht isoliert sein Kreuz* bedenkt. (Das isolierte, nackte Kreuz ist nun einmal auch im wörtlichen Sinne hölzern.) Heilsam aber, die Unheilssituation der Menschen und der Welt verändernd, ist und kann der Kreuzestod Jesu nur dann sein, wenn Gott selbst sich in der Geschichte Jesu bis hin an sein Kreuz ein für allemal auf unsere Situation eingelassen hat und *also doch das primäre Subjekt* in ihr ist - als dreieiniger Gott, der sich in Jesus Christus so von Menschen aus der Welt herauskreuzigen läßt, daß sie ihn gleichwohl ebensowenig los werden wie er selbst die Menschen. Das heißt: Er hat sich in Jesus Christus, dem Sündlosen (Joh 3,5; Hebr 4,15) bzw. Gerechten, mit ihnen und ihrer Situation radikal so identifiziert und verbündet, daß "das Alte" - die alte Kluft - *in ihm* und *zugleich allen zu Gute* schon "vergangen" und "Neues", nicht mehr Veraltendes "geworden" ist (II Kor 5,19; Apc 21,4). Auch so also bleibt es bei dem *wiederum sekundären Moment der Vernichtung des uns Vernichtenden* als eines nicht bloß menschlichen Aktes, der als dieser nichts als destruktiv wäre.

10. Auf die *generellere Frage*, wie Gott und Tod (in allen seinen Gestalten, also auch schon mitten im Leben) sich zueinander verhalten[48], hat die Tradition auf eine auch protestantisch noch nicht ganz ausgeräumte Weise so geantwortet, daß der leibliche Tod des Menschen *prinzipiell* die Folge seiner Sünde bzw. von Adams Sündenfall in einem phantastischen Urstand ist, der Tod bzw. die Vergänglichkeit in der nichtmenschlichen Natur entweder auch oder aber die Folge eines Engelfalls. Das ist eine Form von Theodizee, die fraglich geworden ist und (einmal abgesehen vom Problem des Teufels) dem Menschen mit Folgen für das Verständnis des Todes Jesu Christi wohl allzu viel auf- und anlastet. Nimmt man Abstand von dieser Konstellation, die Gott nur mittels Sündenfolge bzw. Strafe, also nur indirekt mit dem Tod und überhaupt der Vergänglichkeit prinzipiell zusammen zu bringen wagt, dann - ja, was dann? Müssen dann Gott und Tod im Sinne eines aktiv tötenden Gottes nun doch wieder äußerst nahe rücken? Oder müssen wir dann Gottes Allmacht als "im Anfang" so begrenzt bzw. sich selbst begrenzend denken, daß der zum Gesetz des geschöpflichen Lebens gehörige Tod, der als solcher (auch ohne Krebs usw.) ebensowenig zu verniedlichen ist wie z.B. das Fressen und Gefressenwerden im Bereich der nichtmenschlichen Natur sowie die vormenschlichen Katastrophen in ihr[49], für *das*

---

[48] Vgl. dazu V. Stümke, "... aber die Musici die bleibt besteh'n". Eine theologische Auswertung der Tage "neue musik in der kirche 2000", in: Corinna Dahlgrün/Hans Darmstadt (Hgg.), neue musik in der kirche II: Himmel, Hölle, Tod und Teufel. Interdisziplinäre Tage für Neue Musik und Theologie 15.-18. Juni 2000 – Dokumentation und Auswertung, Frankfurt/M. u.a. 2001, 9-40, 36.

[49] Verniedlicht wird der Tod durch eine allzu selbstverständliche Rede vom "natürlichen Tod". Vgl. dazu pointiert bis überpointiert z.B. E. Drewermann, Ist der Mensch die Krone der Schöpfung?, in: Publik Forum 6/1998, 34: "... nicht Auschwitz und Hiroshima bilden den Kern des Problems - es sind die Gesetze der Natur selbst, die in ihrer oft absurden Sinnwidrigkeit und Grausamkeit sich mit der Idee eines guten Schöpfers nicht vereinbaren lassen". J. Moltmann

Moment einer Erlösungsbedürftigkeit von Anfang an spricht, die nicht das Letzte für Gott ist, der selbst noch nicht am Ende und Ziel angelangt ist?[50]
Ich plädiere mit biblischem Anhalt für das Letztere, um damit unter anderem einer negativen Allverantwortung der menschlichen oder englischen Sünde und einer *dem*entsprechenden Straf- und Gerichtstheologie mit Bestimmtheit abzusagen, so daß sich ein gegenüber der klassischen Tradition zunächst einmal umgekehrtes Verhältnis von Sünde und Tod ergibt[51]. Ich plädiere von da aus z.B. dafür, den im Namen u.a. eines *abstrakten* "Gott will das Leben" geführten *verkrampften* "Kampf" gegen Krankheit und Tod für unangemessen, ja gefährlich zu halten. Ich wage also den paulinischen Satz, daß die ganze Schöpfung auf Hoffnung hin dem Leiden bzw. dem Verderben unterworfen ist, von dem, der sie unterwarf (Röm 8,20), primär auf Gott selbst statt auf den Teufel oder den Menschen bzw. Adam zu beziehen, der das Verderben durch seine Sünde allerdings verschärft. Und auch im Blick auf die Sünde werden wir den kühnen Satz des Paulus zu bedenken haben: "Gott hat alle unter den Ungehorsam verschlossen,

---

spricht gelegentlich vom "Zeichen einer Tragödie in der Schöpfung" (Der Weg Jesu Christi. Christologie in messianischen Dimensionen, München 1998, 191). Unter identitätsphilosophischen Voraussetzungen hat Paul Tillich von einer Einheit von wirklicher Schöpfung und universalem Fall gesprochen. Karl Barth hat die angedeuteten Phänomene zu den "Schattenseiten" der guten Schöpfung gezählt, die er vom "Nichtigen" unterschieden hat, die bei ihm aber möglicherweise nicht nur "per lapsum" an dieses grenzen bzw. sich mit diesem vermischen.
[50] Wenn Gott mehr ist als nur der Grund der Schöpfung und diese mehr ist als nur der "äußere Grund des Bundes" (so K. Barth, Die Kirchliche Dogmatik, Zürich 1945, Bd. III/1, §41.2) und damit der "Schauplatz" seiner Bundesgeschichte und Herrlichkeit, dann gehören Schöpfung und Vollendung bzw. Erlösung nicht nur äußerlich zusammen. Dazu ist alttestamentlich z.B. zu vergleichen, daß die sog. Schöpfungsberichte protologistisch (vgl. klassische Urstandslehren) mißverstanden sind, neutestamentlich z.B. die Doxologien, die eine platonistisch mißverstandene Schöpfungsmittlerschaft Jesu Christi besingen. Dazu bes. W. Schoberth, "Es ist alles durch ihn und zu ihm geschaffen" (Kol 1,16). Zum Sinn der Schöpfungsmittlerschaft Christi, in: K. Stock (Hg.), Zeit und Schöpfung, Gütersloh 1997, 143-170.
[51] Dazu in dankenswerter, wenngleich überknapper Klarheit E. Biser, Nietzsche (s.o. Anm. 11), 133: "Wenn man im Sinne heutiger Einsicht davon ausgeht, daß die Wurzel aller Bosheit und Rachsucht in der Todverfallenheit des Menschen besteht, liegt auch schon der Grund von Nietzsches Unterlassung [genauer nach der Herkunft der Sünde zu fragen, als diese als Erfindung des Judentums zu historisieren] auf der Hand. Wie für den ganzen Idealismus, als dessen letzten Epigonen ihn *Heidegger* erwiesen hat, stellt sich der Tod auch für Nietzsche noch nicht als Thema philosophischer Besinnung, im Gegenteil: für ihn gibt es 'unter den Menschen keine größere Banalität als den Tod'." Es folgt danach eine knappe Untersuchung des nur scheinbar eindeutig für die klassische Konstellation sprechenden Paulus.

um sich aller zu erbarmen" (Röm 11,32), so daß Gott also offenbar - so der katholische Theologe R. Guardini[52] - auch in dieser Hinsicht "fürchterliche" und undurchdringliche "Umwege" geht, in die er sich selbst involvieren und verstricken läßt - eben auch leidend. Damit komme ich zu meinem dritten Teil.

3. Der leidende Gott[53]

Aufgrund meines Umgangs mit der Themenstellung mache ich zunächst einige Rückerinnerungen:

1. Vom leidenden Gott und vom Leiden Gottes wird - und zwar in zugespitzter und z.T. in universalisierter Weise - besonders im 20. Jahrhundert christlich wie jüdisch viel gesprochen, deutlich nicht zuletzt im Zeichen der Theodizeefrage und in Absage an einen (abstrakt) allmächtigen Gott insbesondere nach Auschwitz, von dem jene Rede z.T. via negationis vielleicht allzu sehr zehrt.

Sie verbindet sich z.T. mit der selbst schon alten (vgl. bes. Phil 2) Rede vom sich selbst entäußernden, kenotischen bzw. sich selbst erniedrigenden Gott, mit der alten Rede von der Toleranz oder auch Geduld Gottes gegenüber einer gottlosen Welt oder von der Selbstverstrickung Gottes in die Tragödie der Welt, die zu einer ewigen Tragödie würde, wenn auch nur ein Mensch, gar - wie nach klassischen Voraussetzungen der größte Teil der Menschheit - auf ewig verloren und ewigen Leiden preisgegeben würde[54].

Sie verarbeiten theologisch, philosophisch und künstlerisch den neuzeitlichen Atheismus als bloßen A-Theismus, als Absage also an ein bestimmtes, nicht ge-

---

[52] So nach dem Bericht seines Freundes Walter Dirks bei K. Rahner, Worte vom Kreuz, Freiburg 1980, 42.
[53] Diesen Teil habe ich auf der Tagung selbst nicht vorgetragen, weil ich um eines Gespräches mit Herrn Kollegen Schöttler und dem Publikum willen spontan auf dessen Vortrag reagieren, ferner Raum gewinnen wollte für das Gespräch mit den anwesenden Komponisten (vgl. Dokumentation "Theologie im Gespräch II" in diesem Band). Auf Bitte der Veranstalter hin füge ich nun mein Skript hinzu - und zwar im Allgemeinen unverändert, obwohl ich es unter dem Eindruck der Gespräche und der Musik der beiden ersten Tagungstage in der Nacht vor dem letzten Tagungstag völlig umkonzipiert hatte.
[54] Vgl. dazu bes. H.U. v. Balthasar, Theodramatik, Bd. 4: Endspiel, Tl. 2/4: Der Schmerz Gottes, Einsiedeln 1983, 191ff. Vgl. dazu schon sehr viel früher F. Nietzsche, Morgenröte, I/91 (s.o. Anm. 2) 84: "Muß er [Gott] dann nicht beinahe Höllenqualen ausstehen, seine Geschöpfe um seiner Erkenntnis willen so, und in alle Ewigkeit fort noch schlimmer, leiden zu sehen und nicht raten und helfen zu können?"

nuin christliches (und jüdisches) sog. theistisches Gottesverständnis, das durch Apathie bzw. Leidensunfähigkeit, Unveränderlichkeit und Zeitlosigkeit gekennzeichnet und u.a. als "patriarchal" bzw. "androzentrisch" eingestuft wird.

2. In *spezifischem Sinne* war ein Leiden Gottes schon mein Interpretationsrahmen der schwierigen und gefährlichen Rede vom tötenden bzw. vernichtenden Gott jedenfalls der biblischen Schriften. Das heißt z.B.: Der im *Pathos* des *Zorns* vernichtende Gott richtet sich gegen die ihn selbst und seinen Bund mit den Menschen primär verletzende und die menschliche Gemeinschaft zerstörende transmoralische Sünde; oder auch: das entsprechende *Leiden* an der Sünde ist der Grund seines Zorns, der selbst ein Pathos ist, ein Leiden, ein Ergriffensein, eine Leidenschaft, die ihn selbst tangiert und schon alttestamentlich irgendwie zerreißt (vgl. bes. die Rede von der Reue Gottes, von seinem nicht nur freien, sondern auch notwendigen Erbarmen, das aus dem Innersten/dem Mutterschoß bzw. der Gebärmutter hervorbricht)[55].

3. *Umgekehrt* widersetzte ich mich von vornherein jener bis hinein ins 20. Jahrhundert reichenden Tradition, den in Jesus Christus leidenden Gott als unmittelbar von seinem Vater getötet, vernichtet und *in dieser Weise* an ihm leidend zu verstehen. Dabei rekurrierte ich nicht nur auf die biblischen Schriften, die für so etwas wie eine "double agency" ebenso wie für komplexe, relativ selbständige Interdependenzgefüge (vgl. auch Mächte oder auch Energiefelder) sprechen, sondern auch auf klassische und nachklassische Denkmuster, die einem allzu anthropomorphen "Handeln" Gottes widersprechen.

4. *Zudem* hatte ich daran erinnert, daß es wie alttestamentlich so neutestamentlich - bei Paulus sogar zugespitzt - das Problem einer Letztverantwortlichkeit Gottes für das Böse bzw. Übel, seiner Verstrickung in es und gerade auch von daher die Bitte um Nichtversuchung durch Gott und zugleich der Erlösung vom Bösen/Übel durch Gott gibt. Selbstverständlich war und ist damit eine mehr als nur moralische Schuld der Menschen zusammenzudenken, um deren Vergebung wir entsprechend z.B. im Vaterunser bitten.

---

[55] Vgl. bes. J. Jeremias, Die Reue Gottes. Aspekte alttestamentlicher Gottesvorstellung, 2. erw. Aufl. Neukirchen-Vluyn 1997. In feministischer Zuspitzung und unter Rekurs u.a. auf die Etymologie von hebr. "Barmherzigkeit/Erbarmen" E. Schüngel-Straumann, Gott als Mutter in Hos 11, in: ThQ 166 (1986) 119-132, bes. 128ff.

Ich möchte, muß und kann mich in diesem Teil nun kürzer fassen. Dabei werde ich wieder von der jüdisch-christlichen Tradition ausgehen, obwohl es vernichtende und/oder leidende Götter auch vor- und außerhalb der jüdisch-christlichen Tradition ebenso gibt wie Götter, die durch eine entsprechende Einheit der Gegensätze bzw. Ambivalenz mit entsprechendem "tremendum et fascinosum"[56] gezeichnet sind, d.h. ebensowohl durch eine - je nach Maßstab - heilsame Vernichtung wie durch ein heilsames Leiden. Ich erinnere hier nur an Dionysos, den Gott des Brotes und des Weines, der besonders für Friedrich Hölderlin und für Friedrich Nietzsche eine zentrale, die Dialektik der (apollonischen) Aufklärung spiegelnde Figur war und an seine sonstigen neuzeitlichen und postmodernen Wiederaufnahmen als des "kommenden Gottes", der er immer schon war.[57] Und dabei möchte ich von vornherein über das Problem der *Angemessenheit* hinaus die *Frage* aufwerfen: Was hilft uns im Blick auf unser Gottes-, Selbst- und Weltverständnis und -verhältnis die Rede vom leidenden Gott? Was erschließt sie uns perspektivisch? - Dazu einige Thesen:

1. Wie man *nicht* mit dem/einem vernichtenden Schöpfergott *beginnen* kann, so auch nicht mit dem/einem leidenden Gott. Es sei denn, man setze voraus, daß die Welt und wir Menschen in ihr für Gott notwendig sind[58], oder man verstehe Gottes schöpferische "Selbstbeschränkung" oder auch Selbstbestimmung als eine Aktivität, die ihn als auf ihn selbst gerichtete selbst schon leiden läßt[59].

---

[56] Vgl. R. Otto (Das Heilige. Über das Irrationale in der Idee des Göttlichen und sein Verhältnis zum Rationalen. 1936, Nachdruck der ungekürzten Sonderausgabe 1979 (BsR 328), München 1987), der i.ü. schon vor Karl Barth von Gott bzw. dem Göttlichen als "dem ganz Anderen" sprach (a.a.O., 28ff.).

[57] Dazu z.B. M. Frank, Der kommende Gott. Vorlesungen über die Neue Mythologie. 1. Tl. (es 1142), Frankfurt/M. 1982, bes. 9ff.245ff.285ff.308ff.; ders., Gott im Exil. Vorlesungen über die Neue Mythologie. 2. Tl. (es 1506), Frankfurt/M. 1988, 9-104.

[58] Vgl. bes. Georg Wilhelm Friedrich Hegel (ohne Welt ist Gott nicht Gott).

[59] Diese Denkfigur läßt sich schon bei Gottfried Wilhelm Leibniz nachweisen, der Gott als den größten aller Mathematiker aus der Fülle aller Möglichkeiten die beste aller möglichen Welten, zu der gleichwohl verschiedene Formen des Bösen bzw. Übels gehören, wählen und damit seine Allmacht beschränken läßt. K. Barths der Schöpfungslehre vorgeordnete Erwählungslehre (Die kirchliche Dogmatik, Bd. II/2, Zürich 1942) lebt u.a. davon, daß von Ewigkeit her ein Zorn in Gott entbrennt, den er in Jesus Christus leidend auf sich zu nehmen erwählt. Die jüdisch-lurianische Lehre vom Zim-Zum schöpferischer Selbstbeschränkung oder Selbstkontraktion, die dann Hans Jonas radikalisiert, läßt das Nichts/den leeren Raum, in das/den hinein Gott dann schafft, durch eben jene entstehen und mit durch jene Selbstkontraktion bedingten Leiden verbunden sein.

2. Der *Begriff* des Leidens ist - wie sich dadurch in zugespitzter Weise zeigt - durchaus *mehrdeutig*. Wenn zum Leben die Einheit von Aktivität und Rezeptivität, d.h. des Pathischen, gehört, dann eben auch das/ein Leiden. Wenn der lebendige Gott etwas anderes ist als ein "unbewegter Beweger" (Aristoteles), als "actus purus" (Thomas von Aquin), dann gehört zu ihm auch eine Leidensfähigkeit, eine Rezeptivität im Blick auf die Aktionen seiner relativ selbständigen Geschöpfe, also Freude oder Trauer, Wohlgefallen oder Zorn usw., von denen sowohl alt- wie neutestamentlich denn auch - scheinbar naiv, inzwischen auch religionsphilosophisch positiv bedacht[60] - gesprochen wird. Anders formuliert und *mit Folgen für das Gebetsverständnis*[61]: Es gibt eine allerdings *asymmetrische Wechselseitigkeit* oder auch Reziprozität bzw. Mutalität ("mutuality") wie im trinitarischen Gott selbst so in anderer Weise auch zwischen Gott und seiner Schöpfung, statt einer bloß "schlechthinnigen Abhängigkeit" dieser von Gott (so Friedrich Schleiermacher). Ohne diese Voraussetzung würde die Rede von der Menschwerdung (auch Werden, speziell Geborenwerden, ist ja ein Erleiden) Gottes bis ans Kreuz zu einem supranaturalistischen Mirakel oder eben zu einem Scheinereignis, das man schließlich als bloße Mythologie streichen könnte.

3. Zu *unterscheiden* ist speziell zwischen einem rein passiven Leiden Gottes, das Gott radikal entmächtigt, ihn seiner Freiheit beraubt und entsprechend die Welt ihm entgleiten bzw. zum eigentlichen und selbstläufigen Aktanden werden läßt, und einem aktiven, freien Leiden Gottes, das seiner freien Selbstbindung an das von ihm Geschaffene, insbesondere an Israel und die Kirche (vgl. Bund) entspricht. Zu unterscheiden ist also zwischen einem bloßen Leiden und einem aktiven Mit-Leiden für die Leidenden, Mit-ihnen-Leiden, einem passionierten Eintreten für sie nicht nur von oben herab, einem teilnahmsvollen Erbarmen und Mitgehen, Vorangehen usw.

Jürgen Moltmann knüpft an diese Tradition so an, daß er die entsprechende Tradition der Erlösung Gottes verschiedentlich mit aufnehmen kann und muß.

[60] Vgl. bes. das sog. Prozessdenken im angelsächsischen Bereich, z.B. Ch. Hartshorne, Omnipotence and other Theological Mistakes, Albany 1984.

[61] Vgl. das Lobpreisen Gottes als Gott-Segnen im Alten (und von da aus auch im Neuen Testament), wie es systematisch-theologisch M. Frettlöh eindrücklich und in Rekurs auch auf Jüdisches in den Blick gerückt hat: Gott segnen. Systematisch-theologische Überlegungen zur Mitarbeit des Menschen an der Erlösung, in: EvTh 56 (1996) 482-510; dies., Theologie des Segens, Gütersloh 1998, 378ff.

4. *Klassisch* ist allerdings die gerade lutherische Rede vom aktiven und barmherzigen Leiden Gottes z.T. mit der Vorstellung *belastet*, daß Jesus Christus stellvertretend den vernichtenden Zorn Gottes trägt und stillt, also Gott versöhnt (s.o. 1.), damit durch ein entsprechendes "Gott gegen Gott". Dann braucht also Gott, der Vater, diesen Opfertod seines Sohnes, um umgestimmt zu werden vom Zorn zur Gnade - wovon biblisch nichts geschrieben steht. Dann erleidet der Sohn die Vernichtung durch den Vater und haben wir also die m.E. zu Recht kritisierte Henkersmetaphysik oder auch -christologie oder auch einen in Gott hineinverlegten Vater-Sohn-Konflikt (vgl. Sigmund Freud).

5. *Gleichwohl* bleibt mir mit anderen wichtig, daß Gott in Jesus Christus und seinem Geist - damals, gestern und heute - aktiv leidend an unserer aller faktischen Situation mit ihren vielen großen und kleinen Kreuzen partizipiert, insbesondere an denen Israels und der Kirche, an die er sich in spezifischer Weise gebunden hat, uns also selbst in äußerster Verlassenheit nicht alleine läßt, uns aus ihr zwar nicht mirakelhaft errettet, aber in ihr zu uns steht, für uns eintritt (vgl. dazu im Blick auf das Gebet den Geist Gottes in Röm 8,22), kritisch Gott mit uns und nicht nur über uns ist auch hier. Denn das richtet auch noch diejenigen auf, die von Anderen als hoffnungslose Fälle behandelt und aufgegeben werden oder sich selbst als solche aufzugeben und entsprechend träge zu werden drohen. Z.B. die lateinamerikanische Befreiungstheologie ist eine Theologie eines entsprechend passionierten, die Verohnmächtigten ermächtigenden Gottes.

6. Daß - wie Bonhoeffer im Gefängnis formulierte - *nur* der leidende Gott helfen kann, vestehe ich jedenfalls dann nicht, wenn man - *gegen* Bonhoeffer - das Leiden Gottes nicht als Ausdruck seiner weltliche (und kirchliche!) Machtverhältnisse in Frage stellenden Macht versteht und zugleich das Kreuz Jesu Christi verabsolutiert, also auch nicht mehr von seiner und unser aller Auferstehung zu sprechen wagt, die im Glauben, der Hoffnung und der Liebe auch als entfeindende Feindesliebe hier und jetzt schon beginnt. Denn ein *derart* leidender Gott würde faktisch nur zu einer "sublime[n] Verdoppelung menschlichen Leidens und menschlicher Ohnmacht" führen[62], also den *status quo* zementieren und theolo-

---

[62] So J.B. Metz, Plädoyer für mehr Theodizeempfindlichkeit, in: W. Oelmüller (Hg.), Worüber man nicht schweigen kann. Neue Diskussion zur Theodizeefrage, München 1992, 125-137, 135.

gisch-christologisch überhöhen oder ins trinitarische Leben Gottes "aufheben"[63]. Dagegen aber hat sich mit Recht schon die linkshegelianische Religionskritik des 19. Jahrhunderts gewendet.

7. Die Rede vom aktiv leidenden, passioniert mit-leidenden Gott verkommt zum schlechten Trost, wenn sie nicht im Zeichen des *Selbsteinsatzes Jesu für* die nahe gekommene *Gottesherrschaft* steht und mit dem *eigenen Selbsteinsatz gegen* das Leiden unter unterdrückerischen Herrschaften, Mächten und Gewalten verbunden ist - gerade so, als sei (wie es etwas depressiv in einem evangelischen Kirchenlied heißt) "doch all unser Tun umsonst".

Dieser Selbsteinsatz kann viele Gestalten haben; er kann sich auch noch in der getrosten, freien und unverzweifelten, aber betenden "Ergebung" in die Situation des Scheiterns von "Widerstand" realisieren[64], mit dem ein jeder spätestens in seiner eigenen Sterbestunde oder angesichts von Toten konfrontiert wird[65], oder aber in der Klage. Zu seinen Gestalten gehört für mich von jeher wesentlich das künstlerische Festhalten auch der unglaublichen bleibenden Dissonanzen und Zerrissenheiten dieser nach wie vor erlösungsbedürftigen Welt - und nicht zu vergessen auch des unglaublich Schönen und Herrlichen in ihr, das doch dem Untergang geweiht ist und künstlerisch in spezifischer Stellvertretung oder auch Gottebenbildlichkeit jedenfalls vorläufig "gerettet" wird[66]. - Angesichts von Einwürfen aus dem Publikum im Zeichen "des Evangeliums" gegen die Komponisten mit ihrer alles andere als religiös-erbaulichen Musik möchte ich betonen: Ohne das Festhalten der unglaublichen bliebenden Dissonanzen und Zerrissenheiten dieser Welt, verkommt "das Evangelium" zum religiösen Kitsch oder aber zum höl-

---

[63] So gegen einen verkappten Hegelianismus in der nach nachbarthianischen Theologie immer wieder wiederum Metz. Vgl. auch auch schon U. Hedinger, Wider die Versöhnung Gottes mit dem Elend, Zürich 1972.

[64] Vgl. abgesehen vom Tod Jesu selbst z.B. noch einmal D. Bonhoeffers "Widerstand und Ergebung", ferner die Überlieferung, wie das ruhige stille Gebet Bonhoeffers unmittelbar vor seiner Hinrichtung seine Henker bewegte bzw. irritierte.

[65] Ich habe in meiner Pfarramtszeit von getrost Sterbenden und Trauernden, gerade sehr "einfachen" Leuten, viel gelernt.

[66] Wie hier nicht zu belegen ist, gehört eine entsprechende Apokatastasis- oder Wiederbringungs-Funktion auch in die Selbstreflexion der Künste, also nicht nur in die philosophische (oder theologische) Ästhetik - noch dort, wo es um die "nicht mehr schönen Künste" mit ihrer aufrüttelnden Ästhetik des Schreckens usw. geht. Eben deshalb hatte ich zu Eingang des Gesprächs mit den Komponisten eine entsprechende Frage gestellt.

zernen Eisen einer Theologie der Herrlichkeit - auch des Gekreuzigten[67] - und werden wir im Übrigen nicht gesprächsfähig mit den Juden, die noch auf den Messias hoffen, der auch nach christlicher Auffassung noch erlösend (öffentlich wieder-)kommt[68].

8. Ich sprach davon, daß Gott sich nach biblischer Auskunft besonders an Israel und seine Kirche gebunden hat und insofern besonders mit ihnen mitleidet, versteht sich: auch im Zorn. Das ist aber nicht zu isolieren von deren Auftrag, der - stellvertretend - der ganzen Welt gilt. Wir haben also das Leiden Gottes, das in Jesus Christus nach neutestamentlicher Überlieferung nicht nur "für uns", seine "Freunde" geschehen ist, auf alle Menschen und darüber hinaus auf alle anderen Kreaturen zu beziehen und von daher für deren Leiden mit Folgen für die Interpretation des Herrschaftsauftrages von Gen 1 sensibel zu sein (vgl. noch einmal Röm 8,19ff.).

9. Die Rede vom passiv-aktiv leidenden und entsprechend passionierten Gott schließt ein, daß *Gott* nicht nur der erhoffte *Erlöser* ist, sondern *selbst der Erlösung bedarf.*

Der Gedanke vom erlösten Erlöser ist zwar primär ein häretisch-gnostischer Gedanke. Aber er taucht besonders in und nach Auschwitz jüdisch wie christlich in anderer Gestalt mit der Rede vom leidenden und in die Tragödie der Welt verwickelten Gott immer wieder auf.

Daß *wir Menschen* Gott *erlösen* können, glaube ich zwar nicht. Das würde uns totaliter überfordern und das "hat er doch nicht nötig"[69]. Wohl aber gehe ich davon aus, daß wir *sein* Leiden *lindern* können, wenn wir das Leid seiner leidenden *Kreaturen* lindern helfen, mit denen sich Gott in Jesus Christus erkennbar identifiziert hat. Und auch wenn man den Satz Blaise Pascals "Jesus est en agonie jusqu'à la fin du monde" nicht ratifizieren kann und will, bleibt es doch dabei, daß der auferstandene Gekreuzigte, der, biblisch, bleibend seine Wundmale trägt, zwar nicht mehr stirbt, aber eben bleibend aktiv leidet, bleibend sich mit den Leidenden identifiziert, und Gott in ihm (vgl. z.B. Mt 25,31ff.; speziell im Blick auf

---

[67] Meine Probleme mit der Theologie Karl Barths betreffen auch seine etwas penetrant einseitige Vorliebe für Mozart (und seine Interpretation!).

[68] Vgl. bes. die *Bitte* im vorletzten Vers des Neuen Testaments: "Komm, Herr Jesus!"

[69] Damit zitiere ich nachträglich das Wort eines der auf der Tagung präsenten Komponisten, der dies allerdings prinzipieller auf unsere theologischen Versuche bezog, "Gott zu verteidigen".

die Kinder Mt 18,5 parr.). Denn die Auferweckung Jesu Christi ist die Inkraftsetzung seiner irdischen Geschichte, nicht aber deren Annullierung.

Anders gesprochen: Die Erlösung aller leidenden Kreaturen und die Erlösung Gottes bzw. des Erlösers gehören zusammen. Auf beides kann man natürlich nur *hoffen*, eben damit auf *Gott selbst* und seine "Selbstrechtfertigung"[70]/Theodizee. Doch das ist eine *operative* und nicht etwa müßige Hoffnung, die - wie gesagt - für die leidende Kreatur und das Leiden Gottes mit Folgen sensibilisiert. Auch diese eschatologische, also endgültige Erlösung schließt notwendig Vernichtung ein, aber nur die endgültige Vernichtung des Vernichtenden, anders und m.E. besser gesprochen: dessen Überwindung. Nur durch eine solche Überwindung kann sich wohl die bleibende Wunde auch in Gott selbst schließen, so daß es nur durch sie zum kampf- und leidlosen Frieden des trinitarischen Gottes kommen wird[71].

Ich hoffe, mit alledem Gott nicht zu nahe getreten zu sein und das Wort "Gott" nicht geschändet zu haben, das wir nach dem jüdischen Philosophen Martin Buber eben nicht durch noch so frommes Schweigen erlösen können (s.o. 1.). Und ich erinnere noch einmal daran, daß ich das Leiden Gottes gerade so verstanden habe, daß es seinen Zorn als Ausdruck und Gestalt seiner Liebe nicht ausschließt, sondern einschließt. Auch Jesus war ja nicht nur "sanftmütig". Er verbot zwar nicht nur das Töten, sondern schon das Zürnen. Doch er zürnte gelegentlich selbst, und zwar kräftig. Er war eben ebenso wie Gott selbst verwickelt in die Geschichte der Sünde, die uns zerreißt und ihn ans Kreuz brachte. Und auch das

---

[70] Von einer solchen wird spätestens mit und seit Karl Barth primär im Blick auf den Gekreuzigten gesprochen, inzwischen aber immer mehr (auch) in futurisch-eschatologischer Ausrichtung. Dabei ist die an sich problematische Rede von der *Selbst*rechtfertigung Gottes wohl als Kritik neuzeitlicher Theodizeeversuche vor dem Gerichtshof der menschlichen Vernunft seit Leibniz zu verstehen, die in die atheistische Anthropodizee/Selbstrechtfertigung des Menschen umschlugen.

[71] Vgl. dazu Fr.-W. Marquardt, Was dürfen wir hoffen, wenn wir hoffen dürfen? Eine Eschatologie, Bd. 3, Gütersloh 1993, 205ff.; in modifiziertem Anschluß an ihn M. Frettlöh, Von den Orten Gottes zu Gott als Ort. Maqom, eine rabbinische Gottesbenennung, und die christliche Lehre von der immanenten Trinität, in: dies./J.-D. Döhling (Hgg.), Die Welt als Ort Gottes - Gott als Ort der Welt, Fr.-W. Marquardts theologische Utopie im Gespräch, Gütersloh 2001, 86-124.

Wort von der sogar überströmenden Vergebung meint etwas anderes als ein einfaches "pardon, pardon" von oben herab. Es ist überströmend freundlich und schwierig zugleich. Man kann es selbst nicht aussprechen, ohne sich mit demjenigen, dem man vergibt, zu identifizieren und zusammenzuschließen. Und das ist alles andere als leicht. Wer es empfängt, den stört es auf in den sattsam bekannten Selbstrechtfertigungsprozessen und in der immer alltäglicher werdenden öffentlichen wie privaten Gewalt als Objektivation von "Herzenshärte", "getünchten Gräbern", "Wölfen", die sich eine Zeit lang im "Schafspelz" zu verbergen suchen und sich in auch gruppenhafter, nationaler usw. "incurvatio in se ipsum"/"Verkrümmung in sich selbst" (so Martin Luther) befinden. Diese aber gibt es leider, leider eben auch innerkirchlich.

Ich danke den Veranstaltern dafür, daß diese interdisziplinäre Tagung speziell dem Thema "Neue [Neueste!] Musik in der Kirche" so gewidmet war, daß sie nicht nach dem Bekenntnis der Komponisten und sonstigen Künstler fragte, ja ganz im Gegenteil den Bereich der normalen Kirchenmusik ganz bewußt aufsprengte. Und ich danke nachträglich sogar für das anstößige Thema, das mich - wie es nicht anders sein kann - noch weiterbeschäftigen wird, auch im neuen Durchhören neuester Musik. Diese scheint zwar weithin - um es einmal so zu sagen - nur noch das Kreuz der Welt zu kennen, Schwundstufen des Lebens, Geräusche, die unsere sog. Kommunikationsgesellschaft denn auch bis hinein in die Wissenschaft (vgl. dazu Niklas Luhmann) weitgehend nur noch produziert. Aber vielleicht fördert sie gerade dadurch das "Warten auf Godot" (Samuel Beckett) indirekt. Hoffen wir, daß es so ist!

Mir jedenfalls vertieft sie meine theologische Wahrnehmung der Welt und die großen Worte "Versöhnung", "Erlösung" durch das energische Festhalten von Negativitäten und das untriumphalistische, nicht-harmonistische Festhalten von noch so unscheinbaren Positivitäten, zu denen u.a. der oft kaum noch tonhafte Hauch des Atems als zartes und gewaltloses Lebenszeichen gehört. Wenn wir nur so gewaltlos lebten wie wir meistens atmen!

Heinz-Günther Schöttler

Fragmentarische Gedanken
wider **die Rede von einem "Gott, der vernichtet"**
und *für* **die Rede von einem "Gott, der leidet"**

I. Ein Gott, der vernichtet?
Fragmentarische Anmerkungen zu einer problematischen Themenformulierung
Ich tue mich mit dem für den heutigen Tag (Freitag, 21. Juni 2002) vorgegebenen Thema schwer. Denn hinter der Themenformulierung *"Der vernichtende Gott"* steht nicht, wie in der Überschrift über diesen gesamten Tagen für Neue Musik und Theologie, ein Fragezeichen: *"Ein Gott, der tötet?"* Wie also soll ich mich zu dieser Aussage *"Der vernichtende Gott"* verhalten, und das nicht nur als Theologe, sondern auch als gläubiger Christ, der sich diesem Gott im Glauben anvertraut?! Ein riesiges Themenfeld, quer durch alle theologischen Disziplinen, tut sich vor mir auf: Das provokant formulierte Thema stellt Fragen an die Bibel ebenso wie an die systematische Theologie, an die Kirchen- und Spiritualitätsgeschichte, insofern nach dem dieser Aussage zugrundeliegenden Gottesbild gefragt wird, usw. Ja, das Thema stellt auch Fragen an unser Beten und unseren Gottesdienst: Kann ich zu einem solchen Gott, der vernichtet, beten?
Ich kann im Rahmen eines Eröffnungsstatements nur Fragmentarisches aphoristisch ansprechen und möchte mich beschränken, indem ich einen Blick auf ausgewählte Stellen aus der Bibel werfe, keineswegs mit dem Anspruch auf Vollständigkeit[1] und auch nicht darauf, dass ich die genannten Schriftstellen ausführlich kommentiere. Ich möchte mit dem Verweis auf diese Schriftstellen die Fra-

---

[1] An relativ vielen Stellen spricht das Alte Testament davon, dass Gott seinem Volk oder Einzelnen zürnt (allein 375 mal im Alten Testament) und er Menschen Feind ist, sie schlägt und verwundet, dass er tötet und lebendig macht, Unheil und Schrecken bewirkt, dass die Begegnung mit ihm oft mehr Finsternis ist als Licht, dass er fern ist und sich verbirgt. Man lese Schriftstellen wie Gen 6-9; 22; 32,23-33; Ex 4,24-26; Num 11,33; Dtn 28,63; 32,39; 1 Sam 2,6f; 2 Sam 6,6-8; 2 Sam 24,1.15ff; 2 Kön 5,7; Ijob 5,18; 9,14-22; 19,6-12; Ps 88; Jes 6,8-13; 8,17; 45,7.15; 53,4; Jer 14,19; Klgl 2,1; Ez 5,11; 17,24; Hos 6,1-3 oder Bildworte wie Klgl 2,4f; 3,10-13; Hos 5,12-14; 13,7-9; Am 3,6; 9,1-6; u.a.m. Vgl. dazu bes. Walter Dietrich/Christian Link, Die dunklen Seiten Gottes, Bd. 1: Willkür und Gewalt; Bd. 2: Allmacht und Ohnmacht, Neukirchen-Vluyn ²1997 und 2000.

geperspektive für das Gespräch mit Frau Janowski hier auf dem Podium und für die sich anschließende Diskussion im Plenum über dieses problematische, weil als Aussagesatz formulierte Thema schärfen. Nur darum geht es mir im Folgenden, nicht darum, aus den Bibelstellen bereits eine wenn überhaupt mögliche Antwort zu gewinnen. Insofern ich also, von den Schriftstellen ausgehend, Fragen an das Tagesthema stelle, ist dies im Grunde keine Beschränkung aus zeitökonomischen Gründen oder weil das Thema sonst ausufern würde, sondern: "Die Frage besitzt eine Kraft, welche die Antwort nicht mehr enthält" (Elie Wiesel)[2]. Drei Bibelstellen, die auf den ersten Blick das Tagesthema zu bestätigen scheinen, möchte ich im Folgenden nach ihrem Potential hinsichtlich der In-Frage-Stellung des Tagesthemas untersuchen.

(1) Jes 45,5-7

Jes 45,5-7 ist eine Bibelstelle, die in ihrer Radikalität singulär ist.[3] Hier zunächst eine möglichst wörtliche Übersetzung:

Jes 45$_5$ Ich bin YHWH und keiner sonst; außer mir gibt es keinen Gott. Ich gürte dich, aber du kennst mich nicht; $_6$ damit man erkennt vom Aufgang der Sonne und von ihrem Niedergang, dass es keinen (Gott) gibt außer mir: Ich

---

[2]   In seiner autobiographischen Schrift "Nacht" fragt der Synagogendiener Mosche den zwölfjährigen *Elieser Wiesel*: "Warum weinst du beim Beten?" (...) "Ich weiß nicht", erwiderte ich verstört. Die Frage war mir nie gekommen. Ich weinte, weil ... weil etwas in mir weinen wollte. Ich konnte nichts dazu sagen. "Warum betest du?" fragte er mich eine Weile später. "Ich weiß es nicht", antwortete ich noch verwirrter und befangener. "Ich weiß es wirklich nicht." Von diesem Tage an sah ich ihn häufig. Er versuchte mir eindringlich zu erklären, daß *jede Frage eine Kraft besitzt, welche die Antwort nicht mehr enthält.* "Der Mensch erhebt sich zu Gott durch die Fragen, die er an ihn stellt", pflegte er immer wieder zu sagen. "Das ist die wahre Zwiesprache. Der Mensch fragt und Gott antwortet. Aber man versteht seine Antworten nicht. Man kann sie nicht verstehen, denn sie kommen aus dem Grunde der Seele und bleiben dort bis zum Tode. Die wahren Antworten, Elieser, findest du nur in dir." - "Und warum betest du, Mosche?" fragte ich ihn. *"Ich bete zu Gott, der in mir ist, daß er mir die Kraft gebe, ihm wahre Fragen zu stellen."* So unterhielten wir uns fast jeden Abend. Nachdem alle Gläubigen gegangen waren, blieben wir in der dunklen Synagoge sitzen, in der noch ein paar halb heruntergebrannte Kerzen flackerten ..." (Elie Wiesel, Die Nacht zu begraben, Elischa, Frankfurt/M. u.a. [4]1992 [Ullstein-Taschenbuch 20823], 19 [kursiv: HGS]).
[3]   Die Auslegung der Stelle erfolgt in enger Anlehnung an: Walter Groß, Das Negative in Schöpfung und Geschichte: YHWH hat auch Finsternis und Unheil erschaffen (Jes 45,1), in: ders./Karl-Josef Kuschel, "Ich schaffe Finsternis und Unheil!" Ist Gott verantwortlich für das Übel?, Mainz 1992; [2]1995, 34-46.

bin YHWH und keiner sonst, [7] der das Licht gebildet und die Finsternis erschaffen hat, der Heil (Shalom) gemacht und Unheil erschaffen hat. Ich bin YHWH, der all dies gemacht hat.

Diese Textstelle ist in der Zeit des sogenannten babylonischen Exils zu verorten. Sie schließt das sogenannte Kyros-Orakel (Jes 45,1-7) ab und bekommt besonderes Gewicht dadurch, dass das Verb, das in v 7 die Aussage über "Finsternis" und "Unheil" trägt (hebr.: bara, hier mit "erschaffen" übersetzt), ein Verb ist, das im Alten Testament dem analogielosen Handeln Gottes vorbehalten ist (vgl. bes. Gen 1,1), während die anderen Verben "bilden" und "machen" von menschlichen handwerklichen Tätigkeiten genommen sind. Der Tübinger katholische Alttestamentler Walter Groß schreibt dazu: Der Prophet Jesaja "will (...) keinen Willkürgott zeichnen, der wahllos Gutes und Schlechtes wirkt; er will auch nicht Schrecken erregen vor YHWH als einer undurchschaubaren Schicksalsmacht."[4] Vielmehr geht es dem Propheten darum, YHWH als Lenker der Weltgeschichte darzustellen, der sogar den Perserkönig Kyros zu seinem Gesalbten und damit als Nachfolger der Jerusalemer Davididen ernennt. Kyros kämpft im Auftrag YHWHs gegen Babylon, den Erzfeind Israels, und befreit Israel. Weiter schreibt Walter Groß: "Diese unglaublichen Aussagen und YHWHs Weltgeschichtsmächtigkeit untermauert (der Prophet) durch YHWHs uneingeschränkte, allumfassende Schöpfermacht. Weil YHWH alles, sogar die Finsternis und das Unheil erschaffen hat, untersteht ihm alles, selbst der Großkönig Kyros. YHWHs Macht zum Guten ist unbegrenzt, weil überhaupt alles, selbst das Übel, von YHWH erschaffen ist. Dass YHWH die negativen Größen erschaffen hat, wird also zwar uneingeschränkt behauptet und sogar, weil ungewohnt, durch die Formulierung hervorgehoben, ist aber nicht das eigentliche Aussageziel (des Propheten) im Kyros-Orakel."[5]

Auch wenn Walter Groß damit die Aussagekraft von Jes 45,7 etwas einschränkt, bleibt die Gewalt und das Erschrecken über die Ungeheuerlichkeit dieser Stelle bestehen. Denn je konsequenter man Gott als Schöpfer der Welt beansprucht, desto stärker muss man die Frage nach der Verantwortlichkeit für die schlechten Seiten in der Welt gestellt werden. Und insofern man im jüdisch-christlichen Ver-

---

[4] Groß, Das Negative in Schöpfung und Geschichte, 45.
[5] Groß, Das Negative in Schöpfung und Geschichte, 46.

ständnis den *einen* und *einzigen* Gott als *alleinigen* Schöpfer der Welt glaubt, also weder einen Ausweg in gottähnliche Gegenmächte oder in Dämonen als zerstörerische Gewalten finden kann, verschärft sich der Konflikt: Ist der *eine* Gott, der diese Welt geschaffen hat, verantwortlich für die Leben bedrohenden und zerstörerischen Kräfte in der Welt, denen sich die Menschen immer wieder hilflos ausgesetzt erfahren? Auch wenn Gott seine alles umfassende Schöpfermacht in Jes 45,1-7 durch Kyros zur Rettung Israels einsetzt: Die *theo*-logische Aussage, die der Prophet in Jes 45,7 wagt, ist vor dem Hintergrund des jüdisch-christlichen Gottesverständnisses ebenso "un-glaublich", wie sie in ihren in Jes 45,7 nicht zu Ende gedachten Konsequenzen erschreckend bleibt: also ein Gott der - auch - vernichtet? Philosophie und systematische Theologie sind herausgefordert ...

(2) Ijob 5,18

Ein Gott, der verwundet und schlägt?!

> Ijob 5_{18} Denn er [= der Allmächtige (vgl. v 17)] bereitet Schmerzen und verbindet, er schlägt, und seine Hände heilen.

Ijob 5,18 steht in einer der Reden der Freunde des Ijob. Hier wird dem so schlimm – von Gott?, vom Schicksal? – geschlagenen Ijob geraten, die Krankheit als Züchtigung Gottes anzunehmen, um so von der Schuld befreit zu werden: Alles geschehe aus Liebe Gottes, der sich auch noch um den von Leid geplagten sündigen Menschen kümmere. Gott sei zugleich Gerechtigkeit *und* Erbarmen, Gnade *und* Gericht.

Aber Ijob weigert sich, angesichts seines unverschuldeten Leid(en)s Gott auch noch zu rechtfertigen. Man lese Ijob 13 dazu, jenen großartigen Widerspruch, wo der so von Gott geschlagene spricht: "Siehe, [Gott] wird mich töten, ich will auf ihn warten, nur will ich meine Wege ihm ins Angesicht rechtfertigen. (...) Siehe doch, ich habe den Rechtsfall vorgebracht: Ich habe erkannt, dass ich recht behalten werde." (13,15. 18; vgl. auch 27,5; 31,16) Nicht Rechtfertigung Gottes angesichts des Leid(en)s, sondern Rechtfertigung des Menschen vor Gott! Das den Menschen so tief demütigende Bild von Gott als einem Vaters, der gut-meinend seinen Sohn, der gesündigt hat, bestraft, wird von Ijob zurückgewiesen. Also: nicht Gott entlastende Theodizee, sondern "Homodizee", die dem Menschen seine Würde – vor Gott – (zurück-)gibt!

Es hat den Anschein, als leide Ijob mehr unter seinen Freunden, den Theodizee-

Vertretern, als unter seinem Schicksal. Und manchmal hat er nur noch beißenden Spott übrige für die schlauen "Theologen", die Gott angesichts des Leid(en)s zu rechtfertigen suchen: "Wahrhaftig! Was seid ihr doch für kluge Leute! Mit euch stirbt ganz bestimmt die Weisheit aus!" (12,2). Aber als er sie auffordert zu schweigen (13,5), dreschen die hohlen Schwätzer ihre religiösen Phrasen erbarmungs- und hemmungslos weiter.

Also: Ijob 5,18 ist ein Wort, das von Ijob, dem unschuldig Leidenden, als theologisch falsch entlarvt wird. Es ist das Wort eines vermeintlichen Freundes, der Ijob einreden will, Leiden sei eine Form göttlicher Erziehung (vgl. auch 33,19). Auch wenn das Bild eines zur Erziehung der Menschen diese strafenden Gottes ein auch heute noch anzutreffendes Gottesbild sein mag: Ijob 5,18 ist keine biblische Bestätigung dafür, auch nicht für das Thema des Tages: "Der vernichtende Gott"!

(3) Gen 22

Gen 22,2 ist "einer der schrecklichsten Sätze, die in der Bibel stehen, und sehr wohl geeignet, jeglichen Glauben zu zerstören"[6]:

"Und er [= Gott] sprach: Nimm deinen Sohn, deinen einzigen, den du liebhast, den Isaak, und ziehe hin in das Land Morija, und opfere ihn dort als Brandopfer auf einem der Berge, den ich dir nennen werde!"

"Über die Ungeheuerlichkeit des göttlichen Befehls an Abraham, seinen Sohn zu opfern, besteht kein Dissens. Die Frage ist nur, ob und wie es zu ertragen ist, dass derart Ungeheuerliches in der Bibel steht. Sind die biblischen Autoren, oder ist gar der biblische Gott gehorsams-versessen, mordlüstern, sadistisch, kurzum: moralisch pervers? Und soll uns ein Vater, der bereit ist, seinen Sohn zu schlachten, als moralisches Vorbild hingestellt werden?"[7]

---

[6] Dietrich/Link, Die dunklen Seiten Gottes, Bd. 2, 76.

[7] Dietrich/Link, Die dunklen Seiten Gottes, Bd. 2, 77. – Vgl. zu Gen 22 bes.: Frédéric Manns, The Sacrifice of Isaak in the Three Monoteistic Religions, Jerusalem 1995; Michael Krupp, Den Sohn Opfern? Die Isaak-Überlieferung bei Juden, Christen und Muslimen, Gütersloh 1995; Lukas Kundert, Die Opferung/Bindung Isaaks, Bd. 1: Gen 22,1-19 im Alten Testament, im Frühjudentum und im Neuen Testament, Neukirchen-Vluyn 1998 (WMANT 78); Bd. 2: Gen 22,1-19 in frühen rabbinischen Texten, Neukirchen-Vluyn 1998 (WMANT 79); Georg Steins, Die "Bindung Isaaks" im Kanon (Gen 22). Grundlagen und Programm einer kanonisch-intertextuellen Lektüre. Mit einer Spezialbibliographie zu Gen 22, Freiburg u.a. 1999 (HBS 20).

In der christlichen Auslegungstradition wird Gen 22 tatsächlich fast durchgängig als *Glaubens*geschichte gedeutet und Abraham als *das* Vorbild des gehorsamen Glaubens vorgestellt (so schon in Hebr 11,17; Jak 2,21-23). Kritischer geht *Immanuel Kant* (1724-1804) mit der Erzählung um und bringt die Fragestellung unseres Tagesthemas auf den Punkt, wenn er Gen 22 als Beispiel dafür anführt, dass der Mensch niemals wissen könne, dass es Gott sei, der zu ihm spreche: "Zum Beispiel kann die Mythe von dem Opfer dienen, das Abraham auf göttlichen Befehl, durch Abschlachtung und Verbrennung seines einzigen Sohnes – (das arme Kind trug unwissend noch das Holz hinzu) – bringen wollte. Abraham hätte auf diese vermeinte göttliche Stimme antworten müssen: 'daß ich meinen guten Sohn nicht töten solle, ist ganz gewiß; daß aber du, der du mir erscheinst, Gott sei, davon bin ich nicht gewiß, und kann es auch nicht werden, wenn sie auch vom (sichtbaren) Himmel herabschallete'.[8]

Das ist die Deutung der humanistischen Aufklärung: Die Stimme, die Abraham zur Schlachtung seines Sohnes aufforderte, könne unmöglich Gottes Stimme gewesen sein, da doch Gott der Garant jedes moralischen Systems, jeder Moralität überhaupt sei. Die Stimme Gottes sei in Wirklichkeit die des Engels gewesen. Abraham habe sich verhört.

Wie also mit dieser "theologischen Erzählung" Gen 22 umgehen, ohne den Glauben zu beschädigen? Eine *religionsgeschichtliche Deutung* will in Gen 22 das Verbot von Kinderopfern erkennen, insofern im Alten Orient solche Opfer üblich waren, um sich vor extremen Gefahren zu schützen. Diese Deutung kann einerseits auf eine entsprechende Praxis des Königs Manasse (2 Kön 21,6) oder auf die Anklage Jeremias (Jer 7,30f) verweisen, andererseits auf das entsprechende Tora-Verbot in Lev 20,2 und Dtn 18,10:

> Lev 20₂ Du sollst zu den Söhnen Israel sagen: Jedermann von den Söhnen Israel und von den Fremden, die in Israel als Fremde wohnen, der eines von seinen Kindern dem Moloch gibt, muss getötet werden; das Volk des Landes soll ihn steinigen. ₃ Und ich werde mein Angesicht gegen diesen Mann richten und ihn aus der Mitte seines Volkes ausrotten, weil er eines von seinen Kin-

---

[8] Immanuel Kant, Werke in zehn Bänden, hg. von W. Weischedel, Darmstadt 41983, Bd. 9, 333 (Anm.); vgl. ders., Die Religion innerhalb der Grenzen der bloßen Vernunft, in: ders., a.a.O., Bd. 4, 645-879, hier: 861.

dern dem Moloch gegeben, mein Heiligtum unrein gemacht und meinen heiligen Namen entweiht hat.

Aber: Gen 22 polemisiert gerade nicht explizit und generell gegen Menschen- und Kinderopfer. Dafür, dass diese Erzählung die Ablösung von Kinderopfern durch Tieropfer in Israel begründen wolle (René Girard), spricht wenig.

Eine andere Deutung erklärt die Erzählung *paradigmatisch-bildhaft*: Habe Gott in Gen 12,1-4a von Abraham verlangt, dass er das Vergangene hinter sich lasse, so in Gen 22, dass er Gott seine ganze Zukunft (= Isaak) gebe. Dafür werde er nach Gen 22,15-18 überreich beschenkt. Gen 22 sei also eine "Glaubensprüfungs-Erzählung", und so beginnt sie ja auch: "Und es geschah nach diesen Dingen, da *prüfte* Gott den Abraham..." (Gen 22,1a). Gerne wird darauf verwiesen, welch feine Leserlenkung die ganze Erzählung durchziehe, eine Lenkung, die den Leser als einen "Mehr-Wissenden" die Erzählung lesen/hören lasse, "dass Gottes Güte, obwohl von dem Betroffenen kaum zu spüren, doch über dem Geschehen waltet"[9].

Bleibt festzuhalten, dass der Sohn, der Träger der Verheißung, gerade *nicht* geopfert wird – und das auf ausdrücklichen Befehl Gottes:

> Gen 22,11 Da rief ihm der Engel YHWHs vom Himmel her zu und sprach: Abraham, Abraham! Und er sagte: Hier bin ich! 12 Und er sprach: Strecke deine Hand nicht aus nach dem Knaben, und tu ihm nichts! Denn nun habe ich erkannt, dass du Gott fürchtest, da du deinen Sohn, deinen einzigen, mir nicht vorenthalten hast.

"Gott gab sich unerhört hart, ja grausam. Er verlangte von Abraham, dass er sein Ein und Alles hergebe, stellte ihn vor die unmenschliche Entscheidung zwischen Gottesliebe und Vaterliebe. Der geforderte Gehorsam bedrohte die Verheißung – genau wie der verweigerte Gehorsam sie bedrohte. In diesem paradoxen Widereinander drohte Abraham zu verglühen. Doch er hielt stand. Er konnte Gott gehorchen und musste doch seinen Sohn nicht töten. Gott wollte nicht vernichten, er wollte prüfen."[10]

Alle Deutungsversuche bleiben so frag-würdig, wie die biblische Erzählung von

---

[9]   Dietrich/Link, Die dunklen Seiten Gottes, Bd. 2, 78; vgl. auch Erich Auerbach, Mimesis. Dargestellte Wirklichkeit in der abendländischen Literatur, Tübingen/Basel 1946 u.ö., 5-27.
[10] Dietrich/Link, Die dunklen Seiten Gottes, Bd. 2, 80.

Isaaks "Beinahe-Schlachtung" selbst frag-würdig ist. So bleiben also Fragen: Ist das ein mündiger Glaubensgehorsam? Wer denkt sich solch eine Erzählung aus, um paradigmatisch-bildhaft Gottesfurcht und Glaubensgehorsam narrativ darzustellen?! Welches Gottesbild steht dahinter, welche Erfahrungen mit "Gott"?![11] Ist der 1987 veröffentlichte Dreizeiler von *Karl Lubomirski*[12] mit dem Titel "Zu Tal" etwa eine "Lösung"?

Abraham schritt hinter Isaak
auf den Schultern
seinen toten Gott.[13]

Gott ist tot und dem Menschen für immer verloren. Gen 22 – eine Erzählung, *die* Erzählung vom "Tod Gottes"?! Er-Innerung an Ludwig Feuerbachs Religionskritik[14] und Friedrich Nietzsches "Der tolle Mensch"[15] stellt sich ein. Immer wieder hat Gen 22 SchriftstellerInnen und DichterInnen, Philosophen und Psychologen herausgefordert[16].

Gen 22, in der jüdischen Tradition "Bindung Isaaks" genannt ("Akeda"; vgl. Gen 22,9)[17], wird als "Urbild" der Glaubens- *und* Leidensgeschichte Israels gele-

---

[11] Vgl. dazu bes. Tillmann Moser, Gottesvergiftung, Frankfurt/M. 1976 (stb 533), 20f.

[12] Geb. 1939 in Hall (Tirol), lebt seit 1962 in Mailand (Italien). Seine Werke sind in elf Sprachen übersetzt. Er veröffentlichte u. a. die Lyrikbände "Stille ist das Maß der Weite" (1973); "Blick und Traum" (1981); "Licht und Asche" (1987); "Das Ausbleiben" (1993). Zuletzt erschienen "Cendre et Lumière" (deutsch/französisch, 1997); "Gegenstunde" (1998); "Propyläen der Nacht" (Gedichte 1960-2000) und ein Band mit Erzählungen "Bagatellen" (1990).

[13] Karl Lubomirski, Licht und Asche, Wien 1987, 79.

[14] Vgl. Ludwig Feuerbach, Das Wesen des Christentums (1841), in: Gesammelte Werke, hg. von W. Schuffenhauer, Bd. 5, Berlin 1973.

[15] Vgl. Friedrich Nietzsche, Die fröhliche Wissenschaft (1882), in: Kritische Studienausgabe, hg. von G. Colli und M. Montinari, Bd. 3, Neuausgabe: München/Berlin 1999, 480-482 (§125).

[16] Zur vielfältigen Rezeptionsgeschichte von Gen 22, insbesondere in der Literatur vgl.: Peter Tschuggnall, Das Abraham-Opfer als Glaubensparadox. Bibeltheologischer Befund – Literarische Rezeption – Kierkegaards Deutung, Frankfurt/M. 1990 (EHS 23/399); ders., Abrahams Opfer – eine anstößige Erzählung über den Glauben? Dichterische Varianten – Philosophische und psychologische Rezeption – Literaturwissenschaftliche und theologische Befragung, in: ZRGG 46 (1994) 289-318; ders., Abraham-Isaak-Opferung, in: Heinrich Schmidinger (Hg.), Die Bibel in der deutschsprachigen Literatur des 20. Jahrhunderts, Bd. 2: Personen und Figuren, Mainz 1999, 92-107.

[17] Zur jüdischen Auslegung von Gen 22 vgl. bes.: Günter Stemberger, Die Patriarchenbilder der Katakombe in der Via Latina im Lichte der jüdischen Tradition, in: ders, Studien zum rabbinischen Judentum, Stuttgart 1990 (SBAB 10), 89-176, hier: 138-166.

sen.[18] Nach der Shoa wird Isaaks Beinahe-Opferung zur vergegenwärtigenden Erinnerung an die Vernichtung der Juden in Europa, und die darin – anders als in der Theodizee – topisch gestellte Frage, *wo* Gott ist, ist jetzt unausweichlich[19]. (Oder müssten wir hier nicht doch den missverständlicheren Begriff "Holocaust" – biblisch für "Brandopfer" – verwenden?[20]) Elie Wiesel, ein Überlebender aus Auschwitz, deutet "Isaaks Opferung" im Blick auf den Namen "Isaak" so:

"Zu allen Jahrhunderten und fast allenthalben (werden) das Thema und der Begriff 'Opferung Isaaks' benutzt, um die Zerstörung und das Verschwinden unzähliger jüdischer Gemeinden zu umschreiben. Ob es Pogrome oder ob es Kreuzzüge, Massaker und Katastrophen sind, ob die Vernichtung durch das Schwert oder durch das Feuer erfolgt, es ist immer Abraham, der seinen Sohn von neuem zum

---

[18] Vgl. dazu Willem Zuidema (Hg.), Isaak wird wieder geopfert. Die "Bindung Isaaks" als Symbol des Leidens Israels. Versuche einer Deutung, Neukirchen-Vluyn 1987; Kundert, Die Opferung/Bindung Isaaks, Bd. 1 und 2. Zur literarischen Rezeption von Gen 22 im Judentum vgl. bes. Peter Tschuggnall, Der gebundene Isaak. "Isaaks Opferung" in der modernen jüdischen Literatur, in: ZThK 114 (1992) 304-316. – Gen 22 spielt auch in der Liturgie Israels (z.B. am 2. Neujahrstag) eine große Rolle und wird von vielen Juden im täglichen Morgengebet rezitiert; vgl. Michael Brocke, Art. Isaak III, in: TRE 16 (1987), 298-301, hier: 300.
[19] Ich nenne zwei "Texte". Elie Wiesel: "Ani maamin" ["Ich glaube"] (in: ders., Jude heute. Erzählungen, Essays, Dialoge, Wien 1987, 217-265), ein dramatischer Gesang im Anschluss an Maimonides' dreizehnten Glaubensartikel "Ich glaube an das Kommen des Messias...". Ich dokumentiere aus einem Wort Isaaks an und vor Gott aus dem Anfang des Gedichtes (ebd. 223) und einen Text des kommentierende Chores (ebd. 241; vgl. dazu Gen 22,14: Abraham nannte jenen Ort JHWH-Jire [= YHWH sieht], wie man noch heute sagt: Auf dem Berg ließ YHWH sich sehen.): [*Isaak:*] "Erinnerst du dich an die Akeda? / Dort unten, auf dem Moria? / War ich der einzige, den du fordertest / Als Holocaust. (...) [*Chor:*] Gott schweigt. / Gott sieht zu. / Gott ist, / Ist Blick. / Gott sieht zu, / Sieh Gott an." – Das Gedicht "Landschaft aus Schreien" von Nelly Sachs (1891-1970), in: dies., Fahrt ins Staublose. Die Gedichte der Nelly Sachs, Frankfurt/M. 1961 u.ö., 221-223: "In der Nacht, wo Sterben Genähtes zu trennen beginnt, / reißt die Landschaft aus Schreien / den schwarzen Verband auf, // Über Moria, dem Klippenabsturz zu Gott, / schwebt des Opfermessers Fahne / Abrahams Herz-Sohn-Schrei, / am großen Ohr der Bibel liegt bewahrt. // O die Hieroglyphen aus Schreien, / an die Tod-Eingangstür gezeichnet. // (...) Ascheschrei aus blindgequältem Seherauge – / O du blutendes Auge / in der zerfetzten Sonnenfinsternis / zum Gott-Trocknen aufgehängt / im Weltall –."
[20] Der Begriff "Shoa" (hebr.: Katastrophe, Verwüstung, Vernichtung) wird heute dem von Elie Wiesel eingeführten Begriff "Holocaust" deshalb vorgezogen, weil letzterer leicht an die Shoa als ein Gott wohlgefälliges Brandopfer denken ließe; vgl. dazu Christoph Münz, Der Welt ein Gedächtnis geben. Geschichtstheologisches Denken im Judentum nach Auschwitz, Gütersloh 1995, 100-110.

Opferaltar führt. (...) Warum trägt Isaak, das Urbild unseres tragischen Schicksals, einen so unpassenden Namen, einen Namen, der Lachen bedeutet und Lachen auslöst? Dies ist der Grund: Als erster Überlebender lehrt er die Überlebenden der künftigen jüdischen Geschichte, dass es möglich ist, ein ganzes Leben lang zu leiden und zu verzweifeln und dennoch nicht auf die Kunst des Lachens zu verzichten. Sicher vergisst Isaak niemals den Schrecken jener Szene, die seine Jugend zerstört hat. Er wird sich immer an den Holocaust erinnern und bleibt gezeichnet bis an das Ende der Zeiten. Aber trotzdem ist er fähig zu lächeln, und lächelt auch. Trotzdem."[21]

Und "trotzdem": Nach Auschwitz sind alle beschwichtigenden Deutungsversuche von Gen 22 fraglich geworden, und die Frage, wie diese Erzählung von der Beinahe-Ausrottung Isaaks, der Zukunft Israels, dann *heute* gelesen und überhaupt noch verstanden werden kann, ist eine abgründig-bodenlose Frage geworden.

Eine Antwort auf das eingangs in Frage gestellte Tagesthema *"Der vernichtende Gott"*? Ich weiß sie nicht – auch nicht, ob eine Antwort darin liegen kann, dass bereits Paulus den Kreuzestod Jesu in der Sprache von Gen 22,12.16 deutet: *Gott, "der doch seinen eigenen Sohn nicht verschont, sondern ihn für uns alle hingegeben hat: Wie wird er uns mit ihm nicht auch alles schenken?"* (Röm 8, 32)[22] Das Judentum hat sich seit der Antike trotz eigener zaghafter Versuche in Richtung des Gerichts- und Sühnegedankens (vgl. bes. Jes 53,6 und Jub 18) immer heftig gegen eine solche christliche Vereinnahmung der "Bindung Isaaks" gewehrt[23]. Ich weiß ehrlich nicht, ob diese seit der typologisch-allegorischen Deutung der Kirchenväter und der Biblia-Pauperum des Mittelalters, in der Isaaks Opferung durchgehend als Typos in Bezug zum Kreuzestod Jesu gesetzt wird[24],

---

[21] Elie Wiesel, Die Opferung des Isaak: Geschichte eines Überlebenden, in: ders., Adam oder das Geheimnis des Anfangs. Legenden und Porträts, Freiburg i.Br. u.a. 1994 [Herder-Spektrum 4249], 75-105, 99.101. Der Name "Isaak" bedeutet "Gott lächelt" (ergänze: dem Kinde zu), vgl. Gen 17,17; 18,12-15; 21,6.9; 26,8.

[22] Vgl. bes. David Lerch, Isaaks Opferung christlich gedeutet. Eine auslegungsgeschichtliche Untersuchung, Tübingen 1950 (Beiträge zur historischen Theologie 12).

[23] Vgl. Stemberger, Die Patriarchenbilder der Katakombe in der Via Latina im Lichte der jüdischen Tradition, 164f.

[24] Vgl. dazu: LCI 2 (Rom u.a. 1970), 352-354; Ute Schwab, Zum Verständnis des Isaaks-Opfers in literarischen und bildlichen Darstellungen des Mittelalters, in: FMSt 15 (1981) 435-494.

heute überhaupt noch eine "Lösung" sein kann. Halsen wir Christen uns damit nicht ein "ungeheuerliches" Problem auf? Denn dieses traditionale christologisch-soteriologische Verständnis von Gen 22 (vielleicht auch in Röm 5,9 sowie Joh 1, 29; 3,16) gäbe dem Tagesthema *"Ein Gott, der tötet"* eine neue christologisch-provokante Berechtigung, insofern als jetzt die Frage nach dem Kreuzestod Jesu als eines *gott*-gewollten und *gott*-wohlgefälligen Sühne-Opfers unter diesem Thema neu zu stellen wäre.

Ich breche hier – nicht nur aus Zeitgründen – ab ...

II. Ein Gott, der leidet

Mit dem heutigen Tagungsthema *"Ein Gott, der leidet"* tue ich mich nicht weniger schwer als mit dem ersten, allerdings aus einem ganz anderen Grund: nicht, weil es mir hier wie beim ersten Thema, insofern ich als Theologe und gläubiger Christ spreche, letztlich um die In-Frage-Stellung des Tagesthemas gehen muss, sondern gerade weil das heutige Tagesthema gleichermaßen ins Zentrum des christlichen Glaubens, die "theologia crucis", vorstößt und von existentieller Tiefe ist. Kann die theologische Herausforderung und existentielle Tiefe des Themas in einem kurzen Statement dargestellt werden, ohne sich Missverständnissen auszusetzen, zumal das Thema *"Ein Gott, der leidet"* nicht anders als im Kontext der weiten und verwickelten Theodizee-Frage behandelt werden kann?! Ich will es versuchen.

1. Theodizee – oder: "die Sache Gottes verfechten"?

Im Jahre 1941 schreibt Dietrich Bonhoeffer (1906-1945), noch in Freiheit, in einem Brief an die Familie seiner Schwester in bekenntnishaftem Ton:

> "Es gibt so viele Erfahrungen und Enttäuschungen, die dem Nihilismus und der Resignation bei empfindsamen Menschen einen Weg bahnen. So ist es gut, früh genug zu lernen, dass Leiden und Gott kein Widerspruch ist, sondern vielmehr eine notwendige Einheit; für mich ist die Idee, dass Gott selbst leidet, immer eine der überzeugendsten Lehren des Christentums gewesen. Ich denke, Gott ist dem Leiden näher als dem Glück, und Gott auf diese Wei-

se zu finden, gibt Frieden und Ruhe und ein starkes und mutiges Herz..."[25]
Dass Gott sich nicht als der im Leben eines Menschen erweist, als der er sich in der Heiligen Schrift - Ihn buchstäblich bei seinem Wort nehmend! - offenbart, nämlich als Heiland und Erlöser, als Befreier und Retter des bzw. der Menschen: dass also der Glaube insbesondere angesichts unverschuldeter Not und unverschuldeten Leidens in einer "schmerzenden Erfüllungslücke" lebt und Lügen gestraft zu werden scheint, evoziert unausweichlich die Frage, wie Gott angesichts seiner Ohnmacht in der Welt gedacht werden muss, damit er nicht "abhanden" kommt. Mit Georg Büchner (1813-1837) bleibt die Frage, warum Menschen leiden, "der Fels des Atheismus" [26].

Damit ist eine alte, Menschen seit jeher betreffende Fragestellung benannt, für die die abendländische Geistesgeschichte seit *Gottfried Wilhelm Leibniz* (1646-1716) in Anlehnung an Röm 3,5 den Begriff *"Theodizee"* eingeführt hat, und für die sich bei *Immanuel Kant* eine klassische Formulierung aus dem Jahre 1793 findet:

Theodizee ist "die Verteidigung der höchsten Weisheit des Welturhebers gegen die Anklage, welche die Vernunft aus dem Zweckwidrigen in der Welt gegen jene [scil.: Weisheit des Welturhebers] erhebt. Man nennt dieses, die Sache Gottes verfechten; ob es gleich im Grunde nichts mehr als die Sache unserer anmaßenden, hiebei aber ihre Schranken verkennenden, Vernunft sein möchte (...)."[27]

Alle Versuche, die Allmacht, die Liebe und die Verständlichkeit Gottes zu harmonisieren, scheitern; denn nur zwei dieser drei Attribute sind zusammen denkmöglich, eines muss immer ausgeschlossen werden. Will man dieser bohrende Frage, wie Gott und das Leid(en) zusammengehen, aber nicht auszuweichen,

---

[25]   Dietrich Bonhoeffer, Konspiration und Haft 1940-1945, herausgegeben von J. Glenthøj (†), U. Kabitz und W. Krötke, Gütersloh 1996 (DBW 16), 275 (bzw. 759).
[26]   Die Metapher hat Büchner in seinem Revolutionsdrama "Dantons Tod" (1835) dem Revolutionär Payne in den Mund gelegt: "Man kann das Böse leugnen, aber nicht den Schmerz; nur der Verstand kann Gott beweisen, das Gefühl empört sich dagegen. Merke es dir (...): warum leide ich? Das ist der *Fels des Atheismus*. Das leiseste Zucken des Schmerzes, und rege es sich nur in einem Atom, macht einen Riß in der Schöpfung von oben bis unten" (3. Akt, 1. Szene).
[27]   Immanuel Kant, Über das Mißlingen aller philosophischen Versuche in der Theodizee (1793), in: ders., a.a.O., Bd. 9, 105-124, Zitat: 105.

dann kann es nicht darum gehen, diese Spannung irgendwie aufzulösen. Es kann nur darum gehen, Wege aufzuzeigen, die *in* der dialektischen Erfahrung von Hoffen im Leiden, von Vertrauen in der Verzweiflung, von der Kraft in der Ohnmacht und von der Größe in der Niedrigkeit liegen.

2. *Wo* ist Gott?

Vor dem Hintergrund der abendländischen Theodizee-Frage ist für mich als christlicher Theologe ein Blick auf die "erlittene Theologie" Israels weiterführend, weil sie unsere Frageperspektive *"Ein Gott, der leidet"* in einem wesentlichen Aspekt neu positioniert und damit theologisch und spirituell weiterführend ist.[28]

Was einer christlich-abendländischen Theologie, die Gott (nur oder vornehmlich) als den allmächtigen kennt, zunächst undenkbar erscheinen mag, nämlich dass Gott mit den Menschen leidet, hat das talmudische Israel als leidvolle Frucht seiner vielfältigen Katastrophenerfahrung in einer *Korrelationstheologie* ausgedrückt. Es ist dies eine dogmatischer Spekulation vielleicht fremde und doch so konsequent *theo*-logische, d.h. auch *in* der Not Gott denkende, Weise. Es ist auffallend und kennzeichnend für jüdisches Gott-Denken, dass sich ihm angesichts der Not und des Leides zwei Fragen, die für das griechische und neuzeitliche Denken so prägend geworden sind, eben nicht stellen: nicht die Frage, *ob* denn ein Gott angesichts des Leid(en)s überhaupt existiert, und nicht die Theodizeefrage, *wie* denn ein Gott angesichts des Leid(en)s als gut und weise zu denken sei. Israel stellt diese beiden Fragen *nicht*, wohl aber die topische Frage, *wo* denn Gott angesichts des Leids sei. Hierfür ein Beispiel[29], und zwar aus dem Midrasch Hoheslied Rabba 5,2:

---

[28]   Ich kann Israels "erlittene Theologie" hier nur in Ansätzen darstellen; vgl. dazu und zu den Konsequenzen für unser christlichen Gott-denken angesichts des Leid(en)s: Heinz-Günther Schöttler, Christliche Predigt und Altes Testament. Versuch einer homiletischen Kriteriologie (Zeitzeichen 8), Ostfildern 2001, 459-479. 513-521.

[29]   Weitere Bespiele in Schöttler, Christliche Predigt und Altes Testament, a.a.O. (und in der dort angegebenen Spezialliteratur) und in: Clemens Thoma/Simon Lauer (Hgg.), Die Gleichnisse der Rabbinen, Erster Teil: Pesiqta deRav Kahana (PesK). Einleitung, Übersetzung, Parallelen, Kommentar, Texte (JudChr 10), Bern u.a. 1986, 139f.

"Rabbi Jannai liest te'omati (= meine Zwillingsschwester), als wenn Gott spräche: Ich bin nicht größer/älter als sie, sie ist nicht größer/älter als ich. – Rabbi Josua von Sichnin sagte im Namen des Rabbi Levi: Wenn ein Zwilling Kopfschmerzen hat, empfindet der andere mit ihm; so spricht auch der Heilige - gelobt sei er - (von Israel): Ich bin mit ihm in der Not (Ps 91,15)."[30]

Das kühne Bild der Zwillingsschaft drückt es eindeutig aus: Gottes Leiden ist ein *Mit*-Leiden mit den Menschen. Und es ist nicht ein Leiden um seiner selbst willen, sondern ein Leiden an der Welt, in der sich Seine Gerechtigkeit so wenig durchsetzen kann, dass Menschen leiden müssen, und er leidet mit. Gott leidet mit den Menschen an der Welt. Die Vorstellung des leidensfähigen Gottes, der hilfs-, erlösungs- und heilsbedürftig ist, sollte man nicht allzu schnell unter den Feuerbachschen Verdacht der Projektion stellen. Hier wird der Gottesbegriff aus transzendent-fernen Höhen in die leidvolle Geschichte des Volkes Gottes, der Menschen, "heruntergeholt", und diese Erfahrung führt zu dem, was ich mit *"Theo-Sympathetik"* bezeichnen möchte. Gewiss, keine "philosophisch/dogmatisch" hinreichende Antwort, aber eine Weise - nicht: Gott zu *verstehen*, so doch - mit Gott gerade auch da zu rechnen, wo aller Anlass bestünde, mit ihm - vielleicht endgültig - zu brechen, und wo jede Antwort verstummen muss, will sie den Menschen nicht ersticken.

Es kann hier nicht die ganze Breite wichtiger Texte aus der jüdischen Traditionsliteratur ausgebreitet werden. Der im Jahre 2002 allzu früh verstorbene evangelische Theologe Friedrich-Wilhelm Marquardt, ein unermüdlicher Pionier und theologischer Avantgardist des christlich-jüdischen Gesprächs[31], hat hierzu wichtige Texte aus der jüdischen Tradition kommentierend zusammengestellt: "Gott (...) lässt sich (...) die Not dieses Volkes so zu Herzen gehen, macht dessen Not

---

[30] Der Midrasch liest in Hld 5,2 "te'omati" (= meine Zwillingin) statt "tammati" (= meine Reine), wie der Masoretische Text punktiert. Für den uns oft als Wortspielerei vorkommenden Umgang des Talmud und Midrasch mit der Bibel ist folgendes hermeneutische Prinzip zu beachten: Für die rabbinische Schriftauslegung ist der reine Konsonantentext Offenbarungstext, also allein von Bedeutung. Diese eindeutige Zeichenfolge kann somit eine aus der Struktur der hebräischen Schriftsprache folgende vielfältige Bedeutung haben bzw. vermitteln.

[31] Vgl. Andreas Pangritz, "Auf einem Schul-Weg". Zu Friedrich-Wilhelm Marquardts Arbeit an der Erneuerung des christlich-jüdischen Verhältnisses, in: Kirche und Israel 17 (2002) 175-181.

so sehr zu der seinen, dass er nun in eine Korrelation zu diesem Volk gerät, die seit dem Bundesschluss vom Sinai schon immer angelegt, aber nun doch noch nicht zu einem Verhältnis totaler Gegenseitigkeit geworden war: so sehr, dass Gottes Heil und das Heil dieses Volkes sich auf Gedeih und Verderb zusammenketteten. Diese Korrelation ist in Israel keine ontologische, also keine ursprüngliche, sie ist eine geschichtliche Wirklichkeit gegenseitiger Erwählung, und sie ist das Verhältnis jener Not, jenes Schmerzes, die Gott und Israel miteinander unter den Völkern und aneinander in ihrem gemeinsamen Elend erleiden: die Not der Gola, solange sie währt (...) Der Midrasch LevR 6 hat (...) den Bund als einen Vertrag auf Gegenseitigkeit gedeutet, 'dass sie - Gott und Israel - einander nie verleugnen'. Auf die Höhe getrieben wird diese Korrelation aber in dem Satz (aus Pesiqta Rabbati 70b): 'Gott und Israel sind Zwillinge'. Sie halten nicht nur einander fest - sie gleichen einander: 'Er ist wie du' - nein, nicht in analogia entis, wohl aber: Er ist wie du dran, in der gleichen Lage wie du. Also auch Er: *hilfs*bedürftig, so dass es in der Mekhilta zu Ex 15,7 heißt: 'Wer Israel hilft, kommt (eben damit) gleichsam Gott zur [sic!] Hilfe', - *erlösungs*bedürftig, darum kann und muss es in der Mekhilta zu Ex 12,4 heißen: 'Als Gott Israel aus Ägypten erlöste, erlöste er sich selbst mit ihnen', - *heils*bedürftig: ist auf den Begriff gebracht in LevR 9: 'Gottes Heil liegt im Heil Israels.' - Darum kann, was immer im großen und kleinen Israel widerfährt, direkt als Gott widerfahren gedacht werden ... Israel *weiß* um das (auch theologisch) Unglaubliche dieser Zwillingschaft, aber besteht darauf, dass Gott selbst sich beim Bundesschluss an Israel eben dazu 'verkauft' hat. 'Ist euch je ein Kauf vorgekommen, wo mit dem Gegenstand der Käufer selbst zugleich mit erhandelt wird? Gewiss nicht? Ich aber, spricht Gott, habe euch meine Tora verkauft und bin mit ihr mit verkauft' (LevR 34) (...) Dieser Gott ist berührbar von seinem Volk bis in das Wesen seiner selbst. So unterscheidet er sich vom abgöttischen Wesen eines akineton kinun [Anm. HGS: unbewegten Bewegers[32]]. In seiner Berührbarkeit teilt er jene Entfremdung, die die Gola bedeutet, und zwar auch er in der Gestalt einer Selbstentfremdung, in der er so wenig bei sich selbst ist wie sein jüdisches Volk. Mit der theologischen Formel vom 'eschatologischen Vorbehalt' wird bisher nur die Dif-

---

[32] Vgl. Aristoteles, Metaphysik XII, 1072a, 25.

ferenz zwischen einem Doch-schon und Noch-nicht in der Identität des Gottesvolkes bestimmt. Das Judentum aber hat eine Erfahrung von einem solchen Vorbehalt Gottes gegen sich selbst. Auch er ist noch nicht, was er sein will und einst sein wird ... Gott ist nicht nur mit Israel unterwegs, er selbst ist ein Wesen auf dem Wege ... Das ist die Kritik jener Omnipotenz, Aseität, Selbstherrlichkeit des theologischen Gottesbegriffs, gegen die ein Atheismus schon immer protestiert hat - und Israel weiß: mit wieviel Recht!"[33]

3. Eine aufschlussreiche religionsgeschichtliche Zwischenbemerkung

Clemens Thoma, im christlich-jüdischen Dialog engagierter Bibelwissenschaftler, macht im Blick auf diese jüdische Deutung des rätselhaft und hilflos wirkenden Gottes auf eine auffallende Parallele aufmerksam, dass nämlich Gott sowohl nach christlicher als auch nach rabbinischer Auffassung "zweipolig" sei: "Fast alles, was die Christen vom inkarnatorischen Gott in Christus verkündigt haben, haben Rabbinen etwas später von Gott selbst gesagt. Der einzige Unterscheid ist der, dass Gott nach rabbinischer Auffassung nicht Mensch geworden ist. Entscheidend ist, dass Gott nach rabbinischer Auffassung *zweipolig* ist. Er ist hoch *und* niedrig, Herr *und* Bruder, im Himmel *und* auf Erden (...), glückselig *und* von Leid betroffen, allmächtig *und* hilfsbedürftig, unendlich *und* endlich ..."[34].

Thoma führt dies mit Recht auf die jüdisch-christliche Rivalitätsgeschichte der ersten Jahrhunderte unserer christlichen Zeitrechnung zurück.[35] Die exzessiv wir-

---

[33] Friedrich-Wilhelm Marquardt, Die Gottesfrage des Exils und der Atheismus heute, in: R. Zerfaß/H. Poensgen (Hgg.), Die vergessene Wurzel. Das Alte Testament in der Predigt der Kirchen, Würzburg 1990, 120-142, Zitat: 122.136-139.

[34] Thoma, Gott im Unrecht, a.a.O., 96.

[35] Dies wird durch neueste jüdische religionsgeschichtliche Untersuchungen bestätigt, die darauf aufmerksam machen, dass Verwandtschaftsmetaphern wie "Mutter-Tochter", "Geschwister", "Schwestern", "Zwillinge", in denen traditional das Verhältnis zwischen Judentum und Christentum beschrieben wird, dem Prozess der ersten Jahrhunderte nach unserer christlichen Zeitrechnung nicht gerecht wird. So spricht etwa Daniel Boyarin, Professor of Talmudic Culture an der Universität von Kalifornien (Berkeley), vom Judentum und Christentum als zwei "gemeinsam aufstrebenden Religionsgemeinschaften" (ders., Als Christen noch Juden waren. Überlegungen zu den jüdisch-christlichen Ursprüngen, in: Kirche und Israel 16 [2002] 112-129). Daniel Boyarin argumentiert, dass das Resultat der umfangreichen Umwälzungen im Judentum der Zeit des zweiten Tempels zwar im Ergebnis zwei neue, klar voneinander unterschiedene Gemeinschaften waren, nämlich das rabbinische Judentum einerseits und das Christentum

kende Verkündigung vom leidenden, mitleidenden, sterbenden und wieder lebendigen Gott durch die frühen Christen habe die Rabbinen herausgefordert, den Gott Israels in ähnlichen bipolaren Kategorien auszusagen.

4. Ein neuer Blick auf die christliche "theologia crucis"

Darum also geht es in dem Theologumenon vom leidenden Gott, nämlich seine "menschliche" Nähe und seine Mitleidensfähigkeit angesichts seines Gott-Bleibens zu reklamieren und sie auch entsprechend auszudrücken. Von daher fällt neues Licht auf *das* christliche Theologumenon der "theologia crucis", von dem *Dietrich Bonhoeffer* (1906-1945) in einem Tegeler Gefängnisbrief vom Juli 1944 an seinen Freund Eberhard Bethge (1909-1999) schreibt:

"Es ist Matthäus 8,17 ganz deutlich, dass Christus nicht hilft kraft seiner Allmacht, sondern kraft seiner Schwachheit, seines Leidens! Hier liegt der entscheidende Unterschied zu allen Religionen. Die Religiosität des Menschen weist ihn in seiner Not an die Macht Gottes in der Welt, Gott ist der deus ex machina. Die Bibel weist den Menschen an die Ohnmacht und das Leiden Gottes; nur der leidende Gott kann helfen."[36]

---

andererseits. Von einem radikalen Bruch zwischen 'Judentum' und 'Christentum' könne man aber im 1. Jh., der Zeit, in der sich das Neue Testament herausbildete, noch nicht sprechen. In der Welt des Judentums im 1. Jh. habe es viele Sekten gegeben, die um den Titel des wahren Israel und des wahren Interpreten der Tora wetteiferten. Die Form des Judentums, die das Saatbeet jenes Phänomens war, das dann zur Kirche wurde, sei eine jener Sekten gewesen. Verwandtschaftsmetaphern aber suggerierten "parallele und substantiell separate historische Verläufe". Zur Beschreibung der Zusammenhänge seien deshalb solche Modelle tragfähiger, die von gemeinsamen und kreuz und quer verlaufenden Linien der Geschichte und religiösen Entwicklung ausgehen. Kulturen seien ja niemals festgelegte und singuläre Entitäten. Es gebe vielfältige Zeugnisse für kulturelle Interaktion und gemeinsame religiöse Entwicklung. "Man konnte", so Daniel Boyarin, "von einem rabbinischen Juden zu einem Christen entlang einem Kontinuum reisen, ohne genau zu wissen, wo der eine begann und der andere aufhörte." Als Fazit formuliert Daniel Boyarin: "Es scheint vernünftig zu vermuten, dass nicht vor dem 4. Jh., als das Christentum die hegemoniale Religion des Imperiums wurde und die christliche 'Orthodoxie' entstanden war, das rabbinische Judentum sich festigte und hervortrat mit seiner eigenen Orthodoxie und Hegemonie, als Judentum tout court" (ebd. 127).

[36] Dietrich Bonhoeffer, Widerstand und Ergebung. Briefe und Aufzeichnungen aus der Haft, hg. von Chr. Gremmels, E. Bethge und R. Bethge, Gütersloh 1998 (DBW 8), 534. Damit nennt Bonhoeffer den tiefsten Grund, dass das Christentum um seiner Identität willen unterscheiden muss zwischen "Religion" und "Glaube", vgl. hierzu: Heinz-Günther Schöttler, "... von der Welt durch

Gott leidet in Christus *in* den Leidenden! Bleibt Mit-Leiden immer etwas von *außen* Kommendes, so ist Gottes Leiden ein *in*-wendiges Leiden. "Gott hört die Schreie in Christus nicht nur von außen, sondern auch von innen."[37] Dies ist eine letzte Konsequenz aus der Vorstellung vom mitleidenden Gott. Der tiefe jüdische Urgrund des Gedankens vom "mitleidenden Gott" ist offenkundig, aber auch seine letzte Zuspitzung im Kreuz. Darin, dass die Schmerzen der Menschen die Schmerzen Gottes sind, liegt die tiefste Begründung aller menschlichen Solidarität, insofern die Begegnung mit den Leidenden Gottesbegegnung ist (vgl. Mt 25,35ff.).

Das göttliche In-Leiden ist nicht Schwäche Gottes, sondern Ausweis seiner unermesslichen Liebe und Lebenskraft. Denn die Rede von Gottes Ohnmacht in der Welt ist eine dialektische: "Von der Ohnmacht Gottes kann nur auf dem Hintergrund seiner Allmacht gesprochen werden; und von der Allmacht Gottes kann nur gesprochen werden, wenn auch von seiner Nicht-Macht in der Geschichte der Menschen die Rede ist."[38] Ohne die Allmacht Gottes gerät die Rede vom leidenden Gott zur deprimierenden Hoffnungslosigkeit, ohne den mitleidenden Gott ist die Rede von der Allmacht Gottes "nur eiskalte Sphärenmusik"[39].

5. Die Rede vom leidenden Gott und die (An-)Klagespiritualität des jüdisch-christlichen Gott-Denkens

In dieser Dialektik steht christlicher Glaube: Er sucht, in Gottes In-Leiden Trost zu finden, und darf, ja: muss, damit er nicht "erstickt", gleichzeitig-ungleichzeitig auch klagend-anklagend vor Gott treten dürfen, um an seine Verantwortung für den Menschen und an seine Hilfe zu appellieren. Erst diese Dialektik bzw. Spannung bringt einen lebenswichtigen Prozess in Gang, der aus der erstickenden Enge des Leidens befreit und eine andere Haltung dem Leiden gegenüber ermög-

---

nichts anderes getrennt als durch den Glauben" – Plädoyer für eine religionskritische Pastoraltheologie, in: Theologische Quartalschrift (Tübingen) 182 (2002) 101-127.

[37] Ottmar Fuchs, Christologische Karriere als Kehre in der Theodizee. Pastoraltheologische Aspekte, in: R. Hoppe/U. Bosse (Hgg.), Von Jesus zum Christus. Christologische Studien. FS für Paul Hoffmann, Berlin/New York 1998 (BZNW 93), 571-613, hier: 603.

[38] Fuchs, Christologische Karriere als Kehre in der Theodizee, a.a.O., 597.

[39] Fuchs, Christologische Karriere als Kehre in der Theodizee, a.a.O., 604.

licht. So wird die Isolation des Leidens gesprengt, und es tut sich ein Weg auf, der aus dem stummen Schweigen über die Kommunikation in der Klage, der nicht zuletzt die biblische Klagespiritualität zur Artikulation verhilft[40], hin zur Veränderung führt, sei es als Betroffene(r) in der Annahme - nicht: des Leidens!, sondern - der Ohnmacht und ihrer Überwindung in veränderten Strukturen, sei es als Nichtbetroffene(r) im solidarisch-mitleidenden Handeln. In diesem Prozess "Schweigen - (An-)Klage - Annahme und Überwindung der Ohnmacht" eröffnet sich eine neue Verheißungsperspektive in der schmerzenden "Erfüllungslücke", eine Perspektive, die keines falschen theologischen Pathos', keiner "hoffnungslosen" apologetischen Belehrung bedarf, weil sie Gott nicht "retten" und das Leid(en) nicht "gut-reden" muss.

Die christliche Rede vom Leiden Gottes muss von dem theologischen Korrelat begleitet sein, das die jüdisch-christliche Spiritualität auch kennt, nämlich dass Gott auch zur Verantwortung und Rechtfertigung aufzufordern ist. Sie muss ermutigen, ihm das Leid zu klagen, ja - ihn sogar anzuklagen, damit ein Mensch nicht vor Gott in Angst erstickt und seine Hoffnung sich verflüchtigt. Christliche Verkündigung wird also angesichts des Leid(en)s neben der schweigenden Demut und der Haltung menschlicher Selbstrücknahme (vgl. Ijob 42,2f; Röm 9,20) immer auch die biblische Klage- und Anklagespiritualität, wie sie etwa in den Klagepsalmen, dem Buch Ijob, Jes 63,7-64,11, aber auch in Jesu "Warum-Schrei" am Kreuz (Mk 15,34) ihre sprachlichen Symbolisierungen gefunden hat, als eine dem Glauben angemessene und nicht als religiös "unanständige", zweifelhafte oder geistlich nur unvollkommene Haltung darstellen.

---

[40] Vgl. dazu bes. Ottmar Fuchs, Fluch und Klage als biblische Herausforderung. Zur spirituellen und sozialen Praxis der Christen, in: BiKi 50 (1995) 64-75.

Theologie im Gespräch I[1]

(Prof. Dr. J. Christine Janowski, Prof. Dr. Heinz-Günther Schöttler, Ezzelino von Wedel)

von Wedel: Meine Damen und Herren, ich begrüße Sie zur ersten Podiumsdiskussion dieser dritten interdisziplinären Tage für neue Musik und Theologie hier in Kassel. Mein Name ist Ezzlino von Wedel; ich arbeite bei Radio Bremen. Diese Tagung steht unter dem Titel "Ein Gott, der tötet?" und entfaltet diese Fragestellung in den Medien Musik und Wort. Wir haben gestern abend eine musikalische Annäherung gehört, die Uraufführung von "Op F'arh" des Komponisten Ulrich Krieger, den ich hier begrüße, und heute vormittag geht es um eine erste theologische Annäherung, überschrieben mit dem Titel "Der vernichtende Gott". Auf dem Podium sind Frau Christine Janowski, Professorin für Dogmatik und Philosophiegeschichte in Bern, und Professor Heinz-Günter Schöttler, Bamberg, Pastoraltheologe und Kerygmatiker. [...] Beginnen wir jetzt mit den Impulsreferaten. Frau Janowski, darf ich Sie bitten, das Wort zu ergreifen.

[An dieser Stelle folgt der erste Teil des Beitrags von Christine Janowski, nachzulesen in diesem Band 59-80.]

von Wedel: Danke, Frau Janowski, für Ihre Thesen, und nun bitte ich Herrn Schöttler, darauf zu reagieren.

Schöttler: Ja, also es ist nicht eine direkte Replik[2], sondern ich möchte auch mal meine Thesen in den Raum stellen, und dann können wir ja drüber diskutieren.

---

[1] Die folgenden Wiedergaben der Gespräche (Theologie I und II, Musik I und II) sind nach Tonbandmitschnitten erstellt worden, die die Techniker vom Hessischen Rundfunk freundlicherweise angefertigt haben. Die Beiträge sind im wesentlichen wortgetreu übernommen worden, lediglich kleinere sprachliche Veränderungen wurden um einer leichteren Lesbarkeit willen vorgenommen. Auslassungen innerhalb der Wortbeiträge sind durch "[...]" kenntlich gemacht; Auslassungen von redundanten Phasen der Diskussion sind erkennbar an "[...]" vor einem neuen Beitrag oder in einer Zeile für sich; sinngemäße Ergänzungen der Stellen, die in der Wiedergabe nicht verstehbar oder um der besseren Verständlichkeit willen erforderlich waren, sind ebenfalls in eckige Klammern gesetzt (für die Hgg.: CD).

[2] Der von Heinz-Günther Schöttler für diesen Vormittag vorbereitete Text, von dem sein mündlicher Beitrag partiell etwas abweicht, ist in diesem Band auf S. 89-99 zu finden.

Ich kann nicht verhehlen, daß das Thema, was mir gestellt worden ist, mich befremdet - aufgrund von zwei Aspekten: zum einen, weil es ein Thema ist, das in meinem Erfahrungsbereich als gläubiger Christ nicht so im Vordergrund steht und so basal ist, wie es durch das Tagungsthema aussieht. Zum zweiten, weil ich mich bei der Vorbereitung ertappt habe, daß ich dieses Thema immer sehr schnell mit anderen Kategorien, die insbesondere die Bibel auch bereithält, mit lebensschaffenden, lebensförderlichen Bildern und Metaphern versuche auszugleichen. Von daher ist dieses Thema für mich eine Herausforderung. Ich möchte in meinem Anfangsstatement ein paar biblische Aspekte setzen, mit denen ich mich auch dem Thema aussetze, und möchte etwas stark machen dadurch, daß ich es nicht durch andere biblische Metaphern, die mir auch zuhauf zu Hand wären, relativiere.

1. Die Geburtsstunde des Monotheismus, an dem wir Christen auch partizipieren, vermittelt durch die Juden, ist das Israel im Exil. Eine wichtige Textbasis dieser Gotteserfahrung Israels im Exil ist der sog. Deuterojesaja, Jes 40-55. Es ist unbestritten heute unter den Religionswissenschaftlern und unter den Alttestamentlern, daß wir bei Deuterojesaja so etwas festmachen können wie die Geburtsstunde des Monotheismus, der für uns in christlicher Tradition ja eine zentrale Kategorie ist, um Gott zu denken. Aber ich möchte, und dann bin ich bei dem Thema, was mir gestellt ist, auch auf eine Gefahr oder, besser gesagt, eine Aporie hinweisen, die mit dem Monotheismus, d.h. daß Gott für alles dann auch in irgendeiner Weise verantwortlich ist, [zusammenhängt]. Und das wird nirgendwo deutlicher als in Jes 45,7. Ich lese dort. "Ich, der Ewige (das Tetragramm steht dort) töpfere das Licht - das ist das Bild für das Umgehen mit Ton gemeint - und erschaffe das Dunkel, ich bewirke das Heil und erschaffe das Unheil. Ich bin der Ewige, der das alles vollbringt." Der letzte Versteil ist das Bekenntnis zum Monotheismus. Das beinhaltet aber auch die Beantwortung der Frage, wie dann das Dunkel und das Unheil mit Gott in Verbindung gebracht werden können, wenn es nicht zwei Prinzipien gibt, ein negatives - ein positives, ein helles - ein dunkles, ein gutes - ein böses. Und dieser uns mit Namen nicht bekannte Prophet, so daß wir in der Theologie diesen Kunstnamen Deuterojesaja benutzen, verschärft dieses Problem theologisch, insofern er bei dem Dunkel und dem Unheil das Verb benutzt, das in der ganzen hebräischen Bibel nur dann benutzt wird, wenn das analogielose und einzigartige Schaffen Gottes gemeint ist. Also: *bereschit bara elohim* - "Am

Anfang schuf Gott Himmel und Erde". Dieses Verb *bara* ist in der ganzen hebräischen Bibel reserviert für das Schaffen Gottes, also für die Schöpfung Gottes.
Es wird nie benutzt, wenn es um das Schaffen des Menschen geht, und das verschärft die Frage nochmal, die ich gestellt habe. Hier sagt dieser Theologe, und
er stößt damit, glaube ich, an Abgründe des monotheistischen Glaubens: Ja, dann
ist Gott so, wie er Schöpfer ist, auch verantwortlich für das Dunkel und das Unheil in der Welt. Interessant ist: Bei dem Satzteil "ich bewirke das Heil" benutzt
Deuterojesaja das Allerweltswort "machen, tun, stellen" - ponere, würden wir im
Lateinischen sagen. Damit müssen wir uns auseinandersetzen; ich möchte das nur
als eine These in den Raum stellen, an der wir Christen uns abzuarbeiten haben.
Ich möchte in meinem Referat noch keine Antwort darauf geben. Ich habe auch
keine Antwort, aber auch noch keine Antwortperspektive.
2.) Ein zweites, und das ist auch ein Text in der Schrift, den ich jetzt einfach
durch mein Referat rhetorisch stark machen möchte, damit wir uns da auch gemeinsam abarbeiten, finde ich in Hi 5,17-19. Sie kennen alle dieses Hiobbuch,
Hiob und seine Freunde, jeder Freund vertritt so unterschiedliche theologische
Modelle, mit denen er erklären will, was so unbegreiflich dem Hiob geschehen
ist. Das Ergebnis ist ja nicht, daß die Freunde dem Hiob das Problem lösen, sondern Hiob irgendwann auch sagt: "Ich kann euer Geschwätz" - das heißt euer
theologisches Gerede - "nicht mehr ertragen", und dann das Hiobbuch eine Lösung findet, die dann für uns heute auch wieder schwer nachzuvollziehen ist: der
Appell an die Schöpfermacht Gottes. In der ersten Rede des Eliphas - aus der ist
5,17-19 genommen - heißt es: "Ja, wohl dem Menschen, den Gott zurechtweist.
Die Zucht des Allmächtigen verschmähe nicht! Denn er" - der Allmächtige -
"verwundet, und er verbindet, er schlägt, doch seine Hände heilen auch. In sechs
Drangsalen wird er dich retten, in sieben rührt kein Leid dich an." Da ist diese
Kategorie: der schlagende, der gewalttätige, der verletzende, der das Leben, das
er den Menschen geschenkt hat, bedrohende Gott, ja wenn Sie so wollen, mit
dem Tagungsthema, der tötende Gott - ist ein Pädagoge. Und akzeptiere die Pä-
dagogik Gottes, denn der Allmächtige, unbegreiflich, ist da am Werk. Das liegt
mir schwer im Magen, diese Stelle. Tut Gott Menschen weh? Verletzt er sie, damit sie ihm um so gehorsamer, um so untertäniger, um so unterwürfiger, um so
ehrfurchtsvoller, um so tremierender - tremendum - zudienen? Ich lasse auch das
mal als Frage.

Das war meine Ouvertüre. Zwei Bibelverse, mit denen wir uns auseinanderzusetzen haben. Sie sind nicht repräsentativ für biblische Aussagen über Gott, das muß ich nochmal sagen. Die andere Seite Gottes, die nicht das Tagungsthema ist heute, ist viel stärker, aber das steht auch in der Bibel, und das ist eine Konsequenz unserer Art und Weise Gott zu denken, wir sollten drüber sprechen. Ich möchte in den Mittelpunkt meines Statements zwei biblische Geschichten stellen, die sich auch in unserer christlichen Wirkungsgeschichte sehr tief eingeprägt haben in unser kulturelles Gedächtnis. Das ist Gen 22 und Ri 11. Gen 22 kennen Sie alle, die Opferung Isaaks, das Opfer Abrahams, oder, wie die Juden sagen, die *akedah* die Bindung Isaaks. Ich muß diese Geschichte nicht vorlesen, sie ist allen ganz tief ins kulturelle Gedächtnis eingekerbt, auch denen, die keine Christen mehr sind. Ich glaube, diese Geschichte ist Teil unserer abendländischen Kultur geworden. Dort bekommt Abraham, den nicht nur die Juden und die Muslime, sondern auch die Christen, nach Paulus, Römerbrief, den Vater im Glauben nennen, den göttlichen Auftrag, seinen Sohn als Brandopfer darzubringen. Wo in der Bibel ist in narrativer Metaphorik Gott gewalttätiger dargestellt als in dieser Geschichte? Es ist inhuman, denn der Tötungsbefehl wird von Gott in dieser Geschichte gegeben, auch wenn er im letzten Augenblick und um Wimpernschlag gerade noch recht[zeitig] genug zurückgenommen wird. Immanuel Kant, der Vertreter unserer humanistischen Aufklärung, sagt: Die Stimme, die Abraham zur Schlachtung seines Sohnes auffordert, kann unmöglich Gottes Stimme sein, da doch Gott der Garant jedes moralischen Systems, jeder Moralität überhaupt ist. Wir kommen mit diesem Stichwort Moralität und Moral der Antwort ein klein wenig auf die Spur. Die Stimme Gottes sei, so meint Kant, in Wirklichkeit die des Engels. Abraham habe sich am Anfang verhört. Aber das ist für mich keine zureichende Erklärung. Im biblischen Text steht es so, daß Gott Abraham diesen Auftrag gibt. Es gibt viele religionsgeschichtliche Deutungsversuche, die Gott ins Recht setzen wollen. Also mit dieser Geschichte habe Israel dem im Alten Orient üblichen Kult, um größte Gefahren abzuwehren und sie [davon abzubringen,] Kinder zu opfern, einen Riegel vorgeschoben. Das ist eine gängige exegetische Erklärung. Sie können nachlesen in 2 Kön 21,6: "Manasse ließ seinen Sohn durch das Feuer gehen", das ist: er brachte ihn als Opfer dar -, "trieb Zauberei und Wahrsagerei, bestellte Totenbeschwörer und Zeichendeuter. So tat er vieles, was dem Herrn mißfiel und ihn erzürnte" - ist nach dem deuteronomistischen Urteil das vernichtende Urteil über die Regierungszeit des Königs Manasse. Und die Exegese sagt, narrativ ist das in Gen 22 deutlich, nein, Kinderopfer sind kein dem Ewigen wohlgefälliges Opfer! Es wären noch viele andere Stellen zu nennen, die das belegen, aber damit ist für mich das Problem nicht gelöst! Wie kommen Menschen überhaupt auf die Idee, in diesem narrativen Gewand der Darbringung Isaaks Gott zu denken? Auf die Idee muß ich doch zunächst erst einmal kommen! Was ist das für ein Glaube, was ist das für eine Gottesbeziehung, was ist das für eine Erfahrung Gottes, daß Menschen überhaupt denken, daß Gott so etwas verlangt? Mir hilft auch nicht weiter, was René Girard [sagt] und was in der katholischen Dogmatik - der 70er Jahre bis heute - sehr wohlwollend aufgegriffen worden ist, daß durch die Opfer, besonders durch die Tieropfer, die Gewalttat unter den Menschen eingedämmt worden sei oder werden solle. Gen 22 bleibt mit seinem erschreckenden Gottesbild dennoch stehen. Die Auslegungsgeschichte hat einen paradigmatisch-bildhaften Erklärungsversuch unternommen. Und alle diese Erklärungsversuche zeigen mir, daß Menschen, Christen, mit dieser Geschichte nicht zurechtkamen, daß sie ihnen zutiefst zuwider war. Die paradigmatisch-bildhafte Erklärungsweise sagt: Da ist kein geschichtliches Ereignis erzählt, vielmehr soll die Gottesfurcht und der Gottesgehorsam Abrahams herausgestellt werden. Ein Abraham, ein gottesfürchtiger, der bereit ist, in diesem Isaak seine ganze Zukunft sozusagen Gott zu opfern, so wie in Gen 12,1 Abraham aufgefordert wird, seine Vergangenheit hinter sich zu lassen ("Geh, auf, zieh weg aus deinem Vaterland, deinem Vaterhaus"), so werde er hier in 22 aufgefordert, seine ganze Zukunft und damit sich selbst als Opfer darzubringen. Und dafür wird er in 22,15-18 ja reich beschenkt, ihm wird eine große Zukunft verheißen. Ich frage mich, ob das eine hinreichende Erklärung ist. Das Bild von Gott, das diese Geschichten fiktional entworfen haben, ist erschreckend genug. Der Moderator hat mir die Uhr gezeigt; gehorsam wie Abraham folge ich ihm.

von Wedel: Ich hatte bei Ihrem Referat, Frau Janowski, den Eindruck, Sie sagen: Alles Negative, was in dem Tagungsthema mitschwingt, ist sekundär; die Rede von dem vernichtenden Gott ist eine sekundäre Rede, mit ihr kann man nicht anfangen. Man muß anfangen mit einer positiven Rede von Gott. Ich hatte das Gefühl, daß Sie ein apologetisches Referat gehalten haben, also ein Versuch, Gott zu entlasten, und am Ende, wenn es um die Frage geht: wie erklärt man diese Elemente des Bösen? dann haben Sie zwei Antworten. Die erste Antwort heißt: Wenn es wirklich hart auf hart geht, ist es unauslotbar, unerforschlich, man weiß es nicht, man weiß keine Antwort darauf. Und zweitens ist die Antwort: Gott ist noch selber gar nicht am Ziel angekommen, er ist selber noch im Entstehen, und entwickelt sich auf Umwegen, auf dunklen Wegen, die uns selber gar nicht bekannt sind.

Janowski: Vom Entstehen würde ich nicht reden, aber okay.

von Wedel: Gut, also er ist jedenfalls noch nicht an seinem Ziel angekommen, er sucht, er tastet, wie wir ja alle irgendwie suchen und tasten. Habe ich Sie da überhaupt richtig interpretiert?

Janowski: Naja, das war ne simple Erinnerung, daß man mit der Vernichtung nicht anfangen kann. Es gibt bis in hinein in die Logik das Problem: Mit der Negation kann man nicht anfangen. Das ist so, zum Glück, würd ich doch mal sagen und daran wollte ich nur erinnern, weil in Zeiten, in denen sowieso Gott tot ist, weiterhin, es mir nicht sehr wohl ist, wenn man mit dem tötenden Gott anfängt. Das war das eine. Das andere war das Problem: die Erinnerung daran - ich finde das ja nicht unbedingt gut, was die Tradition, also bitte nicht nur die christliche immer, sondern auch die jüdische, gemacht hat, daß sie dieses Sekundäre zweckrationalisierte. Zweckrationaliserte. Dagegen hat sich ja Nietzsche schon gewandt, aber es steht auch im Neuen Testament noch "Wen Gott liebt, den züchtigt er." Also, diese Verrechnung, diese Sinnaufladung von Negativität finde ich nun gerade nicht gut, und da würde ich das Rätselhafte stehen lassen. Gleichwohl habe ich als eine der Thesen gesagt: etwas stimmt. Aber das darf man nicht dogmatisch - ich bin ja Dogmatiker, o jemine - das darf man nicht sozusagen generell sagen, auch in den biblischen Stellen ist das ja nicht einfach generell alles gesagt. Es muß also jeder selber auch sehen: Was ist in mir zum Vergehen bestimmt? Und das bring ich mit der Gotteserfahrung als Heiligkeitserfahrung zusammen und so weiter. Gott wollte ich gerade nicht abstrakt entlasten, sondern der Witz war, aber das geht jetzt drüber, daß er sozusagen mit verstrickt ist in die Schuldgeschichte und wohl darunter auch selber leidet. Also: ich denke, daß da ne Zerreißspannung in Gott ist, das schildert das Alte Testament auch. Daß Gott sich erbarmt, daß sich ihm der Mutterschoß umdreht, wörtlich übersetzt, bei Jesus heißt es dann *esplanchtizei* "das Eingeweide drehte sich ihm rum" - also dieses Moment der Feindschaft gegen das Böse und das Erbarmen mit den dem Bösen ausgelieferten Menschen. Es gibt ein berühmtes Wort von Goethe: *"nemo contra deum nisi deus ipse"*, d.h. niemand gegen Gott als Gott selbst. Also wir selbst schaffen das ja sowieso nicht, ihn zu töten, nicht wahr? [...] Bei Luther kommt das gelegentlich auch, von Gott zu Gott fliehen, von einer Begegnungsweise mit Gott zur andern. Und diese Zerreißspannung, daß man die nicht nur in unsere Projektion hineinverlagern darf - natürlich sind das alles irgendwo Projektionen -, sondern sofern eben Gott Gott überhaupt noch ist, daß hier [...] eine Zerreißspannung quasi in Gott selber ist. Ich hab eine Predigtmeditation mal geschrieben eben über dieses Hannalied an Ostern, Gott tötet und macht lebendig, obwohl ich da auch vorsichtig bin, das Töten Gott direkt in die Schuhe zu schieben. Aber ich habe mich ausdrücklich gegen die sanfte Verblödung gewendet. Das möchte ich mal sagen. Wenn, wie ich von Corinna Dahlgrün hörte, im Hintergrund dieser Tagung der innergemeindliche Kampf ist: sanfter Gott oder nicht sanfter Gott, dann will ich sagen: der sanfte Gott allein - das geht sicherlich nicht. Auch der Jesus wird nicht nur als sanftmütig hingestellt, sondern als wütend. Und zwar als man an die kleinen Kinder ranwill interessanterweise. Als man die kleinen Kinder nicht zu ihm kommen lassen will. Da wird er einmal wütend. Aber ansonsten zürnt er auch und schreit "Wehe!" Nur ja keine sanfte Verblödung. Nur: dieses unmittelbar (also ich denke jetzt, da müßte man gleich Herrn Krieger einbeziehen, was er mit seinem Film eigentlich jetzt theologisch vor dem Hintergrund der Tagung "Tötet Gott?" sagen wollte), dieses direkte - ich erinnere nochmal an das gasförmige Wirbeltier von Theodor Heckel, der uns damit die Frage aufgegeben hat: Wie handelt denn Gott? - dieses unmittelbare Dreinschlagen Gottes, das wird auch in dem Alten Testament ja so nicht dargestellt.

von Wedel: Na, ich weiß es nicht. Aber der Alttestamentler wird es wissen.

Janowski: Okay.

von Wedel: Ich möchte die Frage stellen, Herr Schöttler, vielleicht können Sie auch was dazu sagen: Ein Gott, der, wie wir, wütend ist über die Zustände, der, wie wir, zerrissen ist über die Zustände, der, wie wir, leidet an den Zuständen, der aber nicht imstande ist, diese Zustände zu ändern - was hilft mir denn ein solcher Gott? Was habe ich denn davon, wenn ich dauernd darauf beharre, wie er in seinen Emotionen schäumt - ist das der Gott, der uns wirklich helfen kann, ist das ein Gott, an den man wirklich glauben möchte?

Schöttler: Also, ich möchte Sie nicht so schnell Gott systematisierend entfliehen lassen. Das war ne spaßige Bemerkung, aber mit ernstem Hintergrund.

Janowski: Sie tun das ja auch.

Schöttler: Sie haben von der Reue Gottes gesprochen. [...] Es gibt eine Stelle, wo Gott es reut, daß er den Menschen geschaffen hat, und die Konsequenz seiner Reue ist die Vernichtung, die Sintflut.

Janowski: Und dann nimmt er das zurück. Was nützt Gott die Vernichtung. Dadurch geht das Böse eben nicht von der Erde weg. D.h. die Geschichte von der Reue Gottes kommt später. Das ist der Versuch, das Böse wegzubekommen dadurch, daß man vernichtet. Aber er kriegts nicht weg. Und ich möchte da mal sagen: Wenn die Geschichte Jesu Christi bis ans Kreuz einen Sinn hat, dann beziehe ich das darauf zurück, daß das Eintreten Gottes selbst in diese Geschichte nötig ist, um ihr ein Ende zu machen. Aber der Witz ist ja, sie geht immer noch weiter, und das ist kein Witz, das ist das dann nochmal viel Rätselhaftere, das wir gegenüber den Juden zu verantworten haben: daß wir von Versöhnung sprechen, und es geht so weiter!

von Wedel: [...] Herr Schöttler, Sie sehen etwas ratlos aus.

Schöttler: Nein. Ein Eindruck kann ja auch täuschen. Ich wollte nur das Problem benennen, daß wir uns nicht so schnell entlassen. Ich darf noch mal gerade replizieren auf die Arche Noah-Sintflut-Mythe. Die gehört ja auch zum kulturellen Erbe des Abendlandes, also wir sprechen hier nicht über nur Christen betreffende Themen, sondern das ist ja ein Gott-, Welt- und Sinnmodell darüber hinaus. In Kapitel 9[3] ist in einem späteren Nachtrag priesterschriftlich (das interessiert in diesem Zusammenhang nicht), d.h. in Exils- und Nachexilstheologie, beschrieben dieses wunderbare Bild vom Kriegsbogen in den Wolken, der theologisch das me-

---

[3] Gemeint ist das des ersten Buches Mose, Genesis.

teorologische Phänomen des Regenbogens erklären will, und in diesem Bogen nimmt Gott das alles mal zurück. Ich möchte damit nochmal darauf hinweisen was ich gesagt hatte zu Jesaja 45,7. Das ist ja zur gleichen Zeit geschrieben, dieser unbekannte Prophet, auch Exilstheologe. Die weisen uns auf die unaufhebbare Spannung, den unaufhebbaren Gegensatz, der in Gott bleibt, hin, wenn wir Gott monotheistisch denken, und dann möchte ich das aufgreifen, was Sie sagen: das Problem ist mit Jesus Christus - ich sage das jetzt bewußt in theologischer Formelhaftigkeit - nicht gelöst. Und das ist, glaub ich, ein unentrinnbarer Erkenntniszugewinn aufgrund der Erfahrungen des 20. Jahrhunderts. Ich glaube, daß christliche Theologie als christlicher Versuch, Gott zu denken, vor dem Hintergrund des Ersten und insbesondere des Zweiten Weltkrieges und das, was mit dem 2. Weltkrieg zusammenhängt, daß wir jetzt unausweichlich auch Gott in dieser Spannung anfangen erst zu denken. Große Geister der Philosophiegeschichte des Abendlandes und der Theologie haben das immer differenzierter gesehen, aber so im kirchlichen Mainstream besteht immer die große Gefahr, diese unerklärbaren Seiten Gottes - manche sagen, tiefenpsychologisch geschult, dunklen Seiten Gottes - dieses Geheimnis Gottes aufzulösen. Und ich denke, wir werden auf diese Frage, die Deuterojesaja in 45,7 gestellt hat, hingewiesen, Gott in diesen Gegensätzen zu denken. Ich wehre mich dagegen - das mag jetzt mit meiner Sündhaftigkeit, nicht mit meiner persönlichen, sondern mit der grundsätzlichen Geschöpflichkeit zusammenhängen - ich wehre mich dagegen, daß das Unheil, das Dunkle, daß die Versöhnung in concreto immer noch nicht, obwohl wir es im Glaubensbekenntnis ja immer so bekennen, bewirkt ist, daß immer auf Seiten der Menschen verrechnet wird und nicht auf Seiten Gottes. Ich plädiere deshalb dafür, und damit gebe ich mal so einen ersten Hinweis nicht auf eine Antwort auf die Frage des heutigen Tages, die gibt es nicht, aber auf eine Antwortperspektive: die Theodizeefrage auf eine Homodizeefrage zu weiten. Verdammt nochmal, es geht auch um die Rechtfertigung des Menschen. Ich weiß natürlich, daß menschliche Bosheit das World Trade Center zum Einsturz gebracht hat mit allem, was das an Leid und Folge gebracht hat. Ich habe viele Erklärungskategorien, politischer, entwicklungspolitischer Art unter dem Stichwort Gerechtigkeit, Menschenwürde, so daß ich Kategorien zur Hand habe zu sagen: weil ihr diese Gerechtigkeit aufgrund eurer Sündhaftigkeit, eurer Ichbezogenheit, *incorvatus in se,* sagt Luther, Selbstbezogenheit, weil ihr diese Gerechtigkeit nicht schafft, ist das das Ergebnis. Die Folge der Sünde. Aber das löst nicht das Problem der 3000 und viele Hundert, die umgekommen sind, löst nicht mein Problem, also ich möchte auch vieles an Gott zurückgeben, und da ist es, denke ich, ganz wichtig, und von daher ist ja das Tagungsthema, so widerständig es mir erscheint, so evokativ, provokativ - *provocatio ad salutem* - Gott in Gegensätzen zu denken. und nicht monotheistisch als monokausal oder dergleichen. Und wenn was übrig bleibt, immer auf die Seite der Menschen zu schieben. Das ist ja auch der Erkenntnisgewinn aufgrund der Erfahrung des 20. Jahrhunderts. Die Entdeckung der Menschenwürde. Daß die Würde einem Menschen zukommt insofern er Mensch ist, vorgängig jeder menschlichen Gesellschaft, die es ihm vielleicht gewährt oder nicht. Erst die abgrundtiefe Erfahrung des 20. Jahrhunderts hat uns dazu gebracht, das, was eigentlich in unserer Gründungsmythe grundgelegt ist, so herauszustellen. Aber Würde des Menschen heißt auch, die Verantwortlichkeit Gottes deutlicher zu markieren. Das ist für mich eine Aufgabe von Theologie.

von Wedel: Herr Schöttler, wenn Sie jetzt das Theodizee-Problem ansprechen, dann muß man sagen: Das ist ja ein uraltes Ping-Pong-Spiel, die Frage Theodizee oder Homodizee. Ich erinnere nur an die ersten nachchristlichen Jahrhunderte und an die Gnosis, die damals schon gesagt hat, das Übel in der Welt ist nicht eine Folge des menschlichen Handelns, sondern ist eine Folge eines bösen Schöpfergottes, der sein Handwerk nicht verstanden hat, als er die Welt schuf, der grobe Fehler begangen hat, und dann wurde ein zweiter Gott postuliert, nämlich der Erlösergott, der wirklich gute Gott. Sie kennen diese ganze Debatte. Wir haben in der Aufklärung wieder das Problem gehabt, oder man kann sagen in der christlichen Theologie schon seit Augustin, die Verantwortung für das Böse in der Welt wurde den Menschen zugespielt; Gott muß immer eine reine Weste haben, Gott muß entlastet werden, Gott muß der Gute sein. Wer ist schuld? Der Mensch ist schuld! Man hat natürlich keine Lust, das immer auf sich sitzen zu lassen. Auf der anderen Seite ist ja folgende Frage: Wenn ich, wie Sie das vorschlagen, einen Teil der Probleme wieder zurückspiele an Gott, was hilft mir dann ein Gott, der entmächtigt ist? Gott ist in der Theologie inzwischen ziemlich entmächtigt worden, wenn er allmächtig ist, dann kann er nicht gütig sein, wenn er gütig ist, kann er nicht allmächtig sein, das eine schließt das andere aus. Ein entmächtigter Gott, ein leidender Gott, ein Gott, der nicht fähig ist sich durchzusetzen, ein

Gott, der Umwege geht, der in sich zerrissen ist, der wütend ist und hin und her pendelt - was nützt mir denn ein solcher Gott? Was hilft es mir, wenn ich meine Probleme an ihn zurückspiele? Was ändert das außer an meiner Befindlichkeit?

Schöttler: Das ändert viel. Das ist eine ganz neue Entdeckung der biblischen, besonders in den Psalmen grundgelegten Anklagetheologie. Ich kann jetzt wirklich nur von dem katholischen Bereich sprechen. Frau Janowski, Sie müßten das für den evangelischen Bereich mal sagen, dennoch ist das nicht zu anders. Wenn ich unsere Perikopenordnung angucke, also die dreijährige Leseordnung an den Sonntagen und Feiertagen, kommt keine Perikope vor - keine! -, in der Anklage Gottes das Thema ist, obwohl es ein breiter Strom nicht nur in der dezidierten Literatur des Alten Testamentes, also Hiob, sondern auch in den Psalmen ist. Das macht mich nachdenklich. Das ist für mich ein ganz wichtiger Aspekt des Theologietreibens, diese Klage-Anklage-Spiritualität nenn ich es, als eine biblisch begründete, nicht religiös unanständige Grundhaltung herauszustellen.

Janowski: Sie haben sich jetzt selbst schon korrigiert, Sie haben gleich von der Anklage gesprochen. Da möchte ich doch ein bißchen vorsichtig sein. Klage, ja, und Einklagen - Fragen. Aber Anklage, das geht mir schon zu weit, da weiß ich schon zu genau, daß Gott direkt damit zu tun hat, und ich finde, daß es problematisch ist, daß Sie ... jetzt doch faktisch übermäßig an dieses Wort aus Jesaja, "ich schaffe das Unheil", erinnern. Erstens steht da auch das Unheil an zweiter Stelle, und zweitens muß man den Kontext sehen: Dieser Kyros, also das Böse wird benutzt - Sie wissen das als Alttestamentler besser. Also ein Interaktionszusammenhang, ein ganz schwieriger. Das ist eine Form, das Problem des Monotheismus zu lösen, als Christen sind wir ja übrigens nicht abstrakt monotheistisch, sondern trinitarisch und haben da schon ne Differenz sowieso in Gott selber. Und dann möchte ich daran erinnern, daß wir im Alten Testament, oder im Ersten, wie Sie wollen, alt heißt für mich ehrwürdig, eben nicht nur den allmächtigen Gott haben, sondern - das wird exegetisch dauernd wiederentdeckt - einen Gott, der eben nicht ex nihilo schafft, sondern aus ihm Vorgegebenen, der das Chaos überwinden muß, also das ist ja nun auch exegetisch, und da haben die Systematiker und die's sein wollen, auch die Exegeten, haben da von der Exegese gelernt, das es fraglich ist, ob wir einen abstrakt allmächtigen Gott voraussetzen dürfen. Das scheint mir ganz wichtig zu sein. Und dann, denk ich, muß man auch daran erinnern, daß die Juden genauso eine Schwierigkeit der Auseinandersetzung mit ihrer Tradition haben, und daß wir heute vieles wissen, was biblisch einfach nicht vorauszusetzen war, schon naturwissenschaftlich. Wir können nicht Schöpfung und Evolution zwei Stiefel sein lassen, d.h., wir müssen eine gewisse Autonomie der Welt voraussetzen. Wir können uns nicht nur als schlechthinnig abhängige Puppen usw. verstehen. Und das muß man doch alles verarbeiten, und da muß man dann fragen, ob im Biblischen da nicht gewisse Traditionen anknüpfungsfähiger sind als andere.

von Wedel: Man muß auch die Frage stellen, ob wir uns immer nur auf die Bibel berufen sollen, denn da kommen wir natürlich auch in gewisse Probleme. Religion ist ja inzwischen ein universales Phänomen, und die Bibel allein - wenn wir erstmal anfangen, uns auf bestimmte Stellen zu stützen und andere weniger ernst zu nehmen oder in den Hintergrund zu stellen, dann wird dieses Spiel ja nie aufhören, denn die Bibel gibt eine ganze Menge her. Nicht wahr, Herr Schöttler?

Schöttler: Ich stimme Ihnen da voll zu. Es geht nicht um das Plädoyer, bestimmte Bibelstellen jetzt überzugewichten. Aber ich möchte bitte dafür plädieren, unser Gott-Denken spannungsreicher zu machen. Drei Bemerkungen kurz noch dazu. Das erste: Ich bestreite es, daß in Jes 47,7 das Unheil und das Dunkel an zweiter Stelle genannt wird. Es ist sprachfolgend an zweiter Stelle, theologisch qualifiziert an erster Stelle, insofern nämlich nicht bei Licht und nicht bei Heil das theologische Wort für das Schaffen gebraucht ist, sondern bei dem Unheil. Das heißt: auch wenn es in der Sprachabfolge an zweiter Stelle jeweils kommt, es ist qualitativ gewichtet. Das zweite ist: Ich würde gern eine Stelle, damit wir uns nicht auf ein paar Stellen kaprizieren, auf eine Stelle, die unbekannt ist, hinweisen, auf Hiob, und die uns, glaube ich, ein gut Stück weiterführen [kann]. [...] Hiob, Kapitel 13, Vers 13 folgende. Hören Sie sich dieses mal an: "Schweigt vor mir," sagt Hiob seinen geschwätzigen Theologenfreunden, "damit jetzt ich reden kann. Dann komme auf mich, was mag. Meinen Leib nehme ich zwischen die Zähne, in meine Hand leg' ich mein Leben. Er mag mich töten, ich harre auf ihn; doch meine Wege verteidige ich vor ihm." Daher hab ich das Wort Homodizee. "Schon das wird mir zum Heil dienen, kein Ruchloser kommt ja vor sein Angesicht. Hört also genau auf meine Rede, was ich euren Ohren erkläre. Seht, ich bringe einen Rechtsfall vor Gott, und ich weiß, ich bin im Recht. Wer ist es, der mit mir streitet? Gut, dann will ich schweigen und verscheiden. Zwei Dinge nur" - Gott - "tu mir nicht an, dann verberge ich mich nicht vor dir." Und jetzt kommt der Satz. Das muß man sich auf der Zunge zergehen lassen: Hiob bittet Gott in V.21: "Zieh deine Hand von mir zurück; nicht soll die Angst vor dir mich schrecken. Dann rufe, und ich will Rede stehen, oder ich rede, und du antworte mir!" Und dann gehts weiter. Hiob sagt: Laß mich endlich in Ruhe, ich weiß, wie dirs geht. Diese Kategorien, um dich zu rechtfertigen, die sitzen ganz tief bei mir. Du mußt deine Hand von mir wegziehen, dann erst kann ich meine Sache, meine gerechte Sache vor dich bringen. - Da sind ganz wesentliche Dinge. Wir müssen sie nur in das kommunikative Gedächtnis wieder rücken. Hier sagt Hiob: Lieber Gott, laß mich in Ruhe! Das ist schon der Anfang der Lösung meines Problems, damit ich endlich mal sagen kann, was meine gerechte Sache ist.

von Wedel: Ja, in einer gewissen Weise ist hier beneidenswert, daß er von Gott so bedrängt wird, daß er darum bittet, in Ruhe gelassen zu werden; bei vielen Menschen ist es genau andersherum, sie erleben Gott überhaupt nicht, aber das ist ja auch alles lange her. [...] Vielleicht gibt es inzwischen Fragen aus dem Publikum?

Publikum1: Es war eine spontane Zustimmung dazu, Gottesbilder nicht immer gleich festzulegen [...] Außerdem, wenn ich nun schon was sage, hat mir Ihre sanfte Verblödung [...] sehr wohl getan.

Janowski: Meine Wendung dagegen, sonst hätten Sie mich wirklich falsch verstanden, ich wollte der sanften Verblödung durchaus entgegenwirken, nur wie machen wir das? Ich habe dann schon auch das Recht von Nietzsche vor Augen. Das Verrechnen von Leiden zugunsten von Züchtigungen Gottes, das ist alles immer Strafleiden, da ist ja schon Hiob dagegen aufgestanden. Nietzsche wollte Absage auch an die Erlösung dann. Die Wirklichkeit so, wie sie ist, crüel, hinnehmen, und wurde nicht nur an seiner Syphilis wahnsinnig, sondern in diesem Bemühen. Ich erzähle das meinen Studenten, die manchmal das Wort Erlösung auch nicht mehr haben können. Gut, machen wir mal all den Zucker weg, Evangelium, frohe Botschaft usw., und dann erzähl ich ihnen von Nietzsche, Erlösung von der Erlösung usw., wie er dann in Zils Maria weinend zusammenbrach angesichts dessen, daß ein Kutscher seinen Esel zu Tode prügelte. Da mußte er dann ins Haus. Also das heißt: Wie ertragen wir die Wirklichkeit ohne einen Gott? Und ich würde auch sagen, das muß man metaphorisch nehmen wie all unsere Sprache: Es gibt von - die Philosphen sagen ja oft das Bessere als die Theologen - von Hans Blumenberg, einem gestorbenen, sehr erratischen Denker, der sich mit der Metaphorologie auseinandergesetzt hat, das Wort von der absoluten Metapher. Wahrscheinlich werden Künstler uns besser verstehen können, als Theologen - leider -, aber wir müßten es wissen. D.h. daß wir an absoluten Metaphern stehen, die unauflöslich sind. Also mein Fach, die Systematische Theologie, ist eben das sogenannte Denkfach in der Theologie, wenn man da aus der kartesianischen Tradition kommt, die uns immer noch in den Knochen sitzt, Klarheit und Bestimmtheit gleich Wahrheit, dann zerdenkt man sich den Kopf, so daß man nur noch Scherben hat. Und demgegenüber denke ich, sollte man dieses metaphorische Umkreisen [beginnen], erst einmal Stories, ernste Stories. Man kann nicht abstrakt systematisch von Gott reden, und wir müssen unter Voraussetzen von neuen Geschichten auch neue Geschichten erfinden von Gott. [...]

Publikum2: Ich knüpfe an an dem Wort von der neuen Geschichte von Gott und denke mal, die neue Geschichte von Gott ist die Geschichte, die im Neuen Testament erzählt wird, und ich verstehe sie als eine radikale Exemplifikation dessen, was Monotheismus ist, nämlich, daß Gott selbst in den äußersten Nischen der Wirklichkeit immer noch Herr der Wirklichkeit und Schöpfer ist. Und ich möchte noch an einem anknüpfen: Sie haben gesagt, Frau Janowski, für Sie stirbt Jesus primär als Opfer menschlicher Gewalt. Ich würde behaupten, daß die neutestamentlichen Textzeugen genau das Gegenteil behaupten. Da wird diese Geschichte nämlich erzählt als eine Geschichte von Gott her. Wenn Sie an die Emmausjünger denken. Da exemplifiziert Jesus selbst für die Jünger dieses Geschehen, als ein Geschehen, das notwendig war, und ein Geschehen, das angekündigt wurde durch die Propheten, aber nur so konnte es sein, und so wird gewissermaßen diese Spannung in Gott von der Sie, Herr Schöttler, geredet haben, in dieser Gestalt Jesus Christus.

Janowski: Es ist mir schon klar. Entschuldigung, ich habe hier einen ganzen Absatz gestrichen, auf den ich gleich zurückkomme. In der Bibel, der Apostelgeschichte, gibt es den Versuch [Petrus in den Mund gelegt], genauso auseinanderzudividieren: Ihr, ihr Juden, zu denen ich auch noch gehöre, habt ihn getötet, Gott aber hat ihn auferweckt. Das ist zu billig. Völlig klar. Aber: Faktisch wurde von der Auferstehungserfahrung her überhaupt erst das Kreuz gedeutet. Das heißt, daß hier ein Unheilsereignis ein Heilsereignis ist, ist ihm nicht als solches abzulesen. Es hätte genauso gut sein können, wenn er am Verbrecherkreuz gestorben ist, er war eben ein Gotteslästerer, als den man ihn [verurteilt hat], er hat einen Dämon gehabt. Die Auferstehung [diente] als Rechtfertigung, so steht es biblisch da, das ist der eine Traditionsstrang. Und nun kommt in derselben Apostelgeschichte die schwierigere Sache und sagt, Gott hat es beschlossen. Gott ist der letzte, der das beschlossen hat, er hat ihn hineingeführt. Und jetzt kommt aber die Frage: warum. Wenn wir die Frage 'warum' ersticken, wenn wir die Tatsache, daß Jesus an der menschlichen Sünde stirbt und zugleich für menschliche Sünde, wenn wir dieses Doppelte nicht [sehen], also auch die Spannung im Blick auf diesen innermenschlichen Bereich - wir haben von der Spannung in Gott gesprochen. Hier stirbt einer an menschlicher Gewalttat, als Victim, als Geopferter, aber nicht im kultischen Sinne. Und nun wird das ganze interpretiert als zugleich ein Geschehen, in dem Gott Mitakteur ist. Wie handelt Gott? Wir können weder sagen: Hier handelt nur Gott oder nur handeln hier Menschen. Und das ist ja das wahnsinnig Rätselhafte.

[...] **Publikum3**: Gott handelt durch diese Menschen so wie Gott bei Deuterojesaja durch die Juden handelt. Es ist sozusagen jener Gott ist und bleibt der Herr der Geschichte. Und vor allen Dingen ist er Initiator und Herr der Heilsgeschichte um der Menschen willen.

Janowski: Ich finde das zu automatisch und zu doketisch. Also: der Kampf Jesu in Gethsemane. Jesus hat sich auch nicht einfach gefügt. Der Schrei Jesu, also, das ist eine Konfliktgeschichte, sozusagen, auf verschiedenen Ebenen, und das Göttliche 'muß', das Göttliche *dei* steht über dieser Geschichte nach den neutestamentlichen Texten, nicht nach allen gleichmäßig, aber es steht drin. Nur: Was heißt das? Das ist so unglaublich. Wollen Sie denn das: Du schlachtest ihn als ein Lamm. Wollen Sie das, daß wir das wieder singen? Es ist aus dem Gesangbuch gestrichen worden, und die wie Link von den dunklen Seiten Gottes sprechen[4], die haben es selber zitiert als etwas, was aus dem Gesangbuch raus muß, so dürfen die dunklen Seiten Gottes nicht verstanden werden.

Publikum4: Das Paradox ist ja, daß dieses Geschehen als Geschehen aus Liebe ausgesagt wird. Und dadurch gewissermaßen wird ja dies, wie Sie es jetzt sagen, diese Schlachtung, was ja auch problematisch ist, aber um es hier zuzuspitzen: Ja, diese Schlachtung wird als ein Geschehen aus Liebe bekannt. Und das ist das Paradoxe, und darin offenbart sich Gott als der eine Gott, und die Wirklichkeit als eine.

Janowski: Also Gott als Schlächter, tut mir leid, mir dreht sich das Gedärme rum.

von Wedel: Was?

Janowski: Natürlich.

von Wedel: Ich glaube, das wird man hier nicht austragen können. Aber ich finde es toll, daß über ein solches Thema mal wieder richtig gestritten wird. [...] Ich muß feststellen: Das Thema ist wahnsinnig schwer, also, die Diskussion ist ja ein bißchen wie eine Achterbahn, ich weiß auch nicht ganz so genau, worüber wir eigentlich hier die ganze Zeit geredet haben, und es ist schwer, das auf eine Linie zu bringen, aber das ist natürlich auch die Herausforderung des Themas. Vielleicht gelingt uns das nach der Pause ein bißchen besser. [...] Es hat sich in den Gesprächen in der Pause herausgestellt, daß einige Teilnehmer den Eindruck hatten, hier seien zwei unterschiedliche Positionen zu dem Thema formuliert worden, also daß es einen Dissenz gebe zwischen Frau Janowski und Herrn Schöttler. Wenn das der Fall sein sollte, - das sollten wir einmal klären ob das so ist -, dann würde ich beide bitten, diesen Dissens einmal auf den Punkt zu bringen, damit das klar wird. Gibt es einen Dissens, und wenn ja, wie sieht der aus?

Janowski: Es gibt zunächst einmal einen Dissens in der Zugangsweise. Ich habe

---

[4]   W. Dietrich/Chr. Link, Die dunklen Seiten Gottes, 2 Bde, I. Willkür und Gewalt, II. Allmacht und Ohnmacht, Neukirchen-Vluyn 1995 und 2000.

mich als Systematikerin vor allem auf die Wirkungsgeschichte oder Rezeptionsge-schichte, die innerchristliche, bezogen, und muß sagen, daß die Nietzsche'sche Kritik an der christlichen Henker-Metaphysik schon ein Wahrheitsmoment hat, auch wenn ich gerade nicht dafür bin, den Gott überzumoralisieren. Man könnte sagen: Der Atheismus ist auch ein Phänomen der Übermoralisierung Gottes, und dann gibt es auch den Atheismus, wie Odo Marquard gesagt hat, *ad maiorem Dei gloriam*, also diesen Gott, den man an abstrakten moralischen Maßstäben mißt, den muß man, weil er denen nicht genügt, dann vom Halse bekommen. Das ist das eine. Das andere ist eben: Die Sinnaufladung von allem Leid als Strafe, als von Gott geschickte Strafe, die halte ich auch - ich war zwei Jahre im Pfarramt - für verheerend. Das geht auch nicht im Blick auf die kosmischen Katastrophen, die wir heute im Blick haben, die man klassisch dann noch einem gefallenen En-gel in die Hand schieben könnte. Sie haben eben Einzelstellen genannt, und sag-ten, wir müssen die Spannung raushalten, ja, ich finde, man muß auch unter Vor-aussetzung von geschichtlichen Situationen fragen: Welche Stellen sind mir wich-tiger als andere. Und die Juden selber, denen angesichts von Auschwitz zu sagen, was ja sich vor allem an Juden richtete, an Juden austobte, denen nun diesen Satz: "Siehe, ich schaffe Unheil" an den Kopf zu schmeißen, das halte ich für ganz, ganz problematisch, das sind ja Juden, die sozusagen dann auch unter Be-zug auf andere biblische Stellen dann alles nochmal neu durchdekliniert haben. Und dann eben ein Rätsel stehen lassen, anstatt das Rätsel durch den Unheil schaffenden Gott im Grunde schon wieder zu schließen, um es mal pointiert zu sagen. Das ist doch Selbstdechiffrierung der Sache. Da würd ich sagen, wenn der Paulus sagt, Gott hat alle unter den Ungehorsam beschlossen, um sich aller zu er-barmen, gut, kommt auch das Moment der Zweckrationalität rein, aber dann kommt dies: "wie unerforschlich sind seine Wege" zum Glück hinzu. Weils auch hier kein simples Verrechnen gibt. Und ich glaube, wir sind uns da ziemlich einig.

Schöttler: Ja, die Frage "Gibt es einen Dissens?" ist die Frage: Sehe ich in mei-ner Position einen Dissens zur Frau Janowski? Ich würde dem zustimmen in der Zugehensweise. Das ist aber für mich nicht eine nur didaktisch-methodische Fra-ge, weil mein Plädoyer ja das Ziel hat, Gott spannungsreicher zu denken. Mir hat jemand in der Pause gesagt: Gott ist doch nicht Gegenstand des Denkens; die Erfahrung ist doch das erste. - Ja, weil ich ihn so erlebe! Weil ich ihn so spannungsreich erlebe, deshalb bin ich im Grunde genommen dazu verdammt, ihn so spannungsreich zu denken. Und weil ich ihn auch anders als den Lebensschaffenden erfahre, nur deshalb kann ich auch die anderen Seiten angucken. Die anderen Erfahrungsseiten angucken. Ich möchte nochmal drauf zurückkommen, das knüpft nochmal an das an, und möchte einen Schritt weiterführen: ich hatte in meinem Plädoyer, weil der Moderator mich an die Zeitökonomie erinnert hatte, natürlich sehr aphoristisch Bibelstellen genannt. Ich wollte Ihnen mehr dazu sagen. Aber ich möchte nochmal dran erinnern, daß die Stelle Röm 3,25 - ich lese die nochmal: "Ihn hat Gott dazu bestimmt, Sühne zu leisten mit seinem Blut, Sühne, wirksam durch Glauben. So erweist Gott seine Gerechtigkeit ..." - nach Ausweis der Exegese bereits Traditionsformel ist, die Paulus übernimmt. Röm 3, 25 ist einer der frühesten Versuche, das Christusgeschehen in Worte theologisch zu fassen. Und damit bin ich bei dem Punkt, wo ich drauf hinauswill: Jede Zeit hat ihre hermeneutischen Voraussetzungen, ihre Verstehensvoraussetzungen, die Zeit der Herausbildung des reflexiven Christuskerygmas konnte vermutlich gar nicht anders als in diesen Kategorien "Opfer" das ausdrücken; sonst wäre das Christusereignis nicht kommunikabel gewesen. Das ist immer nur in den Kategorien und in den Denkmöglichkeiten der Zeit. Ich erinnere nochmal dran, daß ich in meinem zweiten, dritten Statement ja gesagt habe, die Erfahrung des 20. Jahrhunderts hat uns theologisch auf Gedanken gebracht. Und deswegen heißt das, und da denke ich, sind wir uns im Ziel vollkommen einig, diese Kategorien, in denen das Christusereignis ausgesagt ist, haben immer nur eine partielle Valenz. Und wenn ich es in diesem Paradigma aussage, ist es schon wieder falsch, wenn ich nicht anderes dagegen setze.

von Wedel: Herr Schöttler, Sie haben eben gesagt, Sie denken Gott nicht als spannungsreich, Sie erfahren ihn als spannungsreich. Sie haben im wesentlichen aber mit Bibelstellen argumentiert. Sie haben aber jetzt auch gesagt: Erfahrungen des 20. Jahrhunderts.

Schöttler: Ja, ich würde mich gerne mal mit Ihnen drüber unterhalten: Sie haben eben so salopp gesagt, aber das ist ganz wichtig, das nochmal zu präzisieren, "das ist schon lange her". Aber Hiob ist hic et nunc!

von Wedel: Können Sie das mal ein bißchen exemplifizieren, der historische Hiob ist ja nicht hic et nunc.

Schöttler: Ich war 10 Jahre Gemeindepfarrer. Auf einem Dorf im Hunsrück. Und ich habe erfahren, daß Gott im Leben vieler Menschen ihnen feind war. Und sie dennoch nicht von ihm lassen konnten. Ich werde nie vergessen [...][5]. Das sind so Erfahrungen, da muß ich zuerst mal tief Luft holen, und dann frag ich mich, für welchen Gott steh ich da eigentlich vor der Gemeinde. Beim Totengebet, beim Begräbnis. Bei der Predigt. Wie predige ich diesen Gott mitten in dieser schmerzenden, blutenden Lücke? In diesem Riß? Und deswegen sage ich, Hiob ist hic et nunc. Mir geht es dadrum, diese dunklen Seiten Gottes, und damit meine ich das Rätselhafte, das nicht mehr Auslotbare, anschauen zu können. Das kann ich aber nur, wenn ich erfahre, daß ich dennoch nicht von diesem Gott lassen kann. Und deswegen sage ich: aus dieser Erfahrung - ich könnte jetzt noch ne Reihe von Beispielen nennen, auch persönliche Beispiele, das möchte ich aber jetzt der Diskretion wegen nicht sagen - glauben Sie mir's: Gott ist für mich sehr, sehr spannungsvoll. Die Frau Janowski hat schon mehrmals appelliert an die jüdische Tradition; ich würde Ihnen gerne einen Midrasch, einen von Eliezer Wiesel erlebten Midrasch kurz vortragen, weil ich glaube, dieser Midrasch macht deutlicher -

Janowski: Ich würde gern noch vorher etwas sagen, weil mir das zu einfach geht. Sie haben gefragt nach dem Problem Gotteserfahrung, ich möchte doch mal daran erinnern, daß wir nur interpretierte Gotteserfahrungen haben, und selbst wenn wir sagen, das ist Gotteserfahrung, ist das Interpretation. Wir stehen auch vor der Anfechtung der Illusion. [...] Also, erfahre ich wirklich Gott oder meine ich, Gott zu erfahren? Wenn ich sage, der Gott ist der Verursacher, dann ist das ne Interpretation! Wenn ich sage, nein, der Gott verläßt mich, ich weiß nicht, warum. Wenn ich sage, er leidet mit, dann ist das ne Interpretation. Alle haben Anhalt an den biblischen Schriften. Es ist die Frage, was man auf sich anwendet und in einer Situation jemand anderem sagt. Ich würde in ner Seelsorgesituation

---

[5] Bedauerlicherweise war die Aufzeichnung an dieser Stelle aus technischen Gründen unterbrochen. Heinz-Günther Schöttler berichtete, daß in seiner Gemeinde einmal in einer Woche drei Kinder durch Unfälle ums Leben gekommen seien.

nicht sagen, der Gott quält dich da. Das Problem 'was heißt Gotteserfahrung' ist selber ein solcher Knäuel, und so hab ich Sie jetzt verstanden, daß man im Grunde danach auch gefragt ist, was heißt das überhaupt.

Schöttler: Natürlich können wir nur in Bildern reden. Aber dann möchte ich genauso auch sagen: Dann könnte die Rede von der Auferstehung in Jesus Christus auch Illusion werden.

Janowski: Natürlich!

[...] **Schöttler:** Ich möchte nochmal auf das Beispiel, was ich genannt habe, zurückkommen. Ich habe in die Gemeinde zu Beginn meiner Predigt hineingeschrieen, "Gott, es reicht!" Das war mir ein wichtiger Satz in dieser Situation. Gott, es reicht. Drei Kinder innerhalb von drei Wochen. Und das Dorf war gelähmt. Da hatte sich bleierne Schwere draufgelegt. Elfhundert Leute wohnten da, jeder kannte jeden, man konnte sich nicht aus dem Weg gehen.

von Wedel: Mit diesem Ruf setzen Sie voraus, daß Gott etwas zu tun hat mit dieser Katastrophe.

Schöttler: Ich hoffe, daß er was zu tun hat damit! Das ist doch mein Rettungsanker! Daß ich ihn mit diesem unseligen, unheilvollen Geschehen in Verbindung bringen kann, so daß ich es aushalte, damit zu leben - da sind wir genau bei dem Thema. Und da merke ich plötzlich, daß die traditionalen Kategorien - auch manche neutestamentlichen Kategorien, auch manche Kategorien des Paulus, das Christusereignis auszusagen, nicht falsch sind, aber da nicht mehr tragen. Damit sage ich nicht, daß das, was Paulus gespürt hat, wer dieser Jesus Christus ist, falsch sei. Aber ich bin herausgefordert, neue Kategorien, neue Logoi und neue Mythen zu finden. Sie hatten Blumenberg genannt. Wenn ich von Hans Blumenberg etwas gelernt habe für die Theologie, dann ist es das, daß der Mythos viel klarer etwas aussagen kann als der Logos. Der Mythos ist nicht diffus, sondern der Mythos ermöglicht es mir, die metaphorische Redeweise ermöglicht es mir, Spannungsreiches nicht auf den Punkt zu bringen, es auszusagen.

Janowski: Weil Sie Paulus zitieren, der wird ja immer so leicht erledigt, es steht bei Paulus das wunderbare Wort: "Der Geist steht uns bei mit unaussprechlichen Seufzern." Das Beten ist selber eine ungeheuer schwierige Sache, - es ist gar keine Sache, aber ein Akt. Dann gibt es das Wort, bei Epheser, "betrübt nicht den Heiligen Geist in euch", löscht ihn nicht aus. Da stoßen wir jetzt faktisch eben doch auch auf das Problem des Leidens Gottes selber. Wenn wir alles mit Gott zusammenbringen müssen, sofern er ist, wirklich - diese Hypothese kommt mir rein, weil es doch auch diese Anfechtung gibt - dann muß man doch unterscheiden, und da hilft das Denken schon, es ist ne geschöpfliche Gabe, hat auch Luther gerühmt, und hat nicht nur von der Hure Vernunft gesprochen, also: 'durch uns und alles durch ihn' ist was anderes als 'nichts ohne ihn'. Und dieses nichts ohne ihn kann dann noch mal vieles fassen. Auch die Verlassenheit durch Gott ist was, was nen Akt Gottes impliziert. Das Leiden Gottes ist auch etwas ganz Schwieriges, was ihn mit ins Spiel bringt, und wenn wir schon trinitarisch unterscheiden, dann werden wir die Dinge nochmal trinitarisch differenzieren müssen.

Schöttler: Ich würde das gerne für morgen reklamieren, aber Sie haben ein wichtiges Stichwort genannt: Weil ich diese Spannung in Gott so erlebe und herausgefordert bin, das auch so zu versuchen zu denken, auch in den Logos zu heben, da stimme ich Ihnen vollkommen zu, - deswegen lese ich auch plötzlich das, was Trinität Gottes bedeutet, neu. Das lese ich aber erst neu, wenn ich diese Spannung spüre. Das heißt doch: Gott ist schon in sich beziehungsreich, plural, spannungsreich. Das ist das spannende Thema morgen. Wie sich da, für mich wenigstens, ganz neue Aspekte des Gott-Denkens auftun, im Bezug auf das Christusereignis.

von Wedel: Frau Janowski, hätten Sie auch, wenn Sie in einer solchen Situation hätten predigen müssen, auch gesagt "Gott, jetzt reicht es"?

Janowski: Ich habe in ganz extremen Situationen predigen müssen, weil ich freiwillig in einer Asozialen-Gemeinde war. Meine erste Beerdigung war ein 16jähriger Stammheim-Häftling. Stammheim ist neben Fuhlsbüttel das schlimmste Gefängnis in Deutschland. Der ist aus irgend nem frommen Hause in der Resozialisierungsphase ausgebrochen und hat Selbstmord gemacht auf ner Elektrolok, und der war so abgekohlt, daß dann der Sarg ganz klein war. Es war furchtbar. Und der Vater war Trinker, seine Mutter hatte die ganzen Beine verbläut; und während ich mit ihm sprach, hatte er schon dreizehn Flaschen Bier getrunken, und ich dachte, jeden Moment krieg ich auch ne Bierflasche an irgendwas. Okay. Da war ich nun wirklich sprachlos, was ich überhaupt für einen Text nehmen sollte. Ich bin nicht umsonst aufs Gebet gekommen. Da hab ich mich, weil die Mutter gesagt hat, "wäre ich doch statt seiner gestorben" - die Mutter war zerschlagen und zerbeult und zerweißwas - hab ich mich erinnert an diese Geschichte mit Absalom, "warum bin ich nicht an deiner Stelle gestorben"[6], und habe über nichts als diesen Vers gepredigt, und das hat wie in der griechischen Tragödie gewirkt, daß die Frau endlich geweint hat, geschrieen hat, und ich habe, glaube ich, trotzdem meinen Dienst getan. Ich habe die Frau zum Beten geführt. Zum Schreien. Das ist auch ein Gebet. Es gibt einen schönen Aufsatz von Rudolf Bultmann, Welchen Sinn hat es, von Gott zu reden? Von Gott, das ist immer über Gott - keinen! Weil es Sünde ist. Und nur als gerechtfertigte Sünder dürfen wir das tun.

von Wedel: Was tun wir denn die ganze Zeit jetzt?

Janowski: Der Teufel sitzt nirgends so nahe wie in der Theologie, das wollte ich damit sagen. Und was hat Bultmann noch gesagt? Wir sollen deswegen nicht schweigen. Das nicht. Aus oder zu Gott. Aus Gott - wer will sich anmaßen, daß er aus Gott spricht? Zu Gott. Denken Sie mal, im Herz des Alten Testaments sind die Psalmen!

Schöttler: Und die Psalmen sagen mir, daß das Anklagen Gottes eine Beziehungsaufnahme ist und nicht die Abrogation Gottes. Und deswegen ist mir die Anklagespiritualität, die die Psalmen Israels haben, auch so wichtig. Das ist kathartisch.

Janowski: Aber jetzt kommt die Differenz: Ich scheue, Gott anzuklagen, statt zu klagen und einzuklagen. Anklage identifiziert schon zu sehr etwas als Schuld. Die Warum-Frage ist keine Anklage, sondern ein Einklagen, ein Bitten um Enträtselung, um Hilfe auch im Sinne von Enträtselung, warum. [...] Anklage ist leicht auch wieder von oben herab.

Schöttler: Nein, von unten herauf zu diesem Gott!

---

6   Davids Klage beim Tod seines Sohnes, I Sam 19,1.

Janowski: Nein, nein, Anklage, das macht normalerweise der Richter von oben, und ich kann Gott nicht richten. Ich kann aber klagen zu ihm.

Schöttler: Seit etwa sechs Jahren beschäftige ich mich ganz intensiv mit dem Judentum, das übrigens keine Theologie kennt. Was es sehr sympathisch macht. Und ich lerne immer mehr bei ihm, und möchte Ihnen einen Midrasch vorlesen, ein ganz kurzer Midrasch von Elieser Wiesel, der aber auf einer wahren Begebenheit in Auschwitz beruht, und der bringt dieses Klagen/Anklagen auf den Punkt. Elieser Wiesel hat 1986 auf einer Tagung in Loccum in einem Gespräch folgenden Midrasch erzählt, und er sagt, ich glaub es ihm, daß er das selbst erlebt hat: "Während des Krieges im Lager [also in Auschwitz] arbeitete ich einmal in einem Kommando zusammen mit einem Mann, der vor dem Krieg ein Rosch Jeschiwa [Leiter einer Jeschiwa] irgendwo in Galizien gewesen war." Also ein Rabbi. "Ich hoffe, Sie glauben mir," sagt Wiesel, das ist ein Tonbandprotokoll. "Ich erinnere mich nicht an sein Gesicht; zunächst schon, weil alle Gesichter gleich waren, alle Augen waren die gleichen, wir hatten keine Namen. Ich erinnere mich an seinen Nacken, denn wir schleppten Ziegel und Steine, und ich ging immer hinter ihm beim Schleppen, und so erinnere ich mich an seinen Nacken. Aber weil er Leiter einer Jeschiwa gewesen war, sagte er mir, warum sollten wir nicht studieren. So begannen wir, während der Arbeit Talmud und Midrasch zu studieren aus dem Gedächtnis. Wir hörten niemals damit auf. Eines Abends sagte er zu mir: 'Komm heute nacht nahe zu meiner Pritsche.' Ich ging hin. Jetzt weiß ich, warum er es tat. Weil ich der jüngste im Lager war, und er muß gedacht haben, daß ich, weil ich jünger war, eine größere Chance haben würde zu überleben und die Geschichte zu erzählen. Und was er dann tat, war ein rabbinisches Tribunal einzuberufen und Gott anzuklagen. Er hatte zwei andere gelehrte Rabbiner hinzugezogen, und sie beschlossen, Gott anzuklagen. In angemessener, korrekter Form, wie es ein richtiges rabbinisches Tribunal sein sollte, mit Zeugen und Argumenten usw. Und so beschlossen die drei Rabbiner in diesem Lager, ein Tribunal zu veranstalten. Und die Verhandlungen des Tribunals zogen sich lange hin. Und schließlich verkündete mein Lehrer, der Vorsitzende des Tribunals, das Urteil: Schuldig. Und dann herrschte Schweigen. Ein Schweigen, das mich an das Schweigen am Sinai erinnerte. Ein endloses, ewiges Schweigen. Aber schließlich sagte mein Lehrer, der Rabbi: 'Und nun, meine Freunde, laßt uns gehen und beten.' Und wir beteten zu Gott, der gerade wenige Minuten vorher von seinen Kindern für schuldig erklärt worden war."

von Wedel: Sie wären nicht bei diesem Tribunal dabei gewesen, Frau Janowski?

Janowski: Ich war nicht in Auschwitz. [Pause]. Ich halte das für ne theoretische Frage. Aber da merkt man, wir kommen an unsere Grenzen. Ich kann das nicht unmittelbar rübernehmen. Und ich möchte doch sagen, daß andere Juden eben den Gott, den man schuldig sprechen muß, neu bedacht haben. Radikal eben Hans Jonas, der hat dann nun den verohnmächtigt, den Gott. Nun muß man sagen, selbst wenn man den sich schon mit der Schöpfung radikal verohnmächtigen läßt, die Schuld kriegt man ja nicht weg, denn er hätte ja *nicht* schaffen können! Das Problem bleibt ja immer. Nur wollte ich sagen, Juden haben sozusagen ein riesiges Spektrum von Theologie, vom Umgang mit den Problemen. Es gibt orthodoxe Juden, die sagen: Ist es unsere Schuld, wir waren assimiliert usw.? Das heißt: Auch die rätseln auf höchst unterschiedliche Weise daran herum.

Schöttler: Aber das hier ist mir ein ganz wertvoller Versuch. Narrativ, mehr im Mythos als im Logos - nochmal: nicht, weil ich das ausspielen will, sondern weil ich das, was die einzelnen Zugehensweisen leisten können, damit deutlich machen will. Das ist mir ein ganz wertvoller Mythos. Und ich möchte nochmal das betonen, was ich vorher gesagt habe: Weil ich diesen Gott auch anders erfahre, deswegen kann ich auch diese Seiten angucken. Das ist ganz wichtig; also, da haben Sie recht.

[...] **von Wedel:** Gut, wir haben über Mythos gesprochen, wir haben über Logos gesprochen, wir haben noch ein paar Minuten Zeit, um über Musik zu sprechen. Ich würde gerne von Ihnen beiden noch eine kurze Reaktion haben auf das, was Sie gestern abend im Konzert erlebt haben. Heute nachmittag gibt es ja hier ein Podium mit dem Komponisten und mit dem Leiter. Ich habe sie gestern gesehen, wie sie wunderbare Handbewegungen gemacht haben. Für mich völlig rätselhafte Handbewegungen, die eigentlich aussahen wie ein Teil der Inszenierung, die hatten aber, glaub ich, eine andere Bedeutung. Aber vielleicht können wir jetzt noch mal kurz drüber reden. Frau Janowski, was war Ihr Eindruck gestern, was hat Ihnen das eigentlich gebracht zu diesem Thema, mit dem wir uns gerade beschäftigen?

Janowski: Große Ratlosigkeit. Ich habe für den morgigen Tag eigentlich was vorbereitet, steht ein Satz drin, ich fände es ganz, ganz wichtig, daß die Künstler gegenüber unserem Kirchenkitsch die unerlöste Welt realistisch festhalten. Jetzt habe ich eigentlich nur schwarz gesehen und gehört. Ich bin durch die kritische Theorie gegangen, negative Dialektik, Adorno war einer meiner Lehrer. [Die Aufführung gestern -] so hat's mich betroffen, daß dann nichtmal mehr ich das kritische Potential sah, weil kein Licht mehr da war. Also, wenn ich die Welt so ansehe, es ist, im Grunde, muß man sagen, es ist herrlich! [Es gibt] die Zerstörung und daß es Gegengewicht gibt, muß ich festhalten, das ist das eine. Und das andere war mir der Wiederholungszwang, der wahrscheinlich bewußt war, dieses Repetitive, die Pluralität der Greulichkeiten war mir nicht ausgeschöpft. Das war immer repetitiv. Ansonsten wars natürlich die Hölle auf Erden, nicht? Und daß die schon auf Erden ist, das ist klar. Der gekreuzigte Christus[7] - welche Funktion hatte der? Um Opfermentalität, oder Täter-Opfer-Mentalität mit dem Gekreuzigten unmittelbar zu verbinden? Ich würde sagen, der leidet selber das, aber in anderer Weise. Und dann die Funktion der Frau nur als Opfer, das war mir auch noch schwierig.

Schöttler: Ja, dem ersten Votum von Ihnen kann ich zustimmen. Ich war zum Schluß auch ein wenig ratlos, hab das dann auch gemerkt an der Reaktion des Publikums. Es passierte nicht das, was bei normalen Konzerten passiert, einer fängt an zu klatschen und dann ist das eine Dominostein-Bewegung, sondern es retardierten ganz viele, verweigerten sich dem mit recht, ähm. Vor dem Hintergrund unserer süßen Kirchenmusik, so wie ich sie traditional kenne von Kirchenchören oder so, war das mir ganz wichtig. Ich würde mir so etwas schon wünschen. Ich bin kein Musikwissenschaftler, ein Dilettant in musikalischen Dingen, kann aber im Bezug auf den letzten Satz folgendes Erschrecken sagen, das ist also jetzt ganz subjektiv. Es war vom Herrn Darmstadt angedroht worden, wer sich die Ohrstöpsel nicht holen würde, würde unter Umständen bleibenden Schaden erleiden. Ich habe mir die dann geholt und wartete die ganze Zeit drauf: Wann brauche ich die? Und dann kam es, nach langer Zeit, es war für mich ein Opfer zuzuhören, und dann hab ich ganz kurz die Finger benutzt und merkte dann: Ich

---

[7] Hier sind Szenen aus dem Video gemeint, die ein Kruzifix zeigten.

brauche die Ohrstöpsel gar nicht. [...] Ich fand das angenehm. Ich fand das im Bauch angenehm! Und das hat mich erschreckt.

von Wedel: Was?

Schöttler: Ich habe die Finger nachher nicht mehr [gebraucht], ich habe mich in der Bank [zurückgelehnt] und habe gesagt: Nein, ich habe ganz anderes erwartet, und deswegen ist vielleicht die Enttäuschung der Hörererwartung die bleibende Erinnerung an diese Musik.

von Wedel: Danke sehr! Also, ich kann sagen, in dem Moment, wo es dann richtig laut wurde, am Ende, fühlte ich mich wie jemand, der völlig erhitzt in ein Becken mit kaltem Wasser springt, es war eine Erfrischung sondergleichen! Ich hab ja auch gesehen, was für ein technischer Aufwand dazugehörte, um das alles zu erzeugen. Ich habe das alles außerordentlich bewundert.
[...]

Musik im Gespräch I

(Ulrich Krieger, Johannes Uhle, Ezzelino von Wedel)

von Wedel: [...]¹ Herr Krieger, [wie kamen Sie zu dem Titel Ihres Werkes und] wie ist das Wort oder der Begriff "Opfer" für Sie emotional besetzt? Was passiert mit Ihrer Emotion, wenn Sie den Begriff hören?

Krieger: [...] Dieser Titel, der zuerst Arbeitstitel war, und der sich dann aber gehalten hat, ist für mich ne Archaisierung dieses Wortes Opfer, wo ich eine Sache damit schon mal ausdrücken wollte, die mich daran interessiert, nämlich diese rituelle, archaische Komponente dadran. Daher diese Umschreibung, die genau dahin zielt, zu kucken, woher kommt das, was hat Opfer eigentlich eher für einen rituellen Hintergrund, archaischen Hintergrund. Auf der anderen Seite aber auch die Frage, die dann gleich aufgeworfen hat, gibts eigentlich sowas wie einen progressiven Zukunftsentwurf für Opfer, also ist das was, was wir in der zukünftigen Gesellschaft überhaupt brauchen? Ist das was, was eigentlich lieber aufhören sollte, was wir nicht brauchen? Wirklich die Frage: Gibt's sowas, und da sollte dieser Titel, diese Verfremdung, diese Umformung des Wortes auch hinzielen, ein bißchen auch mit einem Auge auf die Pop-Kultur zielend. Science-Fiction, wer das kuckt, kennt das: es gibt außerirdische Rassen, und denen wird eine neue Sprache erfunden, und die sieht oft auch so aus. [...]
Die Frage nach der Emotion ist eine sehr heikle, sehr schwierige Frage. Als Johannes Uhle mich daraufhin angesprochen hat, hab ich erstmal mit den Schultern gezuckt und hab gedacht: Da hab ich überhaupt keinen Bezug dazu, interessiert mich nicht. Opfer - noch nie drüber Gedanken gemacht. Das war so meine erste Reaktion. [...] Dann haben wir lange gesprochen und sind von einem ins andere gekommen und haben im Endeffekt festgestellt, wenn man mal genau hinkuckt, ist das eigentlich überall, man findet es überall. [...] Es ist ein heikles Thema. Und für mich war es dann klar, daß ich sowohl personell als auch als Künster zu dem Thema keine Antworten geben kann und auch nicht geben möchte. Sondern was ich für mich gesehen hab, was ich machen kann, ist Fragen stellen. Ich kann

---

¹   Die Bandaufzeichnung beginnt erst an dieser Stelle.

versuchen, das Wort, das Thema zu hinterfragen, ich kann versuchen, Denkstrukturen aufzuzeigen, Denkstrukturen aufzubrechen, zu irritieren, zum Nachdenken anzuregen - das alles. Und für mich ist dann in der Arbeit auch wichtig geworden, Opfer als sozialgesellschaftliches Phänomen, also nicht so sehr als theologisch-kircheninternes Phänomen, wovon ich keine Ahnung hab, ich bin weder Theologe, noch bin ich gläubig. [...] Ich seh mich selbst als Atheisten, ich hab mich aber sehr stark in den letzten zehn Jahren mit Judentum auseinandergesetzt, jüdischer Mythologie, ich hab in der Bibel gelesen, mich mit christlicher Mythologie auseinandergesetzt, weil für mich das die Wurzeln des Abendlandes sind. Ich hab sehr viel mit jüdischen Freunden in New York darüber gesprochen [...]. Aber ich fand das als Wahnsinn, wenn ich da jetzt auf ner theologischen Ebene irgendwas drüber sagen wollte. Was ich kenne, ist die Gesellschaft. Ich bin ein politisch denkender Mensch, und ich kann nur Fragen stellen. Meine Fragen waren dann: Was für ne Bedeutung hat Opfer in der Gesellschaft? Braucht eine Gesellschaft Opfer? Wer profitiert von Opfern? Werden Opfer eingefordert? Fundamentieren Opfer gewisse Machstrukturen? etc. Also wirklich Fragen stellen, wo ich vielleicht ganz persönlich für mich, als Privatmensch und nicht als Künstler, vielleicht Antworten hab und Meinungen hab, aber diese Meinungen, find ich, interessieren erst mal nicht, wenn ich da was drüber mache, das sind Privatmeinungen.

[...] **von Wedel:** Herr Uhle sagt ja, er selber kann jetzt nicht sagen, ob oder was die Musik mit dem Begriff "Opfer" zu tun hat. Können Sie das sagen?

Krieger: Äh, jein. Musik ist ne abstrakte Kunst, vielleicht die abstrakteste. Abstrakter als Malerei, als Theater, als Literatur. Wenn ich Musik mache und keinen Text benutze, dann bleibe ich immer in diesem abstrakten Raum. D.h. die Verbindung zum Thema, ob es nun "Opfer" oder ein anderes sei, findet immer auf einer Metabene statt. Diese Metaebene hat sich in das Stück reingeschlichen natürlich - durch die Diskussion, durch meine Beschäftigung damit, natürlich bin ich hingegangen, ich habe mir nochmal Filme auf dieses Thema hin angekuckt, habe Lillevän Vorschläge gemacht, z.B. wer's gesehen hat, es war sehr viel Polanski "Macbeth" zu sehen, das hab ich reingebracht, und er hat gesagt: Hab ich schon rausgesucht. Da hatten wir uns also sehr gut getroffen. Ich hab natürlich nochmal die Bibel genommen, hab Abrahams Opferung da gelesen, auch andere

Bibelstellen. Ich hab aber genauso Philosophie und Boudoir von de Sade rausgezogen, wo es genau um das gleiche Thema geht, um Opferung und Leid und Tugend und wie das gesellschaftlich zusammenhängt. D.h., da ist natürlich viel Arbeit passiert, und ich glaube, daß natürlich, wenn man sich mit so einem Thema beschäftigt, sich das auf einer Ebene auch in so einem Stück wiederfindet. [...] Bei der Aufführung gestern abend hab ich für mich persönlich festgestellt, es ist sogar mehr drin als ich gedacht hätte am Anfang. [...]

Ich habe auch ganz bewußt - vielleicht noch schnell was zur Arbeitsweise - eigentlich die Arbeitsweise umgedreht. Oft wird ja so traditionell an einem Thema gearbeitet, gerade wenn man an einem Thema ist, wo auch noch Gesang dabei ist: man sucht sich einen Text, dann schreibt man die Stimme, dann die Begleitung. Ich hab's völlig umgedreht. Ich hab angefangen, die Musik für das Ensemble zu schreiben, und ich habe die Musik fürs Ensemble fertig gemacht. Erst nachdem die fertig war und quasi als Musik für sich selbst dastand, hab ich angefangen, an der Stimme zu arbeiten. Ich arbeite oft, was ich nenne "in Schichten". Die Stimme ist eine neue Schicht, die zwar dann doch sehr weit ins Ensemble reinging, aber trotzdem als Schicht eigen drübersteht, die komponiert wurde, als das Ensemble fertig war. Nachdem ich das Material für die Stimme komponiert hatte, hab ich angefangen, den Text zu schreiben für die Stimme. Dieser Text wiederum hat konkret mit dem musikalischen Material der Stimme nichts zu tun. Er wird aber gesungen, er wird von der Stimme verwendet als phonetisches Material. Er wird nicht rezitiert, er ist nicht verständlich, er ist genau wieder auf dieser Metaebene vorhanden im Stück. Von daher ist für mich das Thema sehr stark sehr wohl dadrin.

von Wedel: Herr Krieger, wenn man an Komponieren denkt, also ich seh einen Komponisten vor mir, mit einem Federkiel, reden wir vielleicht vom 19. oder 18. Jahrhundert, er hat eine Partitur vor sich, schreibt Noten auf. Wie ist das, wie fängt eine Partitur bei Ihnen an? Ich nehme an, wenn einer von uns, der sich mit Noten auskennt, diese Partitur sieht, könnte er damit überhaupt nichts anfangen. Ich weiß es nicht. Aber wie entsteht es, wie kommt es von Ihren Vorstellungen zu dem, was wir gestern gehört haben?

Krieger: [...] Ich hab sehr lange so gearbeitet, mit Notenpapier und Bleistift und Radiergummi und saß da und hab einfach wirklich sehr traditionell in dem Sinne gearbeitet, wobei ich immer von außen nach innen arbeite, sprich: ich nehme kein Motiv und entwickle das - [...] ich arbeite eigentlich fast ausschließlich von außen nach innen. D.h. ich versuche mir im Kopf erst mal das Stück komplett vorzustellen. In meiner Musik kann ich auch kein Klavier gebrauchen, ich kann das Zeugs nicht auf dem Klavier ausprobieren, das ist unmöglich. D.h. ich versuche, das Stück als Ganzes mir im Kopf vorzustellen, fang dann an, die einzelnen Klänge der Instrumente zu notieren, und geh also immer auf die kleineren Details. Von einer Großstruktur, von einer Gesamtvorstellung hin zum Detail. So arbeite ich eigentlich fast immer noch, nur habe ich vor fast anderthalb, zwei Jahren meine Arbeitsweise umgestellt. Und ich arbeite jetzt eigentlich fast überhaupt nicht mehr auf dem Papier, sondern ich arbeite am Computer. Ich wollte ne intuitivere Arbeitsweise haben, wo ich intuitiver arbeiten kann, weil wenn ich mit dem Papier dasitz, ist das sehr analytisch, intellektuell. Ich versuch mir zwar, das intuitiv vorzustellen, aber in der Übersetzung wird's analytisch-intellektuell. [...] Bei "Op F'arh" hab ich zum ersten Mal konsequent [...] so gearbeitet: ich hab diese Idee gehabt. Ich bin zu nem befreundeten Musiker gegangen, hab gesagt: Nimm mir diesen Klang auf: das ist der Klang, den ich im zweiten Stück für die Geige brauch, oder fürs Akkordeon. Spiel mir das bitte mal. Hab's mir aufgenommen, verschiedene Versionen, hab gesagt, nimm noch das und das auf, hab den ganzen Kram in den Computer reingespielt, in mein Harddisc Recording Programm und hab dann alles quasi als Audio Files dagehabt, und hab dann angefangen, das zusammenzusetzen, auf eine intuitive Art und Weise, und wenn ich damit nicht weitergekommen bin, hab ich angefangen, analytisch hinzugehen, d.h. hab dann analysiert, was hab ich gemacht intuitiv, hab ein Muster festgestellt, Ordnungsstrukturen, hab die, wenn ich mal es negativ ausdrücken will, zurechtgebogen, und hab dann quasi in meinem anderen Programm, in meinem Notationsprogramm, was ich jetzt benutze, die Sachen notiert, die Strukturen notiert. Wenn ich da nicht weiterkam, bin ich wieder zurück, d.h. ich pendele quasi im Computer zwischen dieser intuitiven Arbeitsweise und der analytischen hin und her, und das ist für mich im Moment das Beste, und wenn ich Klänge nicht hab, dann nehme ich irgendwelche billigen Ersatzklänge, also - ich hatte keine Trompete. Dann hab ich halt den Trompetenklang, so gut es ging, auf meinem Saxophon imitiert und aufgenommen. Ich weiß ja, wie ne Trompete klingt, oder ich hab auch mal Sinustöne verwendet statt den Streichern, also da findet dann schon ne Abstraktion statt, da nimmt man dann halt, was man hat, oder aus alten Stücken. Ich hab mal ein Streichquartett gemacht, was ähnlich arbeitet mit Streichern wie im letzten Stück. Dann hab ich einfach aus diesem Streichquartett Sachen rausgenommen, die gepaßt haben. Ich nenn das jetzt mittlerweile ne akustische Skizze, und was anderes ist es jetzt auch nicht, es ist ne Skizze, die akustisch funktioniert.

[…]

Ich habe angefangen, ungefähr seit ich meine Arbeitsweise umgestellt hab, mit sehr viel Wiederholungen zu arbeiten, und das kann ich im Computer nicht imitieren. Jetzt großes Fragezeichen wahrscheinlich überall, wieso? Computer, Wiederholung, ist doch prima. Weil meine Wiederholungen natürlich keine Wiederholungen sind. Ich hab lebende Musiker, die kriegen ne Wiederholungsfigur, und die Klänge sind unscharf. Es sind unscharfe und manchmal sogar chaotische Klänge. Damit meine ich Klänge, die ich nicht, wie in der klassischen Musik, auf den Punkt bestimmen kann. Ich schätz mal, daß hier die Theologen sich wahrscheinlich auch schon mit der Chaostheorie beschäftigt haben. Das ist, glaub ich, ein sehr interessantes Gebiet zwischen Theologie und Naturwissenschaften, wo es einige Überlappungen gibt. Und da ist es so: es gibt halt Klänge, Instrumentalklänge, die zwar reproduzierbar sind, aber so unsicher, daß ich sie nie exakt reproduzieren kann. […] Im Computer hab ich ein oder zwei Versionen davon, und die häng ich dann hintereinander, aber ich weiß, daß der Computer mir da eine viel steifere, eckigere Version abliefert als das Lebendige, was mir dann die Musiker liefern werden, die ich dann noch darüber hinaus dazu anhalte, verbal und in den Noten, sogenannte Mikrovariationen der Klänge zu spielen, also kleinste, unnotierbare Variationen.

[…] **von Wedel:** Herr Uhle, Sie haben mir heute erzählt, daß die Musiker auf das Stück anders reagierten, als sie das Video gesehen haben. Das find ich nun interessant.

Uhle: Diese Art von Musik spaltet, polarisiert. Und das war auch bei den Musikern so. Das ist jetzt kein Ankreiden der Musiker, sondern einfach ein Zur-Kenntnis-Nehmen der Realität, die gar nicht mal die schlechteste ist. Die Musiker haben das Stück von vornherein nicht akzeptiert, bis auf den Schlagzeuger, der hatte ja sein Solo da hinten in Nr. 5, und sie haben aber mitgemacht, sie haben gearbeitet, sie haben versucht zu realisieren, das ging ständig hin und her. Die Stimmung war so, ja "muß das sein", so ungefähr. [...] Ich hab gesagt, das ist ein ganz wunderbares Stück, ich weiß, daß das für euch kein wunderbares Stück ist, danke euch für eure Arbeit. So, war wunderbar einvernehmlich und freundschaftlich. So muß man das machen, find ich. Und dann kam das Video dazu, und die Stimmung hat umgedreht, und zwar diametral. Die waren dann wirklich sehr begeistert, und wir saßen heut nacht noch im CVJM-Heim bis um drei Uhr nachts bei Bier und allen möglichen Erlebnisschilderungen. Das ist so gelaufen, man muß sich drauf einstellen. Man kann bei der Musik nicht immer Freunde gewinnen.

von Wedel: Haben Sie eine Erklärung dafür, warum das Video so etwas ausgelöst hat?

Uhle: Das Video an und für sich ist schon mal ein Phänomen. Es kommt eine neue Ebene dazu. Erstens. Zweitens finde ich die Arbeit von Herrn Lillevän ziemlich gut. Sie schafft so ne Art von Konzentration, Fokussierung [...] - ich kann's ganz dilettantisch sagen: Es gibt manchmal wirklich Momente, die sind anrührend. Fand ich auch, soweit ichs verfolgen konnte, z.B. im ersten Teil, am Schluß, wo das so hoch wird, eigentlich die brutalste Stelle, und dann im Video eigentlich nur noch verzerrte Kindergesichter kommen, da kann ich mich nicht mehr gegen wehren, da sind mir die Tränen nah. Und es ging den Musikern genauso. Und so gab es immer wieder Sequenzen, wo sich Dinge getroffen haben, die nicht vorhersehbar sind, aber die im Moment für jeden einzelnen irgendwo gestimmt haben. Und das ist das Geniale, wenn man so arbeitet. Man kann das nicht festlegen, die nächste Fassung wird eine völlig andere sein. [...] Man entdeckt, spielt, oder dirigiert, hört den Klang, und es kommt was dazu. Und auf einmal entdeckt man eine Dichtigkeit, und die ist nicht erklärbar, die zieht nur rein. Und das sind die entscheidenden künstlerischen Momente. Und ab da war bei den Musikern klar: hier passiert was. Dann auch noch eine Geschichte: Die Schwierigkeit dieses Stückes bestand darin, daß natürlich von der ganzen Anlage her es keine Neue Musik ist. Es ist keine Neue Musik, sondern es ist Rockmusik, es ist Technomusik, aber es ist keine Neue Musik. Es ist keine Musik, die auf Entwicklung abzielt, es ist eine Musik, die auf Langsamkeit, auf Statik abzielt, auf Mikroveränderungen, und die wirklich dann von den Musikern was ganz anderes verlangt. Das war auch ne Schwierigkeit. Und die Truppe, die das gespielt hat, das Ensemble est!est!!est!!!, die sind in Neuer Musik sehr fit, die haben phantastische CDs rausgebracht, das sind gute Jungs und Mädels - aber in dem Moment, wenn so Kategorien wegfallen, ich höre als Musiker nicht mehr, hier entwickelt sich etwas, das verändert sich dauernd, das wird immer spannend - das war hier nicht angesagt. Da ging es um andere Geschichten. Das war wirklich sehr schwierig, das zu vermitteln. Und das war vielleicht auch beim Zuhören so schwierig. [...] Es war keine Entwicklung da, es war vieles weg, und es blieben Zustände übrig, die von dem Ausführenden und von den Hören ganz anderes verlangen. Das war ne Schwierigkeit oder eine positive Möglichkeit. Ich neige zu letztem.

von Wedel: Herr Krieger, noch ein Wort zum Video. [...]

Krieger: [...] Lilleväns Hintergrund ist zwar Film - er hat Film studiert und früher auch Film gemacht - ist jetzt aber mittlerweile in Deutschland einer der bekanntesten sogenannten VJs, also Video Jockeys. Was er gestern gemacht hat, war nicht vorproduziert und einfach auf Knopfdruck abgespielt, sondern er hat mit drei Quellen gearbeitet, da hat er Material vorbereitet, natürlich, das auch schon den einzelnen Stücken zugeordnet war. Aber dann hat er aus drei Quellen, und zwar zweimal Bänder, digitale Videobänder, und einmal Computer, hat er dann live diese Quellen zusammengemischt. Das passiert live. Und von daher stimmt das, was Johannes sagt, ganz genau: das wird jedesmal anders sein. Er wird zwar in jedem Teil das Material verwenden, was er dafür hat - es sei denn, er entscheidet sich, och, das Material, was ich im ersten Teil verwendet hab, war doch nicht gut, nehm ich was anderes, okay, - aber er wird es jedesmal neu live mischen, was sich natürlich sehr mit meiner Arbeit deckt und wo ich das Ensemble anrege mit dem Material, was ich dem Ensemble gebe, was zugegebenermaßen oft sehr genau definiert ist und sehr streng ist, aber eben wo in vielen Momenten jeder einzelne Musiker ne Wahlmöglichkeit hat, entweder wie genau spiele ich den Klang oder wo positioniere ich den Klang. Also von daher treffen sich diese Arbeitsweisen da sehr gut.
[...]
Ich hör sehr viel Musik, wenn ich komponiere. Ich hab sehr viele CD's zu Hause, ich zieh mir Sachen raus [...] und die dienen mir einfach als Inspiration. [...]

Ich leg immer gern meine Referenzen auf den Tisch. Bei "Op F'arh" gings also von der Neuen Musik, von Spätwerken Luigi Nonos und John Cages über ein paar Sachen von Norton Feldman bis hin zu ner Death Metal Gruppe namens Dayside, zu ner Berliner Avantgarde-, zu Techno- und Elektronik-Bands und zu einer Jazz-CD, also ganz verschiedene Sachen, die sich oftmals jetzt nicht konkret überhaupt im Werk finden, aber es geht auch gar nicht dadrum, sondern es geht um eine gewisse Ästhetik.

Publikum1: Sie hatten gesagt, es handle sich nicht um Neue Musik? [...]

Krieger: [...] Tatsächlich distanziere ich mich persönlich immer mehr von diesem Begriff der Neuen Musik oder, wie ich es mittlerweile eigentlich nenne, der traditionellen Neuen Musik, oder, wie es die Amerikaner nennen, Contemporary Classics. Für mich - und das soll jetzt keine Abwertung sein, das ist einfach nur ne Abgrenzung - für mich hat die traditionelle Neue Musik - Stockhausen, Lachenmann, Spalinger, die alle ihre Berechtigung haben, die wirklich gute Komponisten sind - die halten an einer Kompositionsweise fest, die meiner Ansicht nach hoch romantisch und bürgerlich ist. Und zwar hat es damit zu tun, es ist ne gestisch-semantische Musik. Ne Musik, die immer noch nem Sprachduktus verhaftet ist. Der Sprachduktus in der Musik hat seinen Siegeszug angetreten, als die bürgerliche Klasse an die Macht kam, sprich: klassische Musik, Mozart oder dann im Gefolge Beethoven, Brahms. Das war sprachliche Musik, Musik, die semantisch ist, oder wie Beethoven es gesagt hat: Ein Streichquartett sind vier vernunftbegabte Menschen, die sich unterhalten. Also eine ganz klare Aussage: Musik ist was Intellektuell-Analytisches. Was mit Sprache zu tun hat. Während Musik davor - Barock möcht ich nicht näher drauf eingehen, ist für mich ne Übergangsphase, gehen wir in die Renaissance und in die mittelalterliche Musik. Da ist es nicht so. Renaissancemusik, mittelalterliche Musik ist nicht semantisch, sie ist nicht sprachlich und hat keinen Gestus. Es ist reine Klangmusik, es ist architektonische Musik. Es gibt Stücke, die sind nach den Bauplänen von Kathedralen entstanden. Die ganzen Strukturen sind nach mathematischen Proportionen entstanden, natürlich ganz oft, wenn es um Kirchenmusik ging, die Drei, die Sieben, die Zahlen, man findet sie überall, bei Bach auch immer noch, deswegen ist das eine Übergangsphase, dann ab der Klassik nicht mehr. Da geht es dann eher um diese sprachliche Vermittlung. Und diese sprachliche, semantische Ebene, die hat sich in der Neuen Musik durchgezogen. Die findet man in der seriellen Musik eines Stockhausen oder eines Nono, die findet man in dieser sogenannten *Musique concrete instrumentale* von Lachenmann, und ich hab irgendwann gemerkt: für mich ist das nix mehr. Ich suche anderes, ich suche Musik, die weniger geschwätzig ist, um das mal böse zu sagen, die nicht so viele Töne hat, die nicht auf dieses romantische Fingervirtuosentum ausgeht. [...] Für mich, hab ich gemerkt, gibt's zwei Momente, zwei Sachen, die sehr wichtig sind: das ist Klang und Rhythmik - und Rhythmik jetzt auch verstanden nicht nur als Rhythmik, pulsierendes Element, sondern auch als Struktur. Und mich interessiert diese intellektuelle Ebene von Musik nicht mehr, sprich: mir geht es nicht drum, daß der Zuhörer dasitzt und das Stück, was er gerade hört, analysiert und nur analysierend versteht. Mir geht's drum, daß meine Musik auf einer emotionalen Basis funktioniert, daß sie emotional verstanden wird. Es gibt natürlich eine intellektuelle Ebene, die ist auch da, aber die steht nicht im Vordergrund. Und da mach ich diesen großen Unterschied, und deswegen sortier ich das auch nicht mehr bei der Neuen Musik ein. Es gibt auch keine - davon hab ich mich auch verabschiedet - Entwicklungsstrukturen mehr, was ja auch klassisch ist. Die Entwicklungsstrukturen tauchen in der Klassik auf und haben sich bis in die Neue Musik rein gehalten. In meiner Musik gibt's eher Statik, ich hab gemerkt, mich interessieren Sachen wie Statik, Langsamkeit, - Langsamkeit ist was unwahrscheinlich Spannendes, was sehr Sinnliches. Mich interessieren Mikrovariationen, d.h. kleinste, unnotierbare Details, mich interessieren, wenn überhaupt, Prozesse - es geht von hier nach hier, was aber was ganz anderes ist als eine Entwicklungsstruktur. Sondern es ist so in sich ein Prozeß. [...]

[...] **Publikum2:** Ich würde Ihrer Meinung gern widersprechen, daß Neue Musik nur den Intellekt anspricht. Weil, also für mich ist für gute Neue Musik ein Zeichen, genau [wie für jede andere gute] Musik, daß sie vielleicht den Intellekt anspricht, aber vor allem emotionale Musik ist. [...] Und mir ist es gestern Abend bei Ihrem Konzert so gegangen, daß es mich eher emotional *nicht* angesprochen hat. Und das ist vielleicht ein Grund, warum das Stück nicht so gut angekommen ist. Ich habe auch die Beobachtung gemacht, daß Leute, die mit Musik nichts zu tun haben und auch mit Neuer Musik nichts zu tun haben, trotzdem ansprechbar sind, wenn die Musik ihre Emotionen anspricht. [...]

Krieger: Das ist eine sehr interessante Bemerkung. Ich hab jetzt gestern abend von sehr vielen Leuten aus dem Publikum und auch im Ensemble gesagt [bekommen], daß sie das sehr stark emotional berührt hat. Der Schlagzeuger z.B. meinte, ihn hat seit Mahlers Neunter nichts mehr so emotional berührt wie das Stück

von Wedel: Oho!

Krieger: Zitat! Mir gehts so, daß meine neuesten Sachen - immer so der letzten drei Jahre - interessanterweise sehr stark Leute ansprechen, die nicht aus der Neuen Musik kommen, Leute die davon nix verstehen. Daß viele meiner Stücke, auch meiner Instrumentalstücke, bei Leuten ankommen, die aus dem Technobereich kommen, die aus dem Rockbereich kommen, und was mich interessiert, ist ne Langsamkeit, und ich sprech auch gerne von ner Ritualität der Musik. Ich empfinde meine Musik als eine rituelle Musik für einen nicht genannten imaginären Ritus, aber es ist ne rituelle Musik. [...]

[...] **Publikum3:** Sie [brachten] gerade das Thema Kirche / Altar. Sie negieren Neue Musik. In der Kirche war's unweigerlich, also ich war gestern in einer Kirche. Also stimmt der eine Teil zumindest. Aber was hat das jetzt mit Kirchenmusik zu tun?

Uhle: Es heißt aber nicht Kirchenmusik sondern Neue Musik in der Kirche.

Publikum4: Richtig, aber ich geh jetzt mal vom Begriff rein. Ich erwarte jetzt von der ganzen Veranstaltung nicht nur Neue Musik in der Kirche, sondern ich erwarte auch Kirchenmusik.

Uhle: Nö, die heißt nicht so. Die heißt Neue Musik in der Kirche. Die heißt nicht Kirchenmusik. Das ist wichtig.
[...]
Also, um das mal bißchen klar zu machen. Wenn ich heute so abstrahiert habe, gesagt habe, das hat miteinander nix zu tun, wollte ich nur den Eindruck nicht erwecken, als sei jetzt das Thema Opfer da jeden Tag präsent. Ich bin der Meinung, das tiefe E in der Matthäuspassion, der Anfang, in den Bässen, spricht für das ganze Stück. In dem ist die Farbe des ganzen Stückes drin. Da können Sie auch nicht sagen, das ist Matthäuspassion. Ich mach mal den skurrilen, vielleicht etwas frechen Bogen zu dem Stück von gestern abend. Es gibt natürlich Passa-

gen, von denen bin ich mir sicher, daß es ohne das Thema nicht so geklungen hätte. Und nicht so aufs Papier bzw. in den Computer gekommen wäre. Aber ich scheue mich davor es festzumachen. [...] Ich kann zwar das D - Es als Opfer empfinden oder das es da was zu tun mit habe, aber ich weiß nicht, was jemand anders dabei fühlt. Und das war auch klar, das würd ich auch sagen, [...] als wir hergekommen sind: wir sind von dem Thema engagiert. Und daß natürlich die Kraft des ganzen mit dem Thema selbst zu tun hat [...]. Also - ich wollt nur sagen, die Musik ist nicht beliebig, sondern sie ist genau auf das Thema, aber ich weiger' mich zu sagen, das hat genau da mit dem Thema zu tun. [...] Man muß natürlich auch noch folgendes bedenken. Jetzt sag ich ganz was Kritisches. Wir haben natürlich gedacht, mit dem Thema "Opfer", mir gehts jedenfalls so, Opfer abschaffen, Opfer - Täter mal weglassen, Schuldbekenntnis mal weglassen - es gibt aber noch was ganz Verdammtes bei der ganzen Geschichte. Und zwar, daß es unter diesem ganzen Bereich eine Farbigkeit gibt, und ein Sich-Eingewöhnen in diesen Bereich. Opfer- Täter ist ja nicht nur so ein Konstrukt, sondern ist ja auch ein Gewöhnungs- und ein Aufhaltensmodell. Das hat ne Farbe, Opfer sein. Das ist ja auch, viele Leute empfinden sowas unter Umständen auch angenehm. Als schön, das haben zu dürfen. Ich sags mal ganz ketzerisch. Und das hat ne Farbigkeit, und diese Farbigkeit, die kommt auch in der Musik raus.

Krieger: Da würd ich auch gerne nochmal dazu antworten. Ich denke, einen Teil hab ich ja vorher beantwortet, wo ich darüber gesprochen hab, wie ich mich mit dem Thema Opfer sehr speziell beschäftigt hab, und wie es eingeflossen ist. Und [...] am Anfang, als wir drüber gesprochen haben, du wirst dich erinnern, ich hab gesagt, ich möchte die beiden, die das Festival hier machen, kennenlernen, bevor ich endgültig zustimme. Weil ich natürlich genau wußte: es ist Neue Musik in der Kirche, es ist also ein bestimmter Raum, mit dem ich eigentlich nix zu tun hab, und ich wollte die Menschen, die das hier machen, kennenlernen, um zu sehen, ob ich mit denen - ich mein, im Endeffekt haben wir natürlich nix zusammen gemacht, aber trotzdem haben wir was zusammen gemacht - ob ich mit denen hier das machen kann. [...] Und dann hab ich gesagt: ja. Und natürlich ist auch dieses Thema "Ein Gott, der tötet" damit eingeflossen, die ersten zwanzig Minuten, diese sehr dunklen, sehr düsteren ersten zwanzig Minuten sind natürlich das. Ich persönlich - das kann jedem anders gehen - ich persönlich empfinde die ersten zwanzig Minuten dieses Stückes extrem dunkel, extrem bedrohlich, extrem düster. [...]

Janowski: [... Ich habe nur den Eindruck, daß Sie das Opfer durchaus semantisch bestimmt haben,] daß Sie ein Opferverständnis haben, das heute sehr üblich ist, da wurde ein Täter-Opfer zum Verkehrsopfer, Vergewaltigungsopfer und so weiter, und es ist sehr schwer, diese Semantik in das kultische Opfer zu transportieren [...]. Im kultischen Opfer, da opfert ja gerade nicht der Gott. Ich habe richtig Angst, daß wir hier ein Opferthema, das [beziehungslos ist, das bezogen ist auf die] alltägliche Gewalt. Ich hatte eher den Eindruck, daß das theologische Thema sich darauf kritisch zurückbezieht. Ihre Musik habe ich als kultische Musik wahrgenommen, alles, was Sie gesagt haben, kann ich nachträglich nachvollziehen für Ihre Musik, aber das war für mich [...] total verdeckt durch diese Bilder. Die Gewalt darin war *nicht* alltäglich. [...]

Publikum5: Ich denke auch, weil ich ja etwas stärker vom Bild herkomme, für mich war die Musik etwas sehr Gewaltsames. Der Opferbegriff - im Prinzip war er 'n Gewaltbegriff. Und das ist das, was Sie auch bemängelt haben eben, daß Opfer ist mehr als nur das Gewaltmotiv. Und das ist in der Tat durch die Bilder sehr stark rübergekommen. [...] Ich würde jetzt ganz gerne nochmal etwas erfahren über das, was Sie auch angesprochen haben, ich sag's jetzt mal mit meinem Begriff: das liturgische Element. Weil Sie ja auch gesagt haben, ein anderes Element, das ist da drin. [...] Wie verbindet sich das mit dem "Liturgischen"?

Krieger: Ich bin mir nicht ganz sicher, ob ich die Frage exakt verstanden hab. Ich kann nur sagen, was ich vorher schon mal gesagt hab. Daß ich glaube, wir müssen jetzt am Anfang des 21. Jahrhunderts über diese semantische Ebene hinausgehen. Die ist ausgereizt. Wir müssen auf ne neue Ebene gehen. Das heißt nicht, daß wir die semantische Ebene völlig vergessen. Das möcht ich noch mal betonen. Ich bin völlig gegen diesen ganzen -ich sags jetzt mal sehr negativ - diesen ganzen Kram, der in der New Age Bewegung passiert, weil das ist ja nur noch Verdummung zum Großteil. Sondern wir sollten einfach einen progressiven Entwurf suchen, und da hab ich auch keine Antworten, sondern es geht wirklich um Suchen, oder um Luigi Nono zu zitieren, der Weg ist das Ziel. Zu kucken, können wir irgendwo anders hinkommen. Wie kommen wir wieder an andere, auch schon vergrabene, vergessene Elemente ran, die unser Menschsein vielleicht ausmachen, bestimmen, die in unserer Entwicklung in den letzten hundert Jahren nicht so wichtig waren, weil was anderes im Vordergrund stand. Und ja meine Frage, die ich selber nicht beantworten kann, gibts diesen progressiven Opferentwurf? Ihre kleine Diskussion mit Gewaltopfern, die unterstreiche ich völlig, aber ich hab mir selber, in meinen Texten steht ganz oft "aktives Opfer: sacrifice, passives Opfer: victim". Also extra das Englische benutzt, weil das Englische dafür zwei Wörter hat, wo wir nur eins haben und das umschreiben müssen. Daß das Video mehr auf das eine einging und meine Musik eigentlich mehr auf das andere einging, find ich eigentlich nicht als einen Widerspruch, sondern für mich sind das zwei Medien, die parallel ablaufen, die sich ergänzen, auch widersprechen. Ich brauch keine Dopplung im Bild dessen, was musikalisch passiert. Das find ich langweilig. Sondern ich find, das eine sollte das andere kommentieren, dem andern auch widersprechen. [...]

[...] **Schöttler:** Ich würde gern Ihr Stichwort aufgreifen, jetzt nicht das Thema Opfer, sondern die Art und Weise dieser Musik. Sie haben, denk ich, einen ganz wichtigen Anstoß gegeben, das ist wirklich meines Erachtens ein Unterschied zwischen Musik in der Kirche und Kirchenmusik. Und ich möchte mal eine Lanze brechen für diesen Titel, den ich nicht erfunden habe. Ich denke, unsere Kirchenmusik ist viel zu assertorisch, bestätigend. Das, was gesagt wird, was geglaubt wird, was gefeiert wird, wird unterfangen, bestärkt, ins Gemeindelob genommen, emotional - ich sags jetzt mal nur von der Funktion her, ich mein das sehr viel ernster - aufgepuscht, und dergleichen. Und ich würde mir auch in unseren Gottesdiensten wünschen, daß wir die Musik viel autonomer verstehen, viel widerständiger, viel dialogischer - nicht jetzt im Sinne von Semantik, viel dialogischer, infragestellender. Das hab ich an dem festgemacht, was Sie angestoßen haben: Kirchenmusik, und da möchte ich jetzt keinem Kirchenmusiker zu nahe treten, Kirchenmusik steht für mich grundsätzlich unter einem Verdacht. Nämlich der Funktionalisierung. Ich meine, es wäre dem heutigen Lebensgestus, ich will kein Plädoyer für autonome Kunst halten, das müssen die Künstler selber machen. Aber ich meine, es wäre dem heutigen Lebensgestus angemessener, dadurch daß Freiräume entstehen, daß Leerstellen im Eco'schen Sinne auch in der Musik entstehen, die Mündigkeit und die Verantwortlichkeit des eigenen Denkens und des eigenen Fühlens und des eigenen Glaubens herausgefordert werden. Und das hat mir an Ihrer Musik gestern abend gut gefallen - bei allem was mir nicht gut gefallen hat. [...] Diese statischen Klänge, die den musikalischen Gestus mehr von der Architektur her als von dem geschriebenen Wort her nehmen, das find ich spannend und das würde ich mir viel mehr in der Kirchenmusik, gebrauchten Musik wünschen. Herr Bach hat sich dem anders entzogen, so daß er die Leute hintergangen hat und sie haben's gar nicht gemerkt, wie seine Musik zum Hören, Denken und zum Glauben war. Das war keine Dekorationsmusik, aber so geht's heute nicht mehr. Ich will nicht sagen, daß das schon jetzt das Ziel wäre, aber das ist die Richtung, die ich mir wünsche. Ich würde mir auch wünschen, daß vielleicht auch dramaturgisch konzentrierter eines dieser Stücke auch mal in einem Gottesdienst, in einem Karfreitagsgottesdienst seinen Platz hätte.

Publikum6: Ich glaube, daß viele Kirchenmusiker gern Otto-normal-Musik machen würden, wenn die Theologen nicht im Wege stünden.

von Wedel: Wissen Sie, daß es auf dem berühmten Ohlsdorfer Friedhof in Hamburg eine Grabstelle eines Pastors gibt aus dem 18. Jh., und der Spruch heißt: "Auch er war ein Opfer der Kirchenmusik"?

[...] **Publikum7:** Mir ist noch nicht ganz klar, wie Sie ohne die semantische Ebene in der Musik überhaupt auskommen wollen. In der traditionellen und auch modernen Musik ist es ja so, daß über die semantische Ebene bewußt Emotionalität transportiert wird. Und ich hatte genau dies Gefühl gestern abend, nämlich das vom emotionalen Eindruck her ich völlig diffus war. [...] Und ich kann mir nicht vorstellen, daß es eine Musik gibt ohne diese semantische Ebene, mit der der Komponist in der Lage ist, bestimmte Emotionen gezielt hervorzurufen. Und meine Erfahrung, die ich vielleicht auch noch schildern kann des gestrigen Abends, daß eigentlich Emotionen entstanden in dem Moment, wo sozusagen meine Physis belastet wurde. Also nicht aus der Struktur oder dem Inhalt der Musik, sondern in dem Moment, wo sozusagen die Schmerzgrenze erreicht wurde. Und die ist bei mir durchaus erreicht worden, durchaus nicht nur im letzten Stück, das war eigentlich noch am erträglichsten. [...]

Krieger: Das sind mehrere Fragen. Zur Frage der Semantik: Die meiste Musik auf dieser Welt ist asemantisch. Wenn wir in Europa gucken: Gregorianik, Notre

Dame, Gabrieli, in neuester Zeit späteste Werke von Luigi Nono, späte Werke von Cage, gehen wir aus Europa raus: Gesänge der Inuit/Eskimos, der australischen Aborigenies, der Pygmäen im Regenwald, fast alle ethnische Musik inklusive der indischen ethnischen klassischen Musik ist alles asemantische Musik. Semantische Musik ist bis auf wenige andere Enklaven hauptsächlich eine Erfindung des bürgerlichen Europas. Das ist die Antwort auf das eine. Wobei ich nochmal sagen will, daß ich die semantische Musik, wie sie Lachenmann macht, nicht ablehne, nur mich als Komponisten und auch mich als Spieler - ich hab fünfzehn Jahre als Saxophonist zeitgenössische Musik gespielt in Ensembles, in Orchestern und sehr viel solistisch - mich interessiert sie nicht mehr. Ich wurde dann sehr stark - ich wandere so ein bißchen weg, aber vielleicht - ich wurde z.B. sehr stark beeinflußt von amerikanischen Komponisten [...]. Asemantische Musik, die eher prozesshaft ist oder als Klangskulptur im Raum steht, als spricht im Sinne von semantisch. Und die fand ich für mich emotional wesentlich ansprechender, weil sie auch einen Raum öffnet. [...] Das ist für mich sehr starke Musik, die ich jedem Lachenmann [...] vorziehen würde.

[...] **Glossner:** Eine Frage zur Elektronik. Sie sagten, es war eigentlich sehr wenig Elektronik. Das heißt aber doch nicht, daß die Livemusik elektronisch verfremdet oder auch manipuliert war?

Krieger: Da sprechen Sie was an - zwei Antworten dazu, technischer Aspekt und hochtrabender philosophischer Hintergrund. Technischer Aspekt ist so: zum Großteil waren die Instrumente einfach nur verstärkt, d.h. da gab's Mikrophone, da gab's ein Mischpult, die Musik war verstärkt, die Klänge an sich wurden aber nicht bearbeitet, bis auf die Stimme. Die Stimme wurde mehr bearbeitet von der Elektronik. Der Rest war eigentlich nur reine Verstärkung, wobei für mich die Verstärkung nicht eben "reine Verstärkung" ist, sondern für mich sind Mikrophone und Mischpult Instrumente. Ich benutze sehr viel, was man im Fachjargon Close Micing nennt [...]. Sie kriegen alles mit, Sie kriegen mein Hauchen mit, Sie kriegen die ganzen Nebengeräusche mit. Das interessiert mich sehr. D.h. ich verfremde die Instrumente über die Mikrophone. Die Mikrophone werden ein Instrument, weswegen auch fast jedes Instrument zwei Mikrophone hatte, nämlich eins, was nah dran war, zum Teil im Falle der Tuba oder der Klarinette, richtig innen drin war, ganz kleine Mikrophone, also Mikroskope. Hier hab ich ne glatte

Oberfläche, ich kuck mir die mit dem Mikroskop an und stelle fest, die ist ja völlig rauh. Und dann geh ich natürlich ans Mischpult und mische die. Also Mikrophone und Mischpult sind Instrumente, und dementsprechend Klangverfremdungen. [...] Das nenn ich Verstärkung. Und dann gibt's einen Bereich der Elektronik, wo ich also wirklich eingreife und die Klänge richtig verfremde, indem ich sie tiefer, höher setze, in Schleifen baue etc. Das hab ich sehr viel mit der Stimme gemacht in diesem Stück.

Der philosophische Aspekt ist - das trifft sich wieder mit dem Rituellen und dem Statischen und allem - ist, daß ich in Analogie zu einem Begriff der für Lachenmann geprägt wurde, nämlich diese Musique concrete instrumentale, nenn ich meine Musik ganz oft akustische Elektronik. D.h. die Klänge, die ich von meinen Spielern fordere, sind an sich schon haben elektronische Klangqualitäten, sind rückbeeinflußt von elektronischer Musik, und ich übersetze sozusagen elektronische Musik wieder in Instrumentalmusik, indem ich Klänge verwende, die schon an sich elektronisch klingen, und die dann wieder verstärke und dadurch wieder verfremde. Live-Elektronik betraf hauptsächlich auch die Stimme. Es gab delays, Verzögerungseffekte, es gab Schleifen und es gab dann Tonhöhentranspositionen, vor allem in einem Zwischenspiel mit Baßklarinette.

Publikum8: Mich würde nochmal interessieren, warum Ihre Musik so laut sein muß, daß man Ohrstöpsel braucht.

Krieger: Eine Frage, die immer wieder kommt, und eigentlich auch zwei Fragen sind. Lautstärke ist ein Klangmittel. Es gibt Klänge, die unter einer gewissen Lautstärke nicht vorhanden sind. D.h. wenn ich ein Stück wie das letzte Stück leiser fahre, ist es ein anderes Stück. Und dieser Klang entsteht erst ab einer gewissen Lautstärke. D.h .mich interessiert Lautstärke als Lautstärke überhaupt nicht. Mich interessiert Lautstärke als Klangmittel. Und ich mach zum Teil - das war nun ein Extrem - ich mach auch Musik, die unverstärkt ist und die meiste Zeit extrem leise ist, mit vielen Pausen - ist für mich genau das Gleiche. Das ist die Kehrseite der Medaille [...]. Auf der anderen Seite, was sich natürlich aus dem Begriff "rituell", den ich hier jetzt natürlich ein bißchen mehr gebrauche als sonst, ableitet, ist: Das war der andere Teil der Frage: Meine Musik ist ne physische Musik, ne körperliche Musik, ne sinnliche, körperliche, physische Musik. Ich mag das, ich will, daß Musik körperlich wird und gewisse Stücke wie das

Schlußstück braucht ne gewisse Lautstärke, um das zu erreichen. Ich persönlich find es nicht schmerzhaft, und ich hab erst vor kurzem einen Hörtest gemacht, ich hör sehr gut. [...] Es geht schon um ne physische Präsenz. Ich möchte die Musik auch körperlich spüren können. Und es geht nicht um Provokation und auch nicht um Schmerzen-Zufügen. Mir ist klar, und deshalb hab ich auch dafür Verständnis, das jeder andere Grenzen hat. Deswegen auch diese Ohrstöpsel. Das hat nichts mit Kabaret zu tun, das hat was mit dem Respekt vor dem Publikum zu tun. Ich verlange nicht, daß jeder die gleichen Grenzen hat wie ich, aber es geht um diese Körperlichkeit, und diese Körperlichkeit kriegt man sehr wohl mit mit den Ohrstöpseln. Ich persönlich kann damit nicht arbeiten, ich will die Musik so auch nicht hören, aber das ist ein anderes Thema.

[...] **von Wedel:** [...] Nachdem nun die Musiker von Ihnen sehr viele Rückmeldungen bekommen haben, wollte ich die beiden bitten, noch kurz etwas zu sagen zu unserer theologischen Diskussion heute vormittag. Wie hat das denn auf Sie gewirkt?

Krieger: Also als jemand, der wirklich von außen kommt - einfach ganz kurz meine Vita: Ich bin katholisch geboren, getauft, zur Kommunion gegangen, mit sechzehn aus der Kirche ausgetreten.

Schöttler: Ein guter Katholik würde jetzt sagen: *semel catholicus, semper catholicus.*

Krieger: Ich weiß. Das ist ne andere Diskussion. Ich bin aufs Bürgermeisteramt gegangen und hab den Schrieb unterschrieben. - Ich hab mich mein Leben lang auch mit ähnlichen Fragen beschäftigt. Ich hab Philosophen gelesen, ich hab mich sehr mit dem Judentum beschäftigt, mit christlicher Mythologie, gerade mit mittelalterlicher Mythologie, von daher war mir diese Diskussion nicht ganz fremd. Hätte ich das aber nicht getan, hätte ich kein Wort verstanden. Es war sehr hermetisch, sehr in sich abgeschlossen, und eigentlich nur durch meine ganz private Vorbildung konnte ich da folgen. Wobei ich denke auch, das ist natürlich, zwei Theologen, die sich unterhalten, für Theologen und - warum nicht? Sie sprechen ja nicht zu Ihrer Gemeinde so.

Uhle: Wie es auf mich gewirkt hat? Ich bin ja nun Theologe, habe fünf Jahre studiert und habe das Vikariat nach einem Vierteljahr verlassen. Ähm. Also ich muß jetzt wirklich ganz übel aufpassen, weil ich will Ihnen da wirklich nicht zu nahe treten, Sie sind ja wirklich zwei sehr gute Theologen, das darf ich einfach jetzt so sagen, das müssen Sie mir abnehmen... Ich kanns nur nicht mehr. Ich kann diese Gedankengänge nicht mehr - ich bin nicht mehr bereit, da mitzugehen, was - und das war mir auch das Anliegen mit dem Stück. Das klingt vielleicht komisch, aber mir gehts drum, diese Dinge, was Sie auch versucht haben zu trennen, was ich auch gut verstehe, aber mir geht es um eine wirklich um den möglichst wildesten Mix, z.B. Thema Opfer. Da waren wir gestern abend noch ne Stange von weg. Das ist mir bewußt. Einen wilden Mix zu machen zwischen rein assoziativ, alles, also: Kombination zwischen Madonna-Video, Kreuz auf der Brust, Vergewaltigungsszene, Kreuzigung Christi. Nehmen Sie mal das Paket. Und einfach nicht zu sortieren, für mich wichtig geworden, nicht zu sortieren und das Paket als Ganzes zu nehmen. Das ganze Paket zu nehmen und nicht systematisch die Dinge zu trennen, sondern ich bin der Meinung, man muß sie zusammenschmeißen, damit sie überhaupt wieder verständlich werden. Alltägliches mit Hochtheologischem in einem Topf neu mischen. Und das geht mir bei theologischen Diskussionen auch, die ich dann auch mal selber dann - sehr gut hab ich mich auch nicht beteiligt, wenn man es dann so separiert und seziert und es herausnimmt, und den soziologischen Aspekt, den gesellschaftlichen Aspekt, alles richtig, alles in Ordnung, aber da entsteht nichts draus, das ist weg von den Leuten. Das war mein Problem und mein Anliegen gleichzeitig. [...] Madonna, Vergewaltigungsszenen, SM-Szene, und das Kreuz auf der Brust. Da kann ich nix mehr sagen. Da geht, da sitz ich dann davor, ich hab dann beim Dirigieren immer wieder gekuckt, das sind Symbole ohne Ende. Und ich kann nicht sagen, das steht für das, das für das, kann ich überhaupt nicht sagen - sondern das trifft meine Seele, trifft mein Innerstes, auf eine Art und Weise, kommt was ganz Anderes bei raus, was mit dem Bündel nichts mehr zu tun hat. Es bleibt vielleicht die Farbe Lila übrig, die ich dann vielleicht auf einmal lieben lerne oder hassen lerne oder irgend sowas. Das, find ich, ist das Interessante daran, und das hab ich mir ein Stück auch erhofft, deshalb mach ich so rum mit dem isses jetzt Opfer oder nicht. [...]

Krieger: [...] Wenn ich über Körperlichkeit rede, mir gehts auch sehr viel um Exzesse und Extasen. Ich finde, daß unsere Gesellschaft zu sehr im Mittelmaß lebt. Es gibt ein Mittelmaß, das akzeptiert ist, es gibt eine Grenzwertigkeit in beide Richtungen, was gerade noch toleriert ist, und alles darüber hinaus ist eigentlich intolerabel. Und ich finde unsere Gesellschaft im Gegensatz zu manchen Gesellschaftskritikern zu unexzessiv. Da müßte mehr passieren. [...] Ich finde auch, daß die sexuellen Darstellungen am Schluß von dem Video durchaus nicht nur unter diesem Opferaspekt gesehen werden dürfen. Ich finde, die haben auch was sehr hedonistisch Freudvolles, Progressives, Leute, macht endlich, und zwar richtig!

von Wedel: Gibt es ein besseres Schlußwort? Ich danke Ihnen sehr.

Theologie im Gespräch II

(Prof. Dr. J. Christine Janowski, Prof. Dr. Heinz-Günther Schöttler, Ezzelino von Wedel)

von Wedel: Der Hessische Rundfunk hat uns hier eine sehr große Amtshilfe geleistet mit der Verbesserung der Anlage hier, und dann ein kleines Aufnahmegerät, um die Gespräche am Nachmittag mitzuschneiden, und jetzt ein Publikumsmikrophon, Spuren der überschäumenden Wasserflasche sind beseitigt worden, also ohne diesen Hessischen Rundfunk würde es hier ganz anders aussehen. Gut! Herr Schöttler, darf ich Sie bitten zu beginnen.

Schöttler: Ja, der leidende Gott. Ich denke, im Laufe des Vormittags wird deutlich werden, daß das auch eine nicht unumstrittene und schwierige Denkfigur ist. Ich möchte einen Anweg nehmen, der aufs erste Hören vielleicht umwegig Ihnen vorkommt, aber ich hoffe, daß ich deutlich machen kann, daß es nicht umwegig ist, sondern erkenntniserhellend.
[Der Beitrag von Heinz-Günther Schöttler findet sich auf S. 99-107.]

von Wedel: Danke, Herr Schöttler. Jetzt bin ich sehr gespannt, Frau Janowski, wie Sie darauf reagieren.

Janowski: Ich laß mein Manuskript jetzt mal weg und versuche, mich adhoc zu verhalten. Zunächst mal: Neu, Herr Kollege Schöttler, also ein wenig neu, war für mich die postchristliche Ausbildung des Leidensgedankens Gottes bei den Juden. Ansonsten waren es natürlich Elemente, mit denen Sie gearbeitet haben, die die letzten vierzig Jahre der Theologie in Deutschland und Europa bestimmen. Ich möchte erst nochmal einen Schritt zurück machen, an die Ausgangsfrage der Tagung erinnern, "Ein tötender Gott?", erste Sitzung "Ein vernichtender Gott", zweite Sitzung "Ein leidender Gott", ich möchte jetzt erstmal die Voraussetzungen, woran, durch wen, an was leidet Gott? Ist uns dadurch aufgegeben. Wenn ich von einem vernichtenden Gott rede, und hier war ja gestern zwischen uns ein Dissens, wenn ich von einem vernichtenden Gott rede als Voraussetzung des Leidens, dann heißt es sozusagen: der leidende Gott tritt zwischen mich und den vernichtenden Gott, fängt sein leiden stellvertretend auf, so ist eine Schiene im Christentum, das stellvertretende Straf- und Gerichtsleiden, noch bei Karl Barth heißt es: Der Richter als für mich Gerichteter, Heidelberger Katechismus, gut. Tief protestantische Tradition. Nun muß ich auch sagen, das ist ja vor allem protestantische und nicht katholische Tradition, Lutherus magnus. Aber auch schon altkirchlich gab es solche, bis hin zu denen, die den Vater selber mit leiden ließen. Aber ich will jetzt gar nicht diese große geistesgeschichtliche Soße represtinieren, sondern elementar von der Fragestellung der Tagungsleiter her fragen. Und da möchte ich auch die selber provozieren. Die haben sich doch was gedacht, daß sie primär vom tötenden, vernichtenden Gott sprechen, und sekundär vom leidenden. Und jetzt frage ich mich wirklich, weil ich gestern Widerspruch bekam, daß ich nicht unmittelbar die Rede [übernehme], die noch bei dem Freund von Karl Barth [zu finden ist], aber bei Barth kann man sie auch finden, daß der Vater selber sozusagen der Hauptakteur ist am Kreuz. Sogar unmittelbar noch Mitassistenten mit mir, die jetzt auf Lehrstühlen sitzen, sagen: "Gott allein handelt am Kreuz." Da fliegt mir nicht nur der Kopf weg, sondern das Herz. Und es widerspricht der ganzen konkreten Geschichte: Da sind Juden, da sind Heiden, da ist Pilatus, "ich wasche meine Hände in Unschuld", "ich bin die Wahrheit", "was ist die Wahrheit", und so weiter und so fort. - Daran möchte ich erstmal nur erinnern, und daß auch im Neuen Testament natürlich noch nicht die Rede vom leidenden Gott [ist], wir haben noch keine ausgebildete Trinitätslehre - viele in der Gemeinde haben auch Schwierigkeiten damit -, sondern wir haben die Rede vom Gekreuzigten, natürlich. Die hat eine Parallele übrigens schon bei den alttestamentlichen Propheten, da gibts den leidenden Gerechten, dann gibts den leidenden Gottesknecht, von dem man nicht weiß, ob das Israel ist oder ein künftiger, und das ist mir jetzt wichtig, das ist der zweite Schritt, ich wollte jetzt nur erstmal rückerinnern, what's the problem von dieser Tagung, deswegen bin ich gekommen, und dieser Horizont war jetzt plötzlich weggerutscht. Ich hatte in der letzten Sitzung schon gesagt, das Leiden Gottes ist ja schon - auch der Zorn ist ein Erleiden. Also wir haben es nicht mit einem apathischen Gott zu tun, wie in keiner Religion im übrigen. Der apathische Gott ist der Gott der Philosophen, von dem Pascal [sprach], als Philosoph. Nein, der Gott Abrahams, Isaaks und Jakobs, aber es gibt noch andere leidende Götter, Dionysos, für Nietzsche auch, Dionysos und Christus, diese Spannung auch für Hölderlin. Es gibt ein Buch von einem Tübinger Philosophen, "Der kommende Gott", das ist dann der wiederkommende Dionysos, okay. Nur, jetzt der zweite Punkt, der wichtig war, weil Sie vom Judentum sprechen: Sie haben einerseits gesagt, Herr Schöttler, es zehrt von der Substanz des Alten Testaments, der leidende Gott, zugleich ist es offenbar eine Antwort auf das, was christlich passiert ist, Interpretationsprozesse. Man spricht gern da von der Revolution des Gottesgedankens, aber für das Judentum war es offenbar gar keine Revolution, sondern eine Vertiefung in die eigene Substanz. Nun war Jesus ein Jude. Jesus kam zu Israel. Sie machen es uns ja nicht leichter, sondern schwerer, weil nach christlicher Auffassung zunächst mal dieser Jude Jesus, von dem man vergessen hatte, daß er Jude war, weil in ihm das Mitgehen Gottes mit Israel - Israel, das selber eine stellvertretende Funktion in der Menschheit hat - seine äußerste Zuspitzung hat. Jetzt kommt Israel und formuliert den Gedanken an Christus vorbei, daß Gott sich mit Israel identifiziert. Also nicht in Christus mit der Menschheit. Kriegen wir nun nicht eine neue, riesengroße Spannung rein: Wo leidet Gott mit wem mit und an was? Denn darum geht es jetzt doch, daß Israel sagt: Gottes Selbstbindung liegt ja im Grunde im Bundesgedanken, in der freien Selbstbindung Gottes. Es ist kein Vertrag, theoretisch: Also wenn du das brichst, könnte man sich's ja vorstellen, wenn du das brichst, breche ich auch meinen Bund, sondern [die Pointe liegt] mit paulinischem Wort in der Treue Gottes. Gemeinschaftstreue als Gerechtigkeit und nicht das Gegenteil von Gerechtigkeit. Also nochmal: Daß hier jetzt eine neue Spannung aufgebaut wird, weil es darum geht, mit wem identifiziert sich wo und woran leidet Gott für wen? Das ist das eine. Das war der zweite Punkt.

Der dritte Punkt, das wäre bei mir der Ausblick gewesen, an den Sie sehr früh erinnert haben: Wenn man vom Leiden Gottes spricht, muß man im Grunde auch wagen, von der Erlösung Gottes zu sprechen. Dann gehören, wie Sie sagen, Erlösung Israels und Erlösung Gottes zusammen, christologisch gesprochen die Erlösung des Menschen und die Erlösung Gottes, wobei Israel immer bleibend mitzubedenken ist. Wie aber wird Gott erlöst? Können wir Gott erlösen? Es gibt solche wahnwitzige Gedanken. Jetzt müssen wir nämlich genau einbauen, daß der Gedanke des leidenden Gottes längst universalisiert worden ist, Gott hat sich schöpferisch schon, das kann man sogar offenbarungstheologisch dann verteidigen - was in Christus geschehen ist, ist ne ewige Geschichte, die beginnt im Grunde genommen schon mit der Schöpfung - Gott hat sich seiner Macht begeben. Er leidet schon immer mit, und diesem Gott müssen wir helfen, radikalisierter Bonhoeffer, bei Sölle oder bei Jonas. Und da muß ich sagen, das halt ich für ne Verallmächtigung des Menschen und für ne Verohnmächtigung Gottes, die ich nicht mitmache, Sie sicherlich auch nicht. Nur: Welche Funktion haben wir dann im Zeichen des leidenden Gottes, und wie wird die Erlösung Gottes, die Einheit von Erlösung Gottes von seinen Leiden und Erlösung der Menschen von ihrem Leiden schließlich mal geschehen? Also ohne Eschatologie wohl sicherlich nicht, aber wie sieht das konkret aus mit dem Helfen?

Dann nochmal zugespitzt: für wen leidet jetzt dieser leidende Gott christlich? Sie haben an Matthäus erinnert, die Identifikation Jesus mit den Geringsten meiner Brüder, das Problem: Leidet Gott eben doch parteilich primär mit den Opfern der Geschichte? Oder leidet er auch mit dem mit noch, der sein eigenes Angesicht [entstellt]. Elie Wiesel, der das doch immerhin gesagt hat, die Erfahrung, daß der Henker sein eigenes Angesicht entstellt und nicht nur das Angesicht seines Opfers. Wie weit geht das Leiden Gottes? Sprengt es das normale Opfer-Täter-Schema? Vater, vergib ihnen, denn sie wissen nicht, was sie tun, die Henker? Das wäre also der, war ich jetzt beim dritten oder beim vierten Punkt?

Das Problem, darf ich das in eine Theosympathetikformulierung [fassen], in die Formel Theosympathie formulieren. Sympathie ist ein Alltagswort, naja, der ist mir sympathisch, da entsteht aber nicht noch *compassio*, leidenschaftliches Ergriffensein von seinem Leiden. Also Sympathie scheint mir zu schwach, ich weiß, was Sie meinen, *compassion,* Mit-Leiden, Eintreten für. Und jetzt möchte ich doch an diesen klassischen Gedanken [erinnern], der Bonhoeffer doch sehr wichtig war, die Stellvertretung als ne christologische Kategorie, aber auch eine ethische Kategorie, daß ich an die Stelle für andere [trete], daß ich eintrete für andere auf Zeit. Das ist dann politisierbar, bauen wir die Brücke bis hin zur politischen und Befreiungstheologie, aber das läuft eben genau nicht nur über die Schiene von Sympathie.

Dann noch ein Punkt mit dem Inleiden Gottes. Ich hab das nicht verstanden, was Sie da gemacht haben. Wie uns das hilfreich sein kann. Es ist ja alles schon auch so gesagt, und die Gegenstimmen möchte ich jetzt doch mal aufrechnen. Karl Rahner hat gesagt, was hilft es mir, wenn ich im Dreck bin, daß es Gott auch dreckig geht? Metz hat gesagt, die Rede vom Leiden Gottes ist die Verdoppelung des Leidens Gottes. [...][1] Und da muß ich dann den allmächtigen Gott einklagen, weil der ohnmächtige Gott mit allen anderen leidet.

Dabei wollte ich es eigentlich einmal belassen und würde nur das ganze Problem verschärfen nochmal im Anschluß an Pascal. Sie haben sehr schön daran erinnert, daß Auferstehung hier sozusagen nicht der Lückenbüßer sein darf. Wir können sonst ja auch erinnern: Der Auferstandene bleibt der Gekreuzigte. Er erscheint seinen Jüngern mit den Wundmalen und wird wiedererkennbar durch den Grundgestus des Brotteilens, und Pascal hat das noch weiter getrieben und hat diesen Satz formuliert: "Christus est en agonie jusqu'à la fin du monde". Christus ist in Agonie bis zum Ende der Welt. Jetzt möchte ich das nicht wieder auf den vernichtenden Gott fragend zurückbeziehen, sondern einfach nur [fragen]: Was heißt das? Ich selbst würde es so nicht formulieren, sondern nur sagen, daß der gekreuzigte Auferweckte oder Gott in dem gekreuzigten Auferweckten sich mit den Leidenden in der Welt identifiziert. Ich halte diese Identifizierungsformel für eine relativ hilfreiche Formel, weil sie eben auch ein nicht bloß passives Leiden betrifft. Ich wollte wegkommen von dem rein passiven Leiden, so ist es nämlich bei Hans Jonas, da erleidet Gott nur noch unsere Aktionen, wie ein Geist, der sich in die Materie hinein entäußert hat und ihre Evolution. Das ist ein Gott, der nichts mehr machen kann. Pardon. Da nehme ich eine Formulierung von Sölle auf, die sie einmal an Moltmann gerichtet hat, um ihn zu provozieren. Dieses Sich-Identifizieren, da liegt ja noch das Aktive drin. Von daher diese Zerreißspannung immer noch in Gott. Sie fragten mich das letzte Mal: "Für Sie ist Gott offenbar noch im Werden." - Ja, ja, aber nicht so, als ginge es um die Evolution oder so. Sondern diese Zerreißspannung in Gott, ich nehme jetzt doch mal die Formel von dem katholischen Theologen Hans Urs von Balthasar auf, obwohl er sehr apolitisch ist, wie Sie mir heute morgen noch gesagt haben. Aber er hat doch immerhin, statt wie Karl Barth so eine Kirchliche Dogmatik zu schreiben, hat er eine Theodramatik von mehren Bänden geschrieben, der letzte Band heißt wie Beckett's Endspiel "Endspiel", und ich lese ihn so, daß es eben nur ein Warten auf den Gott gibt. Also: Theodramatik. Was für'n Drama ist es? Ne Komödie nicht. Wird es eine Tragödie, gar eine ewige Tragödie? Wird es so ausgehen?

---

[1] An dieser Stelle war die Aufzeichnung unterbrochen.

Balthasar reflektiert das Problem der Tragödie Gottes. Spricht sogar davon, vom Problem der ewigen Tragödie Gottes, wenn es Gott nicht gelingt, die ganze leidende Welt zu erlösen, weil er dann eben selber weiterleidet. Punkt.

von Wedel: Dankesehr. Jetzt nehme ich an, Sie möchten auf ein oder zwei Rückfragen antworten.

Schöttler: Das ist schwierig jetzt. Das ist schwierig.

von Wedel: Denn sonst könnten wir ja das Publikum bitten.

Schöttler: Also ich bin an verschiedenen Dingen hängengeblieben, vielleicht zwei kleine Bemerkungen dazu, ich möchte jetzt nicht eine Replik geben. Vielleicht ist es viel besser, wenn wir das so öffnen. Sie haben eine wichtige Frage gestellt. Und die heißt: Bei welchem Leiden leidet Gott mit? Ich möchte die Frage mal zuspitzen: Leidet Gott auch, weil er die Ägypter vernichtet hat? Ja?

Janowski: Klar!

Schöttler: Das wäre ja vor dem Hintergrund unseres Themas gestern die Zuspitzung. Leidet er auch mit? Das ist für mich jetzt keine Gedankenspielerei, also man könnte sagen, jetzt werden die Theologen endgültig 'worres', nein, das ist die Zuspitzung. Es gibt einen wunderbaren Midrasch zu Ex 15,20, und ich möchte das wieder narrativ machen: "Als Mirjam die Pauke holte und sie tanzten, weil er die Ägypter in der Flut hat untergehen lassen, da erschraken sie, denn Gott saß abseits und weinte. Warum? 'Ja, kann ich dann mit euch tanzen, wenn die Ägypter, die auch meine Kinder sind, tot am Ufer liegen?'" Dieser Midrasch ist ein gutes Beispiel dafür, wie mythisches Denken diese Spannung, diese Dialektik besser ausdrücken kann als der Logos. Das ist nochmal mein Plädoyer mit Hans Blumenberg für die Wiederentdeckung der mythischen, metaphorischen Sprache. Das zweite, Hans Urs von Balthasar aufgreifend, den ich sehr, sehr schätze, dessen Theologie ich für so anschlußfähig halte, und es ist schade, daß er so unpolitisch geblieben ist. In seiner Theodramatik sagt er: Wie bekomme ich das Handeln Gottes und das Tun der Menschen zusammengedacht? Und er greift ja dann die Vorstellung des Calderon'schen Welttheaters auf, das Leben, das auf dieser Weltbühne zu spielen ist. Vielleicht haben Sie es schon einmal gesehen - Calderons Welttheater, dieses Fronleichnamstheaterstück, und da kommt Hans Urs von

Balthasar theodramatisch denkend zu der Aussage: Gott ist in diesem - und jetzt in einem ganz positiven Sinne - 'Theater' Autor, Regisseur und Mitspieler - alle drei und gleichzeitig in diesem Spiel. Und das verschärft auch nochmal das, was Sie gesagt haben. Er ist Autor, und das kann ich [sagen] nur vor dem Hintergrund der Weise, Gott dreifaltig zu denken, Gott ist Autor des Stückes - ja, er handelt. Er handelt. Er ist Regisseur dieses Stückes. Und er ist Mitspieler. Und jetzt würde ich es applizieren auf unser Thema: Er leidet auch dadrunter. Ich glaube, nur in dieser dialektischen Zuspitzung [ist die Aussage möglich]. Das ist auch heute ein Plädoyer, es spannungsreich zu denken, und nicht zu versuchen, es auf eines hin zu [reduzieren], sondern es nur in dieser Mehrdimensionalität und dieser Polarität - vielleicht sogar mehr als einer Bipolarität, wo das eine vom anderen herausgefordert wird -, zu denken. Anders geht das nicht, das Thema.

von Wedel: Ja, Hans Urs von Balthasar hat Woody Allen noch nicht gekannt, der ist ja auch Autor, Regisseur und Schauspieler seiner Filme in einem. Das wäre die moderne Variante.

Schöttler: Ich kenne Woody Allen nicht, also kann ich dazu nichts sagen.

von Wedel: Fragen aus dem Publikum. - Das ist ein schweres Thema, nicht?

Schöttler: Ja, es ist uns gestellt worden. Ich hab sehr viel Gedankenschweiß gebraucht, weil das geht auch ein Stück weit an die eigene Substanz, dieses Thema. Das ist nicht distanziert zu betrachten.

Publikum1: Ich würde gerne einen Aspekt noch ins Spiel bringen: Die ganze Problematik auch der Spannung in Gott, die finde ich und habs immer sehr anregend zum Ausdruck gebracht gefunden in Luthers dialektischer Rede vom Deus absconditus und Deus revelatus. Aber er kann ja auch in De servo arbitrio einen ganz furchtbaren Gott da inszenieren und zur Sprache bringen, und schießt da, wie ich finde, auch manchmal sehr übers Ziel hinaus. Zum anderen kommen da doch auch sehr wichtige Dinge zur Sprache, nämlich was denn dann eigentlich das Wesen Gottes ist, das Wesen Gottes, oder wie Luther auch sagen kann, das Herz Gottes, [das] dann schließlich in seiner Offenbarung im Sohn zum Ausdruck kommt. Also kurz gesagt: In all dem, was wir jetzt hier verhandelt haben, ist mir jetzt noch zu kurz gekommen, daß Gott ein liebender Gott ist. Ich find das ganz unglücklich formuliert, der vernichtende Gott, also, ich denke, wir müssen uns vielleicht auch mal losmachen von dem Begriff "der vernichtende Gott", weil wir kommen da sozusagen wirklich in Teufels Küche damit. Das kann keine Redeweise sein von Gott - zumindest, wie ich ihn verstehe und wie ich jetzt sagen würde, das ist mein christlicher Gott. Das ist kein vernichtender Gott. Und das Kriterium der Gottesrede muß dann doch bleiben, daß Gott in allem, wie er sich zeigt und offenbart, sich als liebender Gott zeigt und offenbart. Wobei das natürlich in unseren Erkenntnismöglichkeiten und auch in den jeweiligen Geschichten nicht immer gleich als Gottes Liebe spürbar ist. Aber doch, und da geht doch auch unsere Hoffnung hin, und doch sicherlich auch, und das würd ich auch für mich sagen, meine Erfahrung, daß dieses Handeln, das oft ein paradoxes Handeln ist, letztlich doch ein Liebeshandeln ist.

Janowski: Sie haben uns damit an die Aufgabe erinnert, natürlich primär erstmal der Geschichte Jesu Christi [nachzudenken], über der dieser Satz "Gott ist Liebe", der johanneische Satz aufgebaut ist. Da haben Sie ja ganz richtig dran erinnert, ich hatte ja das mit dem vernichtenden Gott auch in Frage gestellt. Man könnte aber jetzt sagen, die Liebe Gottes besteht darin, das ist die klassische Figur, den verdienten Zorn Gottes stillzulegen. In der Confessio Augustana steht "und hat uns den Vater versöhnt", reconciliaret nobis patrem. Er hat uns - nee - den Vater versöhnt. Das ist die Umkehrung der paulinischen Denkfigur "Gott versöhnte in Christus die Menschen mit sich selber". Da muß also der Gottessohn eintreten, um für den Zorn, ich habs ja das letzte Mal schon gesagt, Blitzableiter zu spielen. So könnte die göttliche Liebe ja auch verstanden werden. Also, Liebe ist schon zwischenmenschlich, ein polyvalentes Wort. Man kann sich streiten, wo die wahre Liebe ist, auch unter Menschen. Ich gebe Ihnen insofern zurück die Sache, ich kann ja nicht hier alle Fragen auflösen. Will nur sagen: selbst die Rede vom vernichtenden Gott, der in Christus dazwischentritt und dieses Zorngericht auf sich nimmt, siehe, der Richter als für uns Gerichteter, der Gott seinen Nagel einschlägt uns zugute. So ist die Liebe Gottes dann durchbuchstabierbar. Das andere ist: Natürlich, damit sind wir daran erinnert, die Geschichte Jesu Christi überhaupt als eine Geschichte auszulegen, aufgrund derer wir zu einem solchen Satz wie "Gott ist Liebe" kommen, zur Rede von einem dreieinigen Gott - Vater, Sohn und Geist - das gab's vorher nicht. Die jüdische Theologie hat noch keine Trinitätslehre ausgebildet, höchstens Ansätze, kann man sagen, Selbstunterscheidungen in Gott zwischen Gott und seiner Schekina, die sozusagen mitgeht ins Exil usw. Also etwas, was zum Kern wird, bei jedem Abendmahl gesprochen, "Für uns dahingegeben".

Verstehen wir's denn überhaupt noch? Wir sind quasi gleich schon darüber hinaus. Wir beide haben diesen Focus. Inwiefern dieses Unheilsereignis selber ein Heilsereignis ist, haben wir noch nicht bedacht, sondern haben eigentlich beide gleich das so zu übersetzen, daß das Leiden Gottes nicht nur ein historisches war, sondern daß es weitergeht. Das heißt, das ist *ein* Aspekt der ganzen Sache. Und zugleich muß ich das ja auch im Blick auf die Liebe anwenden. Ich finde es fast wahnsinnig, den Satz "Gott ist Liebe" durchzubuchstabieren angesichts dieser Welt. Wenn ich nicht diese Geschichte da mitdenke. Metz hat deshalb vom Verheißungsvermerk geschrieben, also daß wir jetzt auch nicht diese Liebe Gottes zu [stark betonen]. Die Rede von dem liebenden Gott als mitleidenden Gott könnte alle Veränderungen stillegen, könnte wieder sozusagen in schlechter Weise beruhigen, trösten, und damit die Liebe Gottes verraten. Durch die soll sich doch was ändern.

Jetzt springe ich eins rüber und gehe mal zur Kirche. Die Kirche wird als Leib Jesu Christi bezeichnet, und ich denke, daß das, was der mitleidende Gott ist - was wir versucht haben zur compassio, zum Eintreten für -, daß das verraten und verkauft wird. Von Gott so zu sprechen, ohne daß bei uns Menschen auch was geschieht. Denn Gott und Mensch gehören in Jesus Christus zusammen, sie gehören in Israel eigentlich schon immer zusammen, und wenn wir nur vom mitleidenden Gott sprechen, ohne selber diese Geschichte fortzusetzen des Eintretens für andere im Widerstand - also Bonhoeffer hat ja das Buch geschrieben, das er nie geschrieben hat, er hat Briefe geschrieben, daraus wurde dann von seinem Freund ein Buch. Also dieses Widerstand und Ergebung. Ich denke, das ist eine Formulierung, die auf das ganze Problem jetzt anwendbar ist. Die Geschichte Jesu Christi ist eine radikale Geschichte, eine widerständige Geschichte, und dazu muß man die ganze Geschichte erzählen. Wenn man das Kreuz isoliert - da ist ja nun gerade nicht etwa Barrabas erweckt worden, oder Cäsar oder gar Hitler, das Leiden als solches, es ist nicht gleichgültig, wer leidet. Sondern derjenige, der sich eingesetzt hat für das Reich Gottes, das zu Sündern kommt. Also in die Tiefe kommt. Und jetzt an das Problem, das Involviertsein in diese Geschichte, wir haben davon gesprochen: Gott ist weiterhin involviert in unsere Geschichte, aber jetzt würde ich sagen weiterhin durch uns auch, und nicht nur als Leidende, sondern als Handelnde. Das heißt: Das Drama hat zwei Seiten. Wir sind nicht nur die Bühne, sondern die Mitspieler.

Schöttler: Ich würde gerne Ihre Redeweise [beibehalten], die Sie - das ist ein Erkenntnisgewinn, den ich heute hatte, Lutherus magnus - die Sie an Luther festgemacht haben, den Deus absconditus und revelatus, den verborgenen Gott und den offenkundigen, entdeckten, sich uns zeigenden Gott, [und daran] einen Gedanken anschließen, der vielleicht ein klein wenig hilft [zu verstehen], wie der leidende und der zornige Gott miteinander zusammenhängen. Ich möchte das wieder biblisch machen. Sie haben eben daran erinnert, und das ist ganz wichtig, Israel hat diese Theologie - Korrelationstheologie - ja erlitten. Nicht am Schreibtisch geschrieben. So wie Bonhoeffer übringens auch diese Theologie erlitten hat und nicht am Schreibtisch. Das heißt nicht, daß sie damit sakrosankt ist, aber das heißt, sie ist mit Blut geschrieben, um eine Metapher von gestern aufzugreifen. Israel hat diese Figur der Schekina ausgebildet. Was ist das? Ich glaube, das ist ganz wichtig, daß wir Christen das vergegenwärtigen, weil es uns für unser Gottesbild sehr hilfreich ist. Israel, in die Diaspora zerstreut, besonders nach der Zerstörung, der Eroberung Jerusalems, Zerstörung des Tempels durch die Römer, hat diese Figur ausgebildet. Schakan, das hebräische Wort heißt "wohnen". Schekina ist die Einwohnung Gottes. Sie konnte nicht mehr im Tempel sein, den gabs nicht mehr. Also, hat Israel gesagt, Gott wohnt überall ein. Er geht mit ins Exil. Und jetzt kommt das für mich so faszinierende: So wie Israel im Exil in der Diaspora entfremdet ist, sich selbst entfremdet ist, so ist Gott sich auch entfremdet. Wie das? Ja, durch bestimmte menschliche Situationen, in die, das sagt die Bibel übrigens, *Menschen* sich und Gott bringen - das Exil ist nach Ausweis der Bibel Folge der Sünde Israels, weil es die Gerechtigkeit Gottes nicht erkannt und gelebt hat. Aber: So erleben wir Menschen oft, daß Gott zornig ist. Weil er sich uns nicht so zeigen kann, wie er eigentlich ist. Und ich möchte das an einem Vers aus der Bibel verdeutlichen, der in der christlichen Übersetzungstradition seit der Septuaginta, also schon auf jüdischem Grund, falsch übersetzt ist, das ist Jesaja 64,6. Das ist dieses bekannte Lied: "Reiß doch den Himmel auf und komm herab, daß die Berge zittern!" Das schreit Israel im ersten Exil. Wir kennen das als liturgischen Text im Advent sehr stark. "O Heiland, reiß die Himmel auf", ist die Dichtung von Friedrich von Spee. Und dort heißt es 64,4: "Ja, du warst zornig," jetzt lese ich die Einheitsübersetzung: "denn wir haben gegen dich gesündigt." Das ist dogmatisch plausibel. Weil wir gesündigt haben, poltert Gott. Ist zornig. Ich hab jetzt die Lutherbibel nicht da. Wäre interessant zu sehen, wie Luther übersetzt. Das ist unsere katholische Tradition. Die kann sich nicht auf den hebräischen Text berufen, sondern auf die Septuaginta.[2] "Siehe, du zürntest, als wir von alters her gegen dich sündigten und abtrünnig wurden." Dasselbe. Was steht im hebräischen Text? Im hebräischen Text steht's umgekehrt: "Du zürntest, so daß wir von deinen Wegen abweichen mußten." Ja? Also das sticht in das Herz eines katholischen Dogmatikers. "Du zürntest", und das sind mir wertvolle Stellen, "so daß wir von deinen Wegen abweichen mußten". Und das ist das Problem.

Janowski: Da wäre im Grunde der Verstockungsgedanke nochmal ganz nahe.

Schöttler: Weil wir so wenig in der Gerechtigkeit Gottes leben, daß wir letzten Endes nur im Glauben gerechtfertigt sein können. Deswegen passiert das oft, daß wir ihn nicht als den liebenden Gott erkennen, und von daher war ich dankbar für Ihr Beispiel. Ich sage das als zölibatär lebender Mensch nicht gerne, aber ich sage es mit vollem Bewußtsein: das ist doch auch in der menschlichen Beziehung der Liebe so, daß vieles sich mir gar nicht als Liebesbeziehung entdeckt, offenbart - ich benutze jetzt bewußt dieses Wort - was sich im Nachhinein als solches Verhalten zeigt, aber aktuell mir ganz komisch, unverständlich, bis hin zum Gegenteil einer Liebesbeziehung zeigt. Das ist auch ein Stück weit die Tragik dieses Verhältnisses Gott - Mensch, daß ja immer ein unterschiedenes ist zwischen Schöpfer und Geschöpf usw. Aber bitte: Jesaja 64,4b. Und das ist wieder erlittene Theologie, Tritojesaja, wo Israel trotz der Rückkehr unter Kyros Jahrzehnte später feststellen muß: Es geht uns genauso dreckig wie im Exil. Sagt "Verdammt nochmal, dann zeig dich als revelatus, und nicht als absconditus, als verborgenen! Dann könnte es uns doch vielleicht besser gelingen, auf Deinen Wegen zu wandeln." Aber dieser Gedanke war schon dem Judentum im 1. Jahrhundert vor unserer Zeitrechnung, das für die Diasporajuden, die griechisch sprechenden Juden, die hebräische Bibel ins Griechische übersetzt hat, ein dogmatisch uner-

---

[2]   Aus dem Publikum wird eine Lutherbibel auf das Podium gereicht.

träglicher Gedanke, so daß sie übersetzt haben bis in unsere Einheitsübersetzung: "Wir haben gesündigt", sag ich jetzt mal paraphrasierend, "und deswegen zürnst du uns".

Publikum2: Mir ist jetzt einfach ein bißchen unwohl. Ich sag auch jetzt nur Aphorismen, ich habe kein System so schnell zur Hand. Mir ist unwohl, wenn wir so lange darüber reden, wie das eigentlich mit Gott ist, ohne daß wir gleichzeitig von uns reden. Ich will nur ein paar Gedankensplitter reingeben: Erstens, die Juden fangen ihre Dankgebete an mit "Baruch ata, gesegnet bist du". D.h. es gibt im Judentum die Gebetspraxis, daß der Mensch Gott segnet. Etwas, was uns völlig fremd ist.

Janowski: Das stimmt nicht, wir lobpreisen Gott, das ist dasselbe Wort. Da wird mir neuerdings ein bißchen arg Erfindungsgeist gespielt. Gott lobpreisen und Gott segnen ist dasselbe - das wird heute soviel neu entdeckt.

Publikum3: Ich komme dazu noch gleich, das war eigentlich nur der Aufhänger. Es gibt dieses Wort, das einerseits von Gott her gedacht ist, als Segen zu uns kommt und als Handlung des betenden Menschen, der Gott segnet. Und ist das nicht eine Grundhaltung auch in der Alten Kirche und dann weiter in der Geschichte der Kirche, daß es ein Tun von Menschen gibt, das die Gegenwart Gottes in der Welt hervorruft bzw. präsent setzt. Und das ist der Lobpreis. Die Doxologie. Die einerseits wirklich im Loben und Preisen sich ereignen kann, aber selbst wenn ein Mensch Gott anklagend zuruft, also wenn er eine Richtung zu ihm hat, setzt er die Gegenwart Gottes präsent. D.h. andere, die nicht an Gott glauben, hören, da ist ein Mensch, der redet ihn an. Wir haben gestern schon mal gehört: Eigentlich kann man nur aus Gott oder zu Gott reden. Ich denke, daß in diesem ganzen thematischen Zusammenhang wichtig ist, daß man immer mal wieder zum Phänomen der Anrede Gottes zurückkkehrt. Präsentsetzen Gottes im Zu-ihm-Reden, im Zu-ihm-Klagen, aber vor allem auch im Ihn-Loben. Baruch ata, wir loben dich, wir preisen dich. Es gibt in der talmudischen Tradition auch die Rede davon, daß die Engel im Himmel erst anfangen zu singen, wenn die Menschen das auf der Erde tun.

Das zweite: Ich denke, daß in diesem ganzen Zusammenhang des Vom-Leid-Gottes-Redens das Stichwort Tora dann irgendwann auch mal auftauchen müßte. Die

Tora ist Geschenk des Lebens. Also ein Mensch, der nach Tora lebt, und das ist bei Jesus noch ganz genauso, der findet Leben. Und Gott leidet daran, daß die Menschen das nicht praktizieren und nicht erfassen.

Und das dritte, was in diesem Zusammenhang vielleicht auch noch zu bedenken wäre, ist das Stichwort "der Name". Warum bringt Jesus als allererstes seinen Jüngern bei, zu bitten, dein Name werde geheiligt? Was bedeutet das? Und hat das, wenn das nicht passiert, hat das nicht etwas zu tun mit dem Leiden Gottes?

Janowski: Ich bin Ihnen sehr dankbar, daß Sie die doppelte Erinnerung gebracht haben. Ich hab ja an die ekklesiologische Dimension erinnert. Der Christus ohne die Seinen so wie der Gott Israels ohne Israel, und dann muß man nach dem Verhältnis beider Größen fragen. Die sind nicht zu isolieren. Es beginnt vermutlich doch der Verrat des Namens Gottes schon damit, wenn man beide nicht zusammenhält. Das ist das eine.

Das andere: Woran leidet denn wirklich Gott und worüber freut er sich? Wenn man vom Leiden Gottes redet, muß man eigentlich auch von der Freude Gottes reden können. Und so ist es zum Beispiel in der Geschichte des verlorenen Sohns. Wir stecken mittendrin in Anthropomorphismen. Man kann sagen, ist das überhaupt erlaubt, anthropomorph von Gott zu reden? Es ist wohl nicht anders möglich - erstens unter der Voraussetzung der Selbstbindung Gottes an den Menschen ist es wohl erlaubt, erst recht, und Kierkegaard, der philosophische Grenzgänger, hat sogar die Menschwerdung in Jesus Christus als den größten Anthropomorphismus bezeichnet, von dem her sozusagen der Mut zur anthropomorphen Rede zu nehmen sei. Trotzdem müssen wir natürlich Vorsicht halten, das ist schon auch gebrochene Rede. Genau: Womit machen wir Gott weiter Leiden und womit machen wir ihm Freude? Wenn Jesus Christus sich mit leidenden Menschen identifiziert, kann man ja sagen, wir haben gar keinen Grund. Ist das jetzt ein spezifischer Grund, ihn zu loben? Wofür preisen wir Gott? Wo liegt der Grund, Gott zu preisen? Einerseits: er leidet. Sie müssen es ja dann nochmal auch auf den leidenden Christus beziehen. Jetzt frage ich also weiter: Es steht geschrieben, wir sollen Gott loben, aber wir müssen auch den Grund freilegen, wozu, sonst wird es formal und verlogen. Die Heiligung seines Namens - dann würde all das, was wir hier als Sünde behandelt haben, wesentlich und primär die Entheiligung seines Namens sein. Die Entheiligung seines Namens passiert aber, würde ich jetzt mal zugespitzt sagen, wenn ich sage: "Jesus Christus, für dich gestorben", und diesen Menschen - oder "für alle gestorben" - und einen Menschen vergase, also zugespitzt, und dieses hat sich ja im Christentum zugespitzt. Also nochmal: Was heißt die Heiligung seines Namens? Heißt nicht nur, daß ich ihn ausspreche und Gloria singe usw., sondern hat diese ethische Dimension, das unsere Rede von Gott, sprachtheoretisch gesprochen, zum performativen Widerspruch wird, dadurch, daß ich dieser Gottesrede widerspreche. In diesem Widerspruch stecken wir selber wahrscheinlich leider notgedrungen bis ans Ende der Welt mit drin. Und Tora will ich jetzt mal weglassen.

Schöttler: Ich bin Ihnen dankbar für diesen Hinweis auf das Baruch ata. Genau das wollte ich ausdrücken mit diesem Midrasch von Elieser Wiesel, den ich gestern zum Schluß des Vormittags vorgelesen habe. "Schuldig - und jetzt, meine Brüder, laßt uns gehen und ihn anbeten." Also das ist, glaub ich, ganz wichtig, daß die Anbetung Gottes das Eigentliche und das Ziel ist. Und deswegen spreche ich auch immer von der Klage- und Anklage*spiritualität*, und nicht von einer -theologie, weil es da um den Vollzug geht. Wenn es dadrum geht, [führt das auf] die Bedeutung der Tora. Und ich denke damit haben Sie ja gesagt: Das sind nicht nur die fünf Bücher, die fünf Rollen, sondern das ist Tora jetzt im umfassenderen Sinne als Weisung. Dann ist das genau der jüdische Ausdruck, der Ausdruck der Priesterschrift für das, was wir in der christlichen Theologie als die Gerechtigkeit Gottes bezeichnen, oder was dann die synoptischen Evangelien als die Reich-Gottes-Verkündigung oder die Reich-Gottes-Praxis bezeichnen. Weil das so undeutlich ist in unserem ganz konkreten Leben, weil die Gerechtigkeit Gottes so wenig gelebt wird, deswegen kommt er uns oft so unverständlich vor. Denn - und das ist die These, die ich jetzt formulieren möchte, auf die ich hinaus will - die Solidarität mit den Leidenden ist vor dem Hintergrund dessen, was ich gesagt habe, rettende Gottesbegegnung. Das ist nicht - ich sag's jetzt mal im katholischen Jargon, und damit tu ich der Caritas unrecht - aber ich sag mal: ist nicht caritatives Handeln. Ich sag's sehr pointiert, sondern ist rettende Gottesbegegnung.

Und um es in eine politische [Dimension] zu heben: Ich finde, es müßte Sünde und Schuldverstrickung genannt werden, daß wir zehn Monate nach dem 11. September über die eigentliche Frage - nämlich die Frage der Gerechtigkeit - immer

noch nicht diskutieren, sondern daß wir das immer noch unter militärischen Ge-
sichtspunkten sehen. Das ist Sünde. Und wenn so ein traditionaler Begriff wichtig
ist, dann ist er hier wichtig, um diesen Begriff auch aus der Privatisierung so
herauszuholen. Verdammt nochmal, und das ist nur ein Beispiel, wann endlich
realisieren wir vor dem Hintergrund dessen, was wir gestern und heute diskutieren, daß wir Christen, und die Juden mit uns als Geschwister, der Welt eine Botschaft zu sagen haben, die sie anscheinend *"in se incurvatus"*, sage ich gerne mit
Luther, "auf sich selbst bezogen", nicht sieht. Weil die Tora nicht gelebt wird.
Weil nicht aus der Tora gelebt wird. Das Leben aus der Tora ist das Pendant der
Nachfolge Jesu. Wir folgen dem nach, und da würde ich Ihnen zustimmen, der
die Tora gelebt hat. Und in der Nachfolge Jesu leben wir die Tora Gottes [bzw.
wir leben sie eben nicht]. Das ist Sünde, und damit sind wir bei dem Thema
Zorn, wieder in einer ganz anderen Komponente, damit es nicht passiert, was mir
schon mal passiert ist, daß dieses Replizieren auf Jesaja 64,4b als Verharmlosung
aufgefaßt wurde, also das möchte ich als Gegenpol aussagen. Ja.

[...] **von Wedel:** Wir wollen jetzt im zweiten Teil nicht die Diskussion vorweg-
nehmen, die wir heute Nachmittag mit den Komponisten führen wollen, aber wir
wollen trotzdem auf die Frage der Musik und das Verhältnis von Musik und
theologischer Diskussion eingehen. Wir wollen diesen Begriff, daß es "interdisziplinäre Tage" sind, versuchen für einen Augenblick ernst zu nehmen, und zu diesem Zwecke bitte ich Frau Janowski, eine Frage zu formulieren.

Janowski: Ich formuliere einerseits meine Erwartung, warum ich mich an dieser
Tagung beteiligt habe, nämlich "interdisziplinäre" Tagung, wo ich dachte, wir
kämen auch mit den Musikern ins Gespräch, von denen ich voraussetzte, daß sie
nicht nur zufällig - aber es ist vielleicht anders - ihr Werk ins Zeichen erstens
einer theologischen Tagung stellen und zweitens in einer Tagung, die ein spezifi-
sches Thema hat. Und es kann sein, daß meine Erwartung überfrachtet ist. Aber
sie ist so. Und ich denke, ich nehme da das Tagungsthema nur beim Wort, und
würde denn auch angesichts der klassischen Verquickung des Themas "Der leidende Gott" - vielleicht beides, der vernichtende und der richtende Gott und die
Passion Christi, eben Matthäuspassion, würde ich eben schon fragen, wie sie auf
dieses interdisziplinäre Rahmenthema reagieren. Doppelt: Musik und Theologie.
Ich halte die Musik nicht nur für ein dekoratives Medium, nicht nur nebenbei.

Sondern jetzt mache ich mal einen Input, einfach damit Sie sich dann auch dran reiben können. Ich gehe in gewisser Weise davon aus, daß Kunst, Philosophie und Religion, mit Hegel gesprochen, eine Gestalt des Absoluten sind, das sozusagen auch das Negative sein kann. Davon gehe ich aus. Kunst ist was anderes als bloß Unterhaltung.

Oehring: [...] Ich kann mit dem Begriff "Absolut" absolut gar nichts anfangen.

Janowski: Damit haben Sie ihn ja schon gebraucht. Das ist ja das Interessante. Indem Sie sagen "absolut nichts anfangen", haben Sie ihn schon gebraucht. Ich verstehe Ihren Ärger. Ich bin gerne provokativ. Aber selbst wenn Sie sagen, ich verstehe meine Musik ganz relaxed, nur relativ, dann beziehen Sie es schon auf eine Weise ein. Das lebt von sowas wie dem Unbedingten. Wir sind so altmodisch, am Unbedingten festzuhalten und zugleich - darum gehts ja in dem leidenden und in dem Mensch gewordenen Gott, daß dieser klassische Gegensatz abgebaut wird und das ineinander zu sehen ist, aber los werden wir es dadurch nicht. Und ich sag noch: Jede Verneinung, also es ist ja ganz charakteristisch "absolut nichts"! Da haben wir ja nur noch Hohlform, Gegenform von dem, wovon ich sprach. Ich bin keine Hegelianerin, ich erinnere nur an die Tradition der Kunsttheorie, die sozusagen davon ausgeht, daß die Kunst die Gegenwart von etwas anderem ist. Ich könnte es mit dem Zeitproblem [deutlich zu machen versuchen]. Ich könnte zum Beispiel sagen, in der Musik ist die Zeit absolut präsent, aber in einer Gestalt, also, das ist eine völlig zeithafte Zeit, hat mit der Zeit was zu tun, mit Rhythmus, aber die Zeit ist was anderes als bloß chronologisch, sonst könnte ich sie gar nicht hören, die Musik als Werkganzes. Das ist ne gesammelte Zeit oder ne verdichtete Zeit. [...]

von Wedel: Ja, jetzt ist die Frage, ob hier eine Frage im Raum steht, auf die Herr Oehring oder Herr Kaul antworten könnten. Sie könnten natürlich auch auf die Ausführungen von Frau Janowski jetzt selber etwas sagen. [...] Empfinden Sie das Bedürfnis, in irgendeiner Weise auf das zu reagieren, was Frau Janowski gesagt hat?

[...] **Kaul:** Also auf jeden Fall hat für mich Musik auch ne soziale Funktion. Und das ist ja auch was ganz Altmodisches, gibts bei vielen Völkern immer noch sehr sichtbar. Ich bin halt viel gereist und in Afrika werden einfach die Fischernetze immer noch mit'm Gesang aus dem Wasser geholt, weil man dreißig Leute braucht, und um die zu koordinieren, hat man einfach ein Lied. Und so hat man für viele Sachen Musik, und das ist absolut nicht absolut, sondern das ist ganz viel. Und auch das ist nur wieder ein kleiner Bestandteil von dem, was Musik alles sein kann, weil natürlich kann Musik auch absolut sein. Musik kann auch ein Formspiel sein, was angeblich erst einmal überhaupt keinen Zusammenhang mit irgendetwas hat, aber es kann auch ne soziale Funktion haben. Und ich glaube, da berühren wir uns hier mit dem Thema und unsere Verantwortung auf diesem lustigen Globus, auf dem wir hier wandern, doch durchaus.

Schöttler: Ich hab eine ganz konkrete Frage an Sie, Herr Oehring, und da ich zu dieser Tagung eingeladen bin, erlaube ich mir auch, eine unanständige Frage zu stellen, weil alle warum-Fragen unanständig sind. Ich muß dazu sagen, ich bin ganz bürgerlich musikalisch sozialisiert, habe im 2. Schuljahr angefangen, Klavier zu spielen, weil wir gut katholisch waren, hatte dann auch bald, als die Beine lang genug waren, Orgelunterricht, weil der Klavierlehrer der Organist unserer Pfarrgemeinde war, usw. Und das ist meine Sozialisation mit klassischer Musik. Das ist als Hintergrund meiner Frage wichtig. Und das zweite ist, ich habe gestern Nachmittag hier einen Erkenntniszugewinn gehabt, eine Kategorie, die wirklich wichtig ist, daß es semantische und a-semantische Musik gibt, und gestern Ihre Musik fand ich so semantisch.

von Wedel: Wissen Sie überhaupt, was damit gemeint ist, Herr Oehring?

Schöttler: Das wär jetzt gut, wenn Sie sagen, Sie wissens nicht. Also, die hat mich sehr angesprochen. Und meine Frage möchte ich besonders an dem Stück "Mischwesen" festmachen, weil es da auch noch mal deutlich geworden ist. Ich empfinde bei der Begegnung mit zeitgenössischer Musik, und das ist mir gestern bei dem Stück "Mischwesen" nochmal deutlich geworden, folgenden Zwiespalt: Ich sehe die wunderbaren Instrumente, die ich in anderen orchestralen Zusammensetzungen [kenne] mit ihren wunderbaren Melodiebögen, in die ich mich verausgaben kann, bei der Romantik und Spätromantik. Wenn ich dann ein Fagott höre, ja, ich könnte weinen oft, ehrlich - und dann stottern die nur. Dann pulsieren die nur. Und ich denke, mein Gott, was hast du für ein Potential! Wo kommt der große agogische Bogen? Und dann ist wieder nur ein Nach-Luft-[Schnappen] und so weiter. Und auf der anderen Seite fasziniert mich das, was man mit diesem Instrument *auch* machen kann. Was das ausdrücken kann. Und ich hab meine Phantasien, warum mich das fasziniert, und warum diese Musik so wichtig ist. Ich sage diese Phantasien aber jetzt nicht, mir fehlt auch das analytische Vokabular, weil ich nicht Musiker in *dem* Sinne bin, das auszudrücken, aber jetzt meine ganz konkrete Frage: Warum lassen Sie die Instrumente nur stottern? Also ich kann nur von meinem Höreindruck sprechen. Warum entwickelt sich nichts? Wie gestern abend: Dann höre ich ein kleines Motiv und denke, weil ich da anders sozialisiert bin, was steckt da drin! Aber dann wird es dekomponiert, würde ich jetzt mal sagen und nicht in dem traditionalen Gestus, den ich kenne, kompositorisch damit umgegangen. Und bei dem Stück "Mischwesen" ist mir das gestern noch mal so unter die Haut gegangen, weil dort auch eine, Sie erlauben jetzt nochmal ein lateinisches Wort, eine *vox inarticulata* [vorkam], also eine nicht artikulierte Sprache, die dann sogar nichtsprachlich zeichenhaft wurde. Warum? Und ich frage das wirklich mit einem ehrlichen Interesse, weil ich genau so sagen kann, das fasziniert mich, spricht mich an, und weckt bei mir als Theologen Deutungsversuche, aber mit denen möchte ich noch ein Stück zurückhalten.

Oehring: Sie verlangen jetzt von mir, daß ich ein Stück meiner Arbeit analysiere und Ihnen oder auch mir oder den Leuten sage: warum mach ich das so und nicht anders. Ein Stück meiner Arbeit besteht darin, daß ich nicht weiß, was ich tue, sondern daß ich sehr intuitiv diese Dingen, die Sie ansprechen und besser formulieren können als ich, versuche, in ein Bild zu geben, und dieses Bild weiterzugeben. Da ist mir wohler, weil wenn ich nur immer was tun würde, was ich verstehe, glaube ich, daß ich noch weniger verstehen würde, als ich es jetzt schon tue, von allem was mich umgibt. Ich nehme das, was mich berührt, sehr intuitiv wahr und übern Bauch, und ich hab null Ahnung von irgendwelchen Systemen oder musikalisch-inhaltlichen Prozessen, das interessiert mich überhaupt gar nicht. Mich interessiert ausschließlich ein sehr leidenschaftlicher Impuls auf das, was mich umgibt, was ich sehe und was ich wahrnehme. Zum Beispiel auch die Frage, wie bedeutsam ist Sprache für uns hier alle, was bedeutet eigentlich Sprache im Sinne von Kommunikation, oder was passiert eigentlich, wenn wir keine Sprache mehr haben? Vielleicht biete ich Ihnen damit ein paar Assoziationen dazu, was das Stück sein könnte. Der Titel "Mischwesen" bezieht sich darauf, auf einen Ort, wo Sprache zum Beispiel nicht mehr Fläche von Mißverständnissen werden kann, ja? [...]³

Schöttler: Jetzt versteh ich auch. Ich hab ja [...] dieses Heftchen gelesen⁴, und da steht für mich der provozierende Satz drin: "Komponieren interessiert mich nicht." Das ist es. Das Dekomponieren. Ich frage provokativ - Systeme kennen Sie nicht, interessieren Sie nicht. Ich muß in Systemen denken, also ich sag jetzt etwas von meinen Deutungsversuchen [...] und merke, wie brüchig das Denken in Systemen heute geworden ist. Sie [Frau Janowski] haben es noch stärker von Ihrem Fach her auch. Wir haben wahnsinnig viele Systeme in der Philosophie-, Theologiegeschichte, Modelle, Verstehensmodelle, aber ich glaub, wir sind heute an einem Punkt, wo wir die Brüchigkeit, die immer nur partielle Richtigkeit bestimmter Systeme entdecken. Und ich glaube, das ist ein Stück der Faszination, daß ich oft bei moderner Musik sage, besonders wenn sie ganz semantisch ist, weil sie einen liturgischen Text zum Beispiel zur Grundlage hat: Ja! Der Gestus dieser Musik ist so, daß mir der Text noch mehr entzogen ist, als er mir sowieso schon vorher formelhaft leer vorkam. Aber genau das ist es, wo ich dann sage: Das ist so ehrlich. Also, ich ahne, daß das so auf der Linie liegt. Und das ist mir bei dem Stück "Mischwesen" [deutlich geworden] dadurch, daß da auch Gebärdensprache [verwendet wurde] - ich sag jetzt mal, Sie verstehen das alles positiv: Lallen, Unartikuliertes, und trotzdem in das Gesamte einbezogen, also nicht als etwas Störendes, außerhalb Stehendes. Es war ja auch sehr deutlich zu sehen, der Musiker am Keybord gab ja ganz konkrete Einsätze, so daß da auch ein Verstehen, ein Miteinander möglich war. So in diese Richtung geht das und ist nochmal das Plädoyer, was ich gestern auch sagte. Also jetzt versuche ich so eine - also nicht, Sie zu vereinnahmen -, sondern eine interdisziplinäre Verständigung auch, das Hinterfragen und das Fragmentarische auch im theologischen Denken deutlicher zu machen. Auch wenn ich aus unserer Tradition viele Systeme kennen kann, wenn ich viel lese und mich darum bemühe, um es zu deuten. Mit Elieser Wiesel gesagt, ist für mich ein erkenntnisleitender, prägender Satz gewesen: Auf den ersten Seiten seiner autobiographischen Schrift "Nacht" beschreibt er, wie er

---

³ Die Aufzeichnung wurde an dieser Stelle unverständlich.
⁴ Gemeint ist das Programmheft mit kurzen Erläuterungen der Komponist/innen zu ihren Werken.

als Kind, als Siebenjähriger in Sighet, Siebenbürgen, feststellte, daß der Synagogendiener sich nach dem Sabbatgottesdienst einschloß in die Synagoge und ihn heimschickte. Und nach etwa drei Monaten, sagt Elieser Wiesel, habe er endlich den Mut gepackt und habe gesagt, "Mosche, was machst du dann da?", und ich weiß jetzt nicht, ob er es gesagt hat, aber Elieser Wiesel legt ihm das in den Mund, und das ist dieser wichtige Satz: "Ich bete zu Gott, daß er mir die Kraft gibt, ihm wahre Fragen zu stellen, denn die Frage besitzt eine Kraft, die die Antwort nicht mehr hat." Und dieses Fragende, keine Antwort geben wollen, sondern entdecken, daß in dieser Frage, dieser Anfrage, diesem Hinterfragen, eine unheimliche Dynamik steckt, und sich nicht unter den Zwang stellen, es in ein System zu bringen, so sehr ich das liebe. Ich kann das nur nochmal von der Musik her sagen, also spätromantische Musik, da kann ich drin versinken! Die ist rund! Aber ich merke: die zeitgenössische Musik - jetzt sag ich das sicher noch einmal mit einem ganz schlechten Vokabular im Bezug auf musikalische Analyse - stotternd, fragmentarisch, das Instrument gar nicht mehr benutzend, um Töne zu erzeugen, sondern die Luft bleibt mir weg, die Luft bleibt stecken, pulsierend usw., also Dinge, die mit dem traditionellen Umgang mit dem Fagott undenkbar wären. Aber genau das ist es. Da steckt die Kraft und da steckt das drin. Das war für mich eine sehr tiefe Begegnung gestern abend.

Publikum4: In einem Pariser anatomischen Institut wird die Mumie einer monströsen Hottentottenfrau aufbewahrt aus dem Anfang des 19. Jahrhunderts. Die Stammesnachfolger möchten gern die Leiche jetzt bei sich bestatten. Im anatomischen Institut in Wien werden die Föten der 30er bis 50er Jahre nicht mehr gezeigt. Man will sie bestatten. Vor einigen Tagen ist in Wien die Oper von NN[5] uraufgeführt worden mit Text von Peter Turrini, "Der lange Hans", der zum Thema hatte einen österreichischen jungen Mann, der Riesenwuchs hatte, also über 2,50 m groß war, und damit zur Schau gestellt wurde in Europa und dann im Alter von 25 oder 27 Jahren gestorben ist. In meiner Jugend war es üblich, daß zur Ausstattung eines Zirkus' Liliputaner gehörten. Jetzt frage ich: Wie obszön ist eigentlich eine Musik in der Kirche, die Unvermögen zur Sprache - denn

---

[5]   Der Name des Komponisten ist in der Aufnahme nicht zu verstehen gewesen und ließ sich leider auch mittels Internet-Recherche nicht ausfindig machen.

wir hatten ja eine Taubstumme als Akteurin - die Unvermögen von Sprache als Kunstmittel einsetzt? Ich frage: Worin unterscheidet sich eigentlich die Zurschaustellung der Liliputaner im Zirkus von dem - außer der Sympathie, die uns gestern diese junge Dame entgegengebracht hat - außer in der Sympathie, was wir da gestern gesehen haben. Ich sag das deshalb: Ich habe sieben Jahre mit Taubstummen in einem Haushalt gelebt. Ich weiß nicht, wie man das als Kunstmittel einsetzen kann.

[...]

Ich habe einige kulturelle Parallelen aufgezeigt. Ich weiß gar nicht, ob Ihnen das so bewußt ist. [...] Ich habe ein paar parallele kulturelle Entwicklungen aufgezeigt und hätte gerne darauf eine Antwort.

von Wedel: Herr Oehring, wollen Sie darauf antworten?

Oehring: Also, auch wenn's mir schwer fällt - Mikrophon ist nicht meine Sache, vor Leuten reden ist auch nicht meine Sache. Ich finds sehr mutig von Ihnen und sehr offen, daß Sie so ne Frage stellen, weil die schwebt ja letztendlich immer im Raum. Der Punkt ist der, glaub ich, daß in diesem Stück oder wenn ich mit Gehörlosen arbeite, niemals Unvermögen von Sprache zur Schau gestellt wird, sondern eher - das, was Ihnen vielleicht entgangen ist -: es wird die Schönheit der Gebärdensprache nämlich, die Mutter aller Sprachen zur Schau gestellt. Wenn man überhaupt das so sagen kann, zur Schau gestellt, weiß ich nicht genau, ob Kino oder Oper oder Literatur etwas zur Schau stellen. Es ist eher etwas zeigen oder etwas schenken oder etwas nehmen. Für mich ist es etwas, was ich in meiner Kindheit erfahren habe durch meine Eltern, das ich jetzt versuche weiterzugeben. Vielleicht versuchen Sie, es von einem anderen Punkt aus zu sehen, nicht von dem sehr schroffen Standpunkt, den Sie jetzt haben, daß Sie Befürchtungen haben, daß dort ein - ich sag's in Anführungszeichen - "Behinderter" vor "Nichtbehinderten" - ebenfalls in Anführungszeichen - zur Schau gestellt wird, sondern daß Sie Ihr Herz vielleicht aufmachen und sehen, wie schön Gebärdensprache, wie schön Zeichensprache sein kann. Und auf welchem fragilen Boden wir uns alle miteinander bewegen, wenn wir miteinander kommunizieren, wenn's um Sprache geht. Und für mich ist es so, als Komponist, ich muß jetzt wieder ganz zu dem Punkt zurückkehren, um Ihre Frage zu beantworten. Ich hab etwa 1987 angefangen zu komponieren und habe 1992, also 5 Jahre später zum ersten Mal

Text benutzt. Und für mich war es ganz klar, daß ich den in meiner Muttersprache vertonen werde. Und das heißt also, daß ich was ganz Natürliches mache wie jeder andere Komponist auch, ich vertone ein Gedicht in Gebärdensprache und habe dazu Musiker. Das ist ein ganz organischer Prozeß, ohne daß ich mich jetzt verteidigen will, weil ich hab nicht so ein Unrechtsbewußtsein. Obwohl ich immer die Angst habe, die Sie auch erwähnt haben, daß das so ankommen könnte, habe ich nie die Hoffnung verloren, daß Menschen eher nicht diesen Betrachtungswinkel haben, sondern eher genau den anderen: sich berühren lassen von einer Sprache, die uns allen ja - also mir nun nicht, weil ich damit aufgewachsen bin - aber vielen von Ihnen eher entgangen ist. Und ich weiß einfach von den Gehörlosen und weiß es auch von mir, daß Gebärdensprache eben keine Sprache von Behinderten ist, sondern der Ursprung, das weiß die Forschung heute, der Ursprung aller Sprachen dieser Erde. Sie müssen sich das vorstellen, also Ihre Sprache kommt aus dem, was Sie gestern auch gesehen haben. Wenn man vielleicht diesen Blickwinkel hat und wenn man ein bißchen mehr weiß, wie Gebärdensprache funktioniert, weiß man auch von dem Reichtum, von der Schönheit, von der Lebendigkeit dieser Sprache, weil sie wird jeden Tag neu erfunden. [...] Ich hoffe, ich hab Ihre Frage ein bißchen beantworten können. Natürlich hat Konzert und Zirkus immer auch etwas einen zeitlichen Raum - ich seh das auch sehr negativ und sehr kritisch - einen zeitlichen Raum, etwas zu zeigen. Und ich stell mich in der Tat hin und zeig Ihnen das, und Sie müssen das aushalten. Und dann ist die Frage, welche Möglichkeiten Sie haben, mit dem Aushalten umzugehen. Aber ich bitte Sie einfach ganz herzlich, nehmen Sie es gar nicht negativ, sondern eher wirklich als Geschenk von Christina Schönfeld an Sie.

Janowski: [...] Wir kommunizieren mit Worten, die nicht mal innen im kirchlichen oder theologischen System noch recht verstanden werden. Wir haben es gestern zugespiegelt bekommen von außen, es ist Binnensprache. Da mögen wir uns versuchen zu explizieren, wie wir wollen, ich mag noch den Nietzsche einführen, ich mag noch das Gegenteil von Theologie einführen, wir bleiben in irgendeinem verbalistischen Raum. Und im Blick auf diesen Raum hat Niklas Luhmann gesagt: Wir leben in einer Kommunikationskultur, die ist im Grunde nur noch Geräuschkultur. Wir verstehen uns gar nicht mehr, wir reden aneinander vorbei. Das [gilt auch] für den Bereich, den wir eigentlich vertreten: Zu unseren Grundworten gehört Kommunikation sogar von Gott und Mensch, Fleisch gewordenes Wort, leibhaftig gewordenes Wort Gottes. [...] Wir kriegen die nicht mehr rüber, oder sehr schlecht rüber. Ich halte die Musik gerade als ein völlig anderes Kommunikationsmedium, Darstellungsmedium [für wichtig]. Kommunikation ist jetzt nur ein Aspekt von Musik, denke ich, es ist ja nicht nur Kommunikation, Darstellung. Aber die Grenzen der Sprache, das wäre genau mein Problem, die wir selber erfahren und reflektieren. Das gehört zur gesamten Tradition, und erfüllt sich insbesondere in der negativen Theologie, die eigentlich nur noch sagen kann, von Gott wissen wir nur, was er nicht ist. Und das übertragen wir gern, inzwischen [gibt es] auch negative Anthropologie: Vom Menschen wissen wir eigentlich nur, was er nicht ist. Wir sind ja längst im Dekonstruktiven drin. Es gehört mit zu unserer ganzen Tradition. [...] Ich fände es unglaublich wichtig, daß die verschiedenen Spielsysteme zumindest offene Systeme wären, also miteinander auch noch kommunizieren könnten. Vielleicht auch wieder tänzerisch und spielerisch. Vielleicht [liegt es an] dieser Mantik, unter der das steht, der tötende Gott und so. [...] Da müssen Sie vielleicht auch ausweichen. Aber vielleicht findet man nochmal ein Thema, wo auch Künstler sagen können: Hier kann ich meine Musik direkt unterbringen. Also prinzipiell, daß verschiedene Kommunikationssysteme gegeneinander durchlässig sind, das wäre mir sehr wichtig. Und da ich gleichwohl denke, daß wir nicht dazu da sind, uns selbst zu erübrigen als Theologen, um es mal ganz deutlich zu sagen, würde ich gerne auch über die Semantik noch auf mehr stoßen als auf ein bloßes "Dazu sag ich nichts", da war mir der Herr Krieger insofern lieber als er direkt sage, ich bin Atheist. Das ist dann leichter, tatsächlich noch zu reden miteinander, als wenn jemand sich einfach entzieht.

von Wedel: Ja, aber Herr Oehring ist ja jemand, der sagt etwas. Erst sagt er, ich kann dazu nichts sagen, und dann auf einmal kann er ganz wunderbar dazu reden, also insofern brauchen wir da, glaub ich, keine Sorge zu haben.

[...] **Schöttler:** Ich wollte ganz kurz nochmal anknüpfen an das Hörerlebnis und Miterlebnis gestern Abend und die Diskussion, die gestern Nachmittag aufgebrochen war - Musik in der Kirche, Kirchenmusik, auch die Anfrage, ob so etwas, wenn ich das recht in Erinnerung habe, Kirchenmusik sei. Ich halte es für ganz wichtig, daß solche Musik auch in der Kirche zu ihrem Recht kommt, weil sie in diesem komplexen Geschehen Gottesdienst, wo unterschiedlichste Formen [zu-sammenkommen] - ganz bekenntnishafte Inhalte, das Mitsprechen von altehrwür-digen Formen, bis hin zur Predigt, wenn sie gut ist, der es gelingt, auch die All-tagswirklichkeit mit der formelhaften, tradierten Sprache in Begegnung zu brin-gen. [Ich halte es für ganz wichtig,] daß solche Musik in der Kirche vorkommt, weil sie, glaube ich, unseren heutigen Gottesdienstfeiern etwas Substantielles - al-so nicht im Sinne von "Das kann man auch noch machen" oder "wär auch noch schön" -, sondern etwas Substantielles gibt, was sich sprachlich nur sehr schwie-rig darstellen läßt. Nämlich - und da kann ich jetzt nur wieder sagen, ich hab es so empfunden - dieses Anfragende, dieses Hinterfragende, dieses, ich sag mal, Dekomponierende, dieses Mir-Vertrautes/Formelhaftes-Entziehende, dieses Neu-buchstabieren. So hab ich auch die Instrumente gestern zum großen Teil erfah-ren. Und es ist eigentlich schade, daß [das] in unseren [Gottesdiensten nicht vor-kommt] - ich vermute, daß das in evangelischem Gottesdienst, den ich so nicht im Mitvollzug kenne, sondern immer nur punktuell sporadisch, auch so ist. Da-mit der Choral, den wir gestern bei der Mittagsandacht gesungen haben, genauso sein Recht hat wie solches, weil beides Substantielles an unserer Glaubenshaltung zum Ausdruck bringt. Da leben wir noch zu sehr im Nicht-Jetzt.[6]

---

[6] An dieser Stelle bricht die Aufzeichnung ab.

Musik im Gespräch II

(Matthias Kaul, Helmut Oehring, Ezzelino von Wedel)

von Wedel: Guten Nachmittag, meine Damen und Herren. Willkommen zum zweiten und letzten Gespräch "Neue Musik im Gespräch". Heute mit den Komponisten der Werke, die wir gestern abend gehört haben: Helmut Oehring und Matthias Kaul. Worüber wir sprechen werden, das wird sich nun herausstellen. Es wird sich vor allem herausstellen durch eine fundamentale erste Frage, die aus diesem Kreise kommen soll. [...]

Publikum1: Ich möchte eine allgemeine Frage stellen, die sich an die Musiker wie an Theologen wie an die Organisatoren der Tagung wendet. Mir scheint es so, als ob das Gespräch, der interdisziplinäre Dialog zwischen Musikern, neuer Musik und Theologen nicht richtig funktionieren will oder nicht richtig funktionieren kann, da scheinbar von der Kirche, von der kirchlichen Organisation zwar der Raum zur Verfügung gestellt wird, auch der Kompositionsauftrag gegeben wird, auch die Komponisten ... geholt werden in den Raum der Kirche, sich aber die Komponisten scheinbar nicht mit dem Raum, mit den Inhalten des Raumes, und dem dort zu verkündigenden Evangelium auseinandersetzen, so daß also eine grundsätzlich andere Herangehensweise insgesamt besteht. Das heißt, der Komponist versucht scheinbar - so erscheint es mir - sich selbst zu produzieren, in dem Kirchenraum, in dem eigentlich nur das Evangelium rein verkündigt werden sollte und die Sakramente dazu - [wie es in den Bekenntnisschriften heißt] - und wo nicht steht, daß da irgendwie zusätzlich irgendwelche Musik atheistischer Richtung [gespielt werden soll], mit der wir uns dann zu beschäftigen haben im Raum der Kirche. Wo anders mag das richtig sein, aber im Raum der Kirche hat für mich eigentlich nur das Evangelium seinen Platz, und das finde ich hier nicht verwirklicht [...], weshalb es kaum möglich ist, daß ein wirklicher interdisziplinärer Dialog stattfindet.

von Wedel: Gut. Das ist erstmal ein Statement, das wiederum neue Fragen aufwirft. Eine Frage ist zum Beispiel, ob die Musiker alle Atheisten sind, da bin ich gar nicht so sicher, ich habe keinen gehört, der sich zum Atheismus bekannt hat. Wenn er es täte, wäre das auch ein interdisziplinärer Dialog, ein sehr interessanter. Eine zweite Frage richtet sich dann auch an die Veranstalter, wie man sich den Begriff "interdisziplinär" eigentlich vorstellt. Wir haben vorhin darüber geredet, welche Defizite dabei festzustellen sind. Aber diese Defizite, die man mit Recht, finde ich, feststellen kann, beruhen auch auf gewissen Erfahrungen von früheren Tagungen her, also das ist ein kompliziertes Thema. Für die Veranstalter kann ich nicht reden. Frau Dahlgrün kann sich vielleicht dazu äußern.

Dahlgrün: Ja, gut. Die Sache mit der Interdisziplinarität ist ein Wunsch. Sie ist vor allen Dingen ein Wunsch, und sie ist in gewisser Weise auch ein Programm, aber eines, hinter dem wir immer herlaufen. Wir haben es bisher auf keiner Tagung so weit hinbekommen wie diesmal. Es ist diesmal interdisziplinärer als es jemals war vom reinen aufeinander Hören und aufeinander Eingehen her. Es braucht, um das wirklich zustande zu kriegen, ja mehrere Dinge. Es braucht ja nicht nur Komponisten, die sich auf ein Thema einlassen. Es braucht auch Theologen, die die Musik dann hören und auf diese Musik dann wiederum auch reagieren. Und man kann, denke ich, von Komponisten nicht unbedingt erwarten, daß sie mit der gleichen Eloquenz, wie sie ihre Tonsprache beherrschen, hinterher das, was sie komponiert haben, vertreten, und dann noch in irgendwelche Kategorien einordnen. Also da ist dann schon Bemühen von beiden Seiten gefragt, damit da was zusammenkommt, und das kann, glaube ich, nur in Annäherung funktionieren. [...]

Schöttler: Ihre Anfrage finde ich eine ganz wichtige, die Sie stellen [...]. Ihren Schlußsatz möchte ich einfach mal hinterfragen, weil ich ihn [problematisch] finde. Dieser Schlußsatz, vielleicht hab ich ihn auch falsch verstanden, ich meine, ich hätte gehört, Sie hätten gesagt, in der Kirche habe nur Evangelium Platz. - Hab' ich das richtig verstanden? [...] Wie geschieht Evangelium? Wie wird Evangelium verkündet? Und haben wir das alleinige Monopol auf Verkündigung des Evangeliums - ich sage mal bewußt "wir", als einer, der in der Kirche arbeitet. Ist die Dynamis Theou, Römer 1,16, nicht eine Kraft, die auch außerhalb der Kirche wirkt, und auf die wir hören müssen, von der wir lernen müssen: Denn ich schäme mich des Evangeliums nicht, denn sie ist eine Dynamik Gottes. Und [dazu kommt] daß gerade in unserem kirchlichen Raum als kulturellem Raum das Evangelium ermüdend ist und ich in vielen kulturellen Räumen der Gesellschaft entdecke, daß das Evangelium viel lebendiger ist. Und mit dieser Dynamis des

Evangeliums möchte ich mich aber auch als Kirchenmann dann auseinandersetzen. Ich halte also [gar nichts von] Ihrer Schlußthese, deswegen auch meine persönliche Emphase. Wer gibt uns das Recht, das Monopol auf das Evangelium zu
haben, und dann auch noch zu sagen, in unseren Räumen hat nur das Evangelium
seinen Platz. Das Evangelium ist weiter, Gott sei's gedankt, als die Kirche.

von Wedel: Danke für Ihr Votum. [...] Vielleicht kann ich die Frage an Sie zurückgeben, Herr Oehring, in folgender Gestalt: Was rechtfertigt es aus Ihrer
Sicht, daß Ihre Werke in der Kirche aufgeführt werden.

Oehring: Tja. Ich frage dann zurück: Brauche ich dafür ne Rechtfertigung? Ich
denke, wo anders kann Begegnung stattfinden als in der Kirche, und Begegnung
nicht zwischen Auserwählten [...]. Wenn ich Sie höre, in allen Ehren - ich fühle
mich als Gast trotzdem sehr willkommen. Ich fühle mich hier auch sehr wohl,
aufgrund der Offenheit des Herrn[1] und Ihres Beitrags gerade eben, ich finde solche Offenheit nicht selbstverständlich, und sie auch gerade in einem solchen
Raum zu äußern, wo man eigentlich wahrscheinlich eher solchen sehr herben und
sehr deutlichen Diskussionen aus dem Weg geht - jedenfalls habe ich die Kirche
so erfahren. Ich find das dann sehr toll eigentlich, daß man dann sich traut, Sachen zu sagen, die vielleicht so ein bißchen Unmut erwecken könnten bei Gästen
oder auch bei Leuten, die in der Kirche verwurzelt sind, die ganz andere Positionen haben. Also ich sag's mal so: Ich bin ja ein ganz normaler Ostberliner. Und
ich find et ziemlich starken Tobak, wat ich hier gehört habe von Ihnen und von
Ihnen[2] - wenn ich mir jetzt vorstelle, ich komme als Gast hierher nach Kassel in
ne Kirche und schenke den Musikern und diesem Ort hier ein Stück von mir und
freue mich auf dieses Treffen und freue mich auf die Geburt dieses Stückes, das
hier sozusagen die Welt erblicken kann. Und dann sind alle Rechtfertigungsfra-
gen ganz kompliziert, weil Sie müssen verstehen, daß jedes meiner Stücke ist wie
ein Kind von mir. Und verwechseln Sie meine Freundlichkeit nicht mit Schwäche. Es ist eher so, daß je mehr Sie [...] mich oder meine Stücke in Frage stellen, ob die hier den richtigen Platz haben, desto stärker werden diese Stücke na-

---

[1] Gemeint ist der Beitrag **Publikum4** vom Vormittag, s. Theologie im Gespräch II.
[2] Gemeint ist wiederum **Publikum4** vom Vormittag und das Eingangsvotum des Nachmittags,
Publikum1.

türlich an diesem Platz, weil also bestimmte Infragestellungen oder bestimmte Zweifel provozieren oder verursachen immer sehr starke Gegenkräfte. Und deswegen bin ich eigentlich ganz froh, daß ich hier bin, daß wir darüber sprechen können. Und das geht auch nur, weil Sie beide so offen darüber reden, über Ihre Gefühle oder Gedanken. Wobei ich sagen muß, ganz ehrlich, ich teile natürlich Ihre Meinung überhaupt nicht. Und das ist auch einer der Gründe, warum ich den Ort der Kirche verlassen habe. Weil er mir einfach zu geschützt ist und zu hermetisch und man sich doch bestimmten Dingen massiv verschließt, die mir wichtig sind, oder sich Dingen öffnet, was dann aber nur sehr plakativ erscheint, nicht einer wirklichen Öffnung des Herzens entspricht, sondern einer kirchen-innenpolitischen Öffnung, die keine wirkliche, mir wichtige Öffnung wäre. Deswegen habe ich vor, ich schätze mal, guten 22 Jahren den Ort der Kirche auch verlassen. Ich war damals sehr aktiv in der jungen Gemeinde, und liebe eigentlich auch Räume der Kirche, ich liebe alle Bilder, die ich habe mit Begegnungen von Musik in Kirche, und damals war das auch eine solche - ich komme ja aus der ehemaligen DDR, Kirche war da nicht unbedingt Ort zur Verkündigung des Evangeliums, sondern auch Ort von Leuten, die nicht mehr wußten, wohin. Das hing mit der politischen Lage in der DDR zusammen. Und wenn das Kirche nicht leistet, dann, muß ich ehrlich sagen, kann man sie auch zumachen. Das mal so als provokative Antwort, obwohl es nicht meine Art ist. Ich denke, wenn es eine einzige Möglichkeit zum Überleben von Kirche überhaupt gibt hier heute in dieser Zeit, dann ist es, daß sie sich ganz öffnet, und zwar allem, und zwar auch den extremsten Gegensätzen, die das Evangelium bekämpfen, und nur dann besteht eigentlich die Möglichkeit, daß Kirche weiterleben kann, wirklich leben kann. Ansonsten bleibt es, was sie jetzt ist, nämlich ein sehr in sich zurückgezogener, abgehobener Ort, wo Tradition gepflegt wird und Sehnsüchte gehortet werden, aber mehr nicht. Und ganz konkret zu Ihrer Frage, die Sie am Anfang gestellt haben: Für mich sind Orte, wo meine Musik stattfinden kann oder wo ich andere Musik erlebe, immer sehr wichtig. Ich mag es eigentlich sehr, wenn ich das Gefühl habe: hier ist etwas außer mir, hier war etwas vor mir schon da, und das vermischt sich dann, das wird transparent. Das, was ich höre und erfahre wird transparent durch die Geschichten, die in den Gemäuern leben und eingeschrieben sind. Und daher ist natürlich Kirche prädestiniert dafür, so etwas leisten zu können, und zwar ganz still leisten zu können, inaktiv leistet Kirche so etwas, als Gemäuer, nicht weil Sie Christ sind und diesen Raum für sich bean-spruchen, sondern weil irgendwann mal diese vielen Geschichten in diesen Stein geschrieben wurden. Und wenn dann so ein Abend wie gestern oder auch vorhin Musik an diesem Ort erklingt, dann haben wir Teil an etwas, was wir wahr-scheinlich gar nicht ermessen können, was wir gar nicht aufwiegen können - was Sie jetzt versucht haben zu tun: Ich biete etwas, nämlich meinen Ort, was bekom-me ich dafür? - Das geht, glaub ich, so gar nicht. Wenn Sie diesen Blick haben, dann fokussieren Sie sich auf etwas und verlieren dabei das Wirkliche, das Eigentliche, worum es geht, nämlich [...] so ne Art Offenheit und Sensibilität und auch Verletzlichkeit dadurch. Nämlich sensibel und offen werde ich nur, wenn ich mich traue, mich verletzlich zu machen. Das, was Sie gerade - propa-giert haben beinahe, das ginge eher vom Stärkeren aus: hier ist mein Ort, und wer hier sein möchte, muß sich auf meine Spielregeln einlassen. Ich glaube, Mu-sik ist überwiegend nicht dazu gemacht, daß sie dafür herhalten kann. Musik ist eher dazu da, daß man Menschen verletzlich macht, daß man Menschen erfahrbar macht. Und das sind beides Kriterien, die mich persönlich sehr am Leben halten.

von Wedel: So, jetzt haben wir hier zwei Positionen, die eine Position sagte: In der Kirche soll nur das Evangelium erklingen, und Sie haben eben gesagt, Kirche soll sich für alles öffnen, auch für das, was dem Evangelium diametral entgegen-steht.
[...]
Vielleicht, Herr Kaul, können Sie uns mal erzählen, wie das für Sie war gestern Abend, Ihre Musik in dieser besonderen Kirche zu erleben.

Kaul: Uff. Dieser Raum Kirche war als Raum für mich zunächst mal nicht *ganz* wichtig, weil ich keiner Kirche angehöre und nur dann gerne in Kirchen bin, wenn ich feststelle, daß wir vielleicht am gleichen Thema arbeiten gerade. Und mit diesem Stück "Amadeu Antonio" ist das vielleicht der Fall, und sonst ist der Raum für mich nicht aufgeladen. Aber das ist halt sehr persönlich, und ich bin ein bescheidener Mensch, ich halt mich da lieber klein in der Ecke auf und hab eher fast Angst vor so großen Räumen. Die Aufführung war für mich gestern aus einem ganz anderen Grund interessant, weil es das erste Mal war, daß ich vier verschiedene Versionen an einem Abend an einem Ort gehört habe von diesem

"Amadeu Antonio". Das Stück handelt ja eigentlich von einem Dilemma und der Aufgabe, einen persönlichen Ausweg aus diesem Dilemma zu finden. Das Dilemma sind diese Schläge am Anfang, das Einheitsgrau, und jeder soll seinen persönlichen Weg daraus finden unter Beobachtung gewisser Eigenarten. Man muß halt aufpassen, daß die Snare-Saiten, diese schnarrenden Seiten an der Trommel immer rauschen, und wenn man das erreicht, kann man tun, was man will. Dann ist die große Freiheit da. Aber wenn man das aus den Augen verliert und die Snare aufhört zu rauschen, dann muß man sozusagen das Stück wieder von vorne beginnen, mit dem Einheitsgrau und den brutalen Schlägen. Das heißt: Verdrängung ist nicht erlaubt. Wir können alles tun, solange wir etwas im Auge behalten. Ich nenne das immer eine unfreie Improvisation. Und an diesem Abend habe ich halt vier sehr persönliche Versionen gehört von diesem Stück und den Auswegen aus dem Dilemma, und das war für mich halt das Bewegende. [...]

von Wedel: Herr Kaul, könnten Sie uns kurz skizzieren, wie der Prozeß war von der Konzeption, oder sagen wir mal auch der Idee von diesem Stück bis zur Realisierung.

Kaul: Ja, das war ganz einfach. Es war halt Urlaub, und ich saß irgendwo am Strand, wahrscheinlich die Füße im Wasser, und hatte den Spiegel dabei, dieses Fachblatt, das deutsche, und las nach zehn Jahren von der Art und Weise, wie Amadeu Antonio Kiowa zu Tode gekommen ist und dachte: da muß ich was zu machen, riß die Seite aus, steckte sie mir in die Tasche und trug sie in hoffentlich wechselnden Hemden, das erinnere ich nicht mehr, ein Vierteljahr mit mir rum. Und plötzlich, eines morgens im Übungsraum, als ich mich einspielte, rauschten wieder diese Snare-Saiten, was eigentlich für Schlagzeuger etwas Unangenehmes ist, es ist halt ein Geräusch, was man eigentlich nur dann haben will, wenn es wirklich passieren soll, aber als sympathisierende Schwingung passiert es immer wieder, daß es von selbst anfängt zu rauschen, obwohl man etwas anderes spielen will. Es ist also ein nervendes Geräusch, das will ein Schlagzeuger gar nicht haben. Und ich hab gedacht: Das paßt zum Thema. Und dann hab ich überlegt, gut, jetzt kann ich dem Schlagzeuger eine Aufgabe stellen, und gut, der wurde von 50 Skinheads erschlagen, und da war halt ganz klar, es muß einen blöden, brutalen Anfang geben mit diesen Schlägen, und dann muß es irgendwie - wie kriegen wir das weg. Und wie können wir uns diesem Problem annähern.

Und natürlich ist klar, daß wir uns diesem Problem nicht annähern können, wenn wir verdrängen. Und es ist auch natürlich, daß wir das Problem nicht loswerden, wenn wir nicht begreifen, daß es ein Teil von uns selber ist. Und das müssen wir akzeptieren. Das heißt, wir werden die Snare drum nicht wegwerfen können. Wir müssen halt mit dem feinsten Geräusch von ihr leben können und auch aufpassen, daß es das feinste bleibt und daß wir es im Auge behalten. Da gabs mal - jetzt etwas ausgeholt - eine wunderbare Neujahrsansprache von Günter Anders, als er noch lebte, wo er die Möglichkeiten einer atomaren Katastrophe so dermaßen plastisch zum Jahresende vortrug, daß man nur noch dasaß und sagte: "O Gott. Was der Mann alles vor Augen hat. Und wie lebt der überhaupt weiter? Und das ist alles so schrecklich. Und mein Gott, was sind wir in Gefahr" und so weiter. Und er fordert halt, daß man einfach weiß, daß jeden Moment etwas passieren kann, daß man die Katastrophe im Auge haben muß, denn nur so kann man ihr begegnen. Aber das heißt nicht, daß wir aufhören sollen, zu genießen. Denn er beendete seine Rede damit, daß er sagte: "So und nun möchte ich mit Ihnen anstoßen" und beschrieb die Weinsorte... und man dachte: Klar, natürlich, er hat recht, der Wein ist immer noch da, obwohl er weiß, daß es alles ganz schrecklich enden kann. Aber im Moment, wir haben auch noch Wein. Aber: Wir dürfen nicht vergessen, drauf aufzupassen, daß da was passieren kann. Und in diese Situation wollte ich den Schlagzeuger bringen. Und es ist halt diese Situation: du kannst eigentlich machen, was du willst in diesem Stück, solange du auf dieses Rauschen der Snaredrum aufpaßt. Und das war als Konzept halt sehr leicht dann aufzuschreiben, und als ich dann selber anfing, eine Version zu realisieren, hab ich mich selbst verflucht, weil es einfach dazu führt, daß man sich selbst beim Verdrängen entdeckt, das heißt: man fängt an zu spielen und hat es geschafft, okay, die Snare hat einen wunderbaren Ton, und ich kann die Schläge leiser werden lassen und sie können ganz verschwinden, der Ton rauscht weiter, und ich spiele wunderbar - und plötzlich hört er auf. Die Spielregel ist: Hau drauf! Soll ich meine Musik jetzt zerschlagen? Ist ja schrecklich! Und was macht man? Man spielt weiter? Also in dem Sinne haben wir, glaub ich, gestern Abend auch vier verdrängende Trommler gesehen. Aber das ist menschlich. Nur interessant ist halt, das ist so ne Art Lehrstück, also man spürt es selber, aha, so funktioniert es. Mein Leben ist doch schön, was soll ich mich darum kümmern? Aber nicht verdrängen, es ist da, und wenn wir aufpassen, wird es auch nicht schlimmer.

Und so ist das Stück eigentlich entstanden. [...]

Publikum2: [...] Das Thema hieß "Neue Musik in der Kirche". Wenn ich aber auf das Programm schaue, dann sind die Stücke rund zehn Jahre alt. Da ist jetzt meine Frage: Gibt es keine Neue Musik mehr, oder ist das ein Treffen von Herrschaften, die, sagen wir mal, eine Bestätigung brauchen [...]. Wo sind die neuen Stücke? - Mit Ausnahme natürlich der Uraufführungen [...]. Das zweite wäre: Der Tag gestern stand unter dem Motto "Der vernichtende Gott". Das erste Stück, das wir hörten, von Herrn Oehring, das war aber der vernichtende Mensch. Herr Darmstadt hat am Anfang einen Text vorgelesen, das war die Beschreibung einer Hinrichtung und das Protokoll der langsamen Einstellung von Lebensfunktionen. Jetzt frage ich Sie: gehört jetzt dieser Text unmittelbar zu dieser Musik? Herr Darmstadt hat den Vortrag dieses Stückes damit begründet, es stünde in der Partitur, das meinte er als Musiker, das ist zum Verständnis dieses Stückes nötig. Dann hab ich diese wirklich sehr gute Musik, diese sehr schöne Musik gehört, ein phantastisches Stück, aber ein unschuldiges [...]. Ein solcher Sterbensvorgang, der übrigens nicht nur bei Hinrichtungen stattfindet, sondern auch wie jede Abtreibung genau den gleichen Verlauf nimmt - denn man kann das mit so einer Musik nicht darstellen. [...] Die politische Korrektheit des Textes, gegen die man ja nichts sagen kann - wir sind ja als Christen gegen die Todesstrafe, diese politische Korrektheit nimmt dann die Musik als Geisel, und weil der Text mit ihr verwoben wird, wird die Musik nicht mehr realisierbar [...].

von Wedel: Gut, also zwei Anfragen: Wie neu ist die Musik, die aufgeführt wurde, vor allem abgesehen von den Uraufführungen. Und die zweite Frage: Verhältnis Wort - Musik. Ich glaube, Herr Oehring, da Ihre Musik angesprochen worden ist, wäre es vielleicht gut, wenn Sie etwas dazu sagen würden ...

Oehring: Also ich finde, zehn Jahre alte Musik ist neue Musik. Sag ich mal so. In meiner Zeitrechnung sind zehn Jahre gar nichts. Ich weiß ja nicht, wie neu Sie alles brauchen. Ich muß ehrlich sagen, ich find's ne Manie, daß man immer neue Stücke auf solchen Begegnungen, Festivals oder Konzerten bringen möchte. Immer Uraufführungen, Uraufführungen, Uraufführungen. Ich finds ganz klasse, das Programm beim Durchblättern, und welchen Mut hier die Veranstalter haben, in diesen Räumen, mit diesen Musikern, mit diesem Publikum das hier so zu machen. Das hat meinen allergrößten Respekt und meine ganz große Hochachtung und meinen allergrößten herzlichsten Dank. Das möchte ich mal an dieser Stelle hier so sagen. Und ich weiß nicht, was Sie da verfolgen mit den Jahreszahlen. Es gibt zum Beispiel Musik, die ist um die Jahrhundertwende entstanden, die ist für mich immer noch neu, kann immer noch neu sein. Neu im Sinne von nicht Daten oder Zahlen, sondern neu im Sinne von, daß sie etwas Unfaßbares, etwas immer wieder neu und Unerwartetes beschreibt. Das kann mir auch mit der Musik von Bach oder Brahms passieren. [...] Soviel dazu.

Zu dem anderen Thema: Kennen Sie Musik, die das Leiden und Sterben Christi beschreibt? Finden Sie, daß die Musik da adäquat das nachvollzieht, was man in etwa sich vorstellen könnte, was Jesus Christus am Kreuz erlitten hat oder hier auf Erden? Das ist das einzige, was ich dazu sagen kann. Ich glaube, alle großen Komponisten haben sich zum Beispiel daran auch versucht, das abzubilden, das nachzuvollziehen. Und alle sind gescheitert. Und wahrscheinlich sitzen Sie bei der h-moll-Messe oder beim Messias von Händel da und sind ziemlich tief beeindruckt. Wobei ich Ihnen ziemlich viele Stellen zeigen kann, wo es richtig hochnotpeinlich ist, wenn man den Gang Christi zu Golgatha beschreibt, musikalisch, in welchen Figuren das passiert.

Ich würde jetzt gern noch zu meiner Musik was sagen. Ich hab immer den Hang eigentlich, wenn ich etwas versuche darzustellen, was ich gesehen habe, ein Abbild meiner Wirklichkeit, wie ich sie wahrnehme, die eben nicht so zu beschreiben in diesen Klischees, wie Sie sich das vielleicht wünschten, nämlich dieses Schwarz-weiß-Denken. Wenn etwas Brutales passiert, muß sie auch dementsprechend brutal sein, die Reaktion darauf. Oder wenn etwas sehr Zartes passiert wie Liebe, oder wie ne Geburt, dann muß die Musik auch schön lieblich sein oder zart. Das halte ich für abstrus, weil das Leben ist nicht so, schon gar nicht in diesem Jahrhundert. Das ist komplexer, das ist verwischter, das ist verästelter, das passiert alles multipel, das passiert alles zugleich. Wir wissen auch viel zuviel, was auf der Erde passiert, als daß ich das noch in diesen eingleisigen Aktionen wiedergeben könnte, was ich erfahren habe. Weil in mir passiert auch zugleich so viel, daß ich dann sehr skeptisch bin gegenüber so leidenschaftlichen Impulsen, die mich dazu verleiten könnten, auf etwas Schreckliches ne "schreckliche" Musik zu schreiben. Die Musik ist nun mal, wie sie ist, und ich bin nicht der Bestimmer. Wen ich Musik schreibe, ist es auch immer so, daß die Musik mich bestimmt. Es ist nicht so, daß ich mich hinsetze mit einem Konzept und Klänge aufschreibe, die ich mir schon immer vorgestellt habe, sondern es passiert auch immer dann so, daß die Klänge mir passieren. Daß die Klänge den Fortgang des Stücks bestimmen. Das ist nun mal so. Das ist bei anderen Komponisten anders, bei mir ist es so. Und zu diesem Stück kann ich einfach nur sagen: ich find es eigentlich sehr schön, wenn ich als Hörer dieser Musik, des ersten Stücks, spüre, daß hier etwas sehr Geheimnisvolles, sehr Fragiles passiert, weil ich finde, es ist sehr geheimnisvoll und sehr fragil, was da geschieht, wenn in einem abgezirkelten Kachelraum jemand auf eine Bahre gelegt wird, die in etwa so aussieht wie der Tisch[3] hier, und der kriegt vom Staatswesen eine Spritze verpaßt, um zu sterben, weil er nicht mehr in diese Gesellschaft paßt, weil er sich daneben benommen hat nach den Spielregeln, die dort herrschen. Das finde ich schrecklich und sehr bezeichnend und sehr hilflos und sehr zerbrechlich und sehr fragil zugleich, wie Menschen mit Menschen umgehen.

Und jetzt komme ich zum letzten Punkt, der mich eigentlich jeden Tag am meisten bewegt - nicht jeden Tag beim Aufstehen, aber schon sehr oft: Ich glaube nicht daran, daß Gott leidet. Ich glaube daran, daß die Menschen leiden. Und ich frage mich, wenn es einen Gott gibt, warum er das zuläßt, daß Menschen so leiden und so ein Chaos anrichten. Und ich frage mich, was bin ich, was tu ich hier, und was tun Sie eigentlich hier. Sie glauben doch nicht, daß Sie für alles verantwortlich sind, was Sie tun. Dann ist das so ne Kinderfrage, die ich eigentlich habe. Wenn Gott der Schöpfer von Ihnen zum Beispiel ist, warum läßt er zu, daß Sie so sind, wie Sie sind? Warum läßt er zu, daß ich so bin, wie ich bin? Warum läßt er zu, daß die Welt in Terror getaucht wird, daß 30.000 Kinder am Tag an Hunger sterben. Das sind die Fragen, die ich habe. Nicht, wie meine Musik klingt. Meine Musik ist eigentlich nur dazu da, einen Anstoß zu geben, daß man sich mal wieder Gedanken macht, was sonst noch auf dieser Erde passiert. Deswegen finde ich sie auch völlig richtig hier in diesem Raum, daß sie hier in diesem Raum gespielt wird. Weil wo sonst können Abbilder - wie auch das Stück von Matthias - von menschlichem Leid dargestellt werden, obwohl man das gar nicht kann. Aber zumindest angeregt werden, daß man das wahrnimmt, mal fühlt

---

[3] Gemeint ist der Altartisch.

als Mensch, als Hörer, als Musiker, daß man Teil daran hat. Ich denke, das ist ganz wesentlich.

Janowski: Ich möchte sagen, daß ich mich immer wieder schäme, in der Kirche zu sein, daß ich meinen Schülern manchmal sage, daß ich jeden Tag reingehe und dann wieder rausfalle. Ich gehe noch rein. Wie können Sie als jemand, der hinter einer Botschaft steht, die gut zweitausend Jahre alt ist, daraufhin [einen Komponisten] fragen, wie neu seine Musik sei? Bekommen Sie das zweitausend Jahre alte Neue Testament in die Sprache, die heute noch jemand versteht? Das haben Sie [die Komponisten] uns zurückgespiegelt, daß wir uns gar nicht mehr mitteilen können, daß wir hermetisch sind. Und jetzt spricht hier jemand. Die Künstler stehen offenbar für die Sensibilität, für die Leidenden. Das kommt näm- lich jetzt heraus. Und sie fragen uns, ob wir es uns mit dem leidenden Gott zu einfach machen. Ich nehme das jetzt an und danke Ihnen auch mal für die Art, wie Sie sprechen, und entschuldige mich, daß man so den Dialog eröffnet hat, daß er fast verloren gegangen wäre.

Publikum3: Ich möchte erstmal auf den Kirchenraum hinweisen. Mir ist wichtig, daß der Kirchenraum nicht irgendein Raum, ein Podium für alle ist, sondern er existiert nur, weil das der Raum ist, wo das Evangelium, die frohe Botschaft ver- kündigt wird. Wir haben jetzt von zwei Komponisten gehört über ihre Stücke, sehr faszinierende Stücke für mich, auch sehr schöne Stücke; ich frage mich al- lerdings, ohne jetzt Ihre Meinung anzugreifen: Wo ist da das Evangelium, was Sie sehen, Herr Schöttler? Ich weiß nicht, wie der Zusammenhang zu sehen ist. Sie sagen, daß wir Menschen uns einen Ausweg suchen können. Das ist nicht Evangelium. Sondern der Ausweg, den wir suchen können, der heißt Jesus Chri- stus - und der eröffnet sich uns selbst durch das Evangelium wieder, wenn wir es so verkündigen, wie es in der Schrift steht. Dazu ist der Raum der Kirche da, und woanders gibt es kein Forum für dieses Evangelium.

[...] **Publikum4:** Wenn ich auf eine Tagung fahre, die heißt "Neue Musik in der Kirche", und die hat ein Thema, und zwar ein hochinteressantes Thema, dann er- warte ich, daß Musik kommt, die sich damit beschäftigt. Und wenn das Thema heißt "Der vernichtende Gott", und ich kriege Stücke zu hören, wo es um den vernichtenden Menschen geht, dann werde ich doch als Zuhörer fragen dürfen:

Bitteschön, warum ist das so?

Oehring: Ich frag Sie mal: Meinen Sie, Gott hat es nötig, daß Sie ihn in Schutz nehmen? Sie nehmen Gott in Schutz davor, daß man behautet: Gott tötet. [...]

[...] **Publikum5:** [...] Was ich heute morgen gehört habe, theologisch, das haben Sie praktiziert in Ihrer Musik. Das was wir gehört haben, das ist dieses Mitleiden. [...]

Oehring: Was ich so erschreckend finde: Die Stücke, die wir gestern gehört haben, vom Matthias und von mir, die handeln ja ausschließlich davon, daß Menschen entweder am Rande sind unserer so heilen und stabilen und gesunden und konturenstarken Welt, oder es handelt von Menschen, die einfach erschlagen wurden, einfach getötet wurden, aus den Spielregeln rausfallen, und daß das sozusagen in Frage gestellt wird, einerseits, ob der Raum richtig ist, und andererseits, ob Musik das leisten kann - das sind für mich dann nicht die prekären Fragen. Sondern daß man dann das überspringt und sagt: Mensch, laßt uns doch froh sein, daß hier zwei Komponisten sitzen, die sich nicht hinter den Tönen verstecken und "nur Musik" machen, sondern etwas durch die Musik [...] der Welt zu geben schuldig sind. [...] Wir beide können uns das gar nicht anders vorstellen, weil wir in so einer Tradition stehen, daß wir das unserer Musik schuldig sind, daß wir Themen haben, die wir weiterreichen wollen. Weil die uns selbst auch berühren. Weil - ich sprech jetzt mehr für mich - ich mich auch schuldig dafür fühle, daß so etwas passiert. Weil ich bin ja hier auch Erdenbürger. Und was kann ich tun in meinem Rahmen, was mir gegeben ist. Und dann mach ich ne Musik und versuche irgendwie, das abzuarbeiten und zumindest ne Diskussion oder nen Dialog zu eröffnen, oder ein bleibendes Bild wieder rauszugeben. Und mich verwundert, daß die Diskussionen alle nur um den Punkt kreisen, ob das sein darf und ob man Musik mit diesem Thema in Verbindung bringen kann [...] oder ob diese Musik in diesem Raum richtig ist - da werd ich ja wahnsinnig langsam von. Weil ich denke, daß sind so Selbstverständlichkeiten [...]. Es geht doch dann um den Schritt weiter, daß man wirklich dann über diese Themen, um die das kreist, nachdenkt und versucht, mal zu überlegen: Wenn es schon Komponisten gibt, die sich mit solchen Brutalitäten oder mit Unvermögen von Zusammenleben beschäftigen - und das tut ja das Neue Testament genauso, das ist ja nicht nur ne frohe Botschaft, sondern ist ja auch ne Botschaft des Leidens. Und wir sehen ja, wie unsere Welt aussieht. [...] Weite Teile sehen überhaupt Scheiße aus. [...]

Schöttler: Wenn ich das erste Stück gestern gehört habe und den Text, den der Herr Darmstadt vorher uns gesagt hat, dann ist mir diese Musik sehr wichtig geworden, weil sie mich darauf hinweist, daß die Begegnung mit den Leiden in dieser Welt für mich rettende Gottesbegegnung ist. Und ich spüre das und denke das und glaube das als Christ, so daß die Begegnung mit den Leidenden dieser Welt mich nicht resignativ in den Keller zieht und ohnmächtig macht, sondern daß ich dagegen aufstehen kann. [...] Und genau das ist es, warum ich Sie brauche und wir beide die Kraft des Evangeliums brauchen - Sie außerhalb der Kirche und ich innerhalb der Kirche, und das ist gut so, daß es so ist. Damit diese Gottesbegegnung nicht definierend ist, sondern mir wirklich etwas von der Dynamis des Evangeliums gibt. Ich schäme mich aber, wenn dieser Jesus Christus wie eine Standarte in einer Siegeschristologie durch diese Welt getragen wird, nicht weil ich damit ein Problem hätte - dagegen kann ich mich intellektuell wehren - aber ich schäme mich deshalb, weil es die Leidenden dieser Welt beschämt und abdrängt. [...]

[...] **Publikum6:** Ich wollte doch darauf hinweisen, es geht nicht um den leidenden Menschen, sondern um den vernichtenden Menschen. In beiden Stücken ist der vernichtende Mensch komponiert worden. [...]

Dahlgrün: Ich hab das Stück [von Helmut Oehring] so gehört, das erste Stück, aber auch das Schlagzeugstück von Matthias Kaul, daß es in mir die Frage hochholt, die Sie formuliert haben: Was ist das für ein Gott, der so etwas zuläßt, wie kann Gott, wenn es ihn gibt, das dulden? Das Handeln von Menschen ist immer wieder so abgrundtief grausam, so abgrundtief schlecht, daß die Frage nach dem Gott, der dahintersteht, der *dagegen* steht, dadrüber?, dafür? in dieser Beschreibung des menschlichen Handelns schon, finde ich, selbst steckt.

von Wedel: Ja, und Herr Kaul weist zurecht darauf hin, daß Amadeu Antonio Kiowa, als er erschlagen wurde, doch wohl gelitten haben muß. Es geht nicht nur um den vernichtenden, sondern auch um den Menschen, der - naja, leidet, wenn er vernichtet wird, das muß doch nicht extra erwähnt werden. [...]

[...] **Publikum7:** [...] Die Gebärdensprache verstehe ich selber nicht. [...] Jetzt ist meine Frage: wie verstehe ich die denn jetzt als Hörender?

Oehring: Also: Ich frag mal zurück: Fühlen Sie sich damit allein gelassen? Oder fühlen Sie, daß es etwas Unfaires ist, daß Sie von einer Sache ausgeschlossen sind?

Publikum8: Ich möcht einfach nur wissen: um was ging's da jetzt eigentlich? Ich hab in Ansätzen vielleicht bißchen was davon mitbekommen, über die Musik, die ich gehört habe. [...] Ich habe gesehen: da passiert was, da bewegt sich jemand, aber was heißt das jetzt? Ganz speziell: was heißt jetzt diese eine Bewegung. Dieser Horizont ist mir verschlossen geblieben.

[...] **Oehring:** Hans Darmstadt [hatte vor der Aufführung des Stückes gesagt,] daß der Gebärdensprache ein Gedicht von Anne Sexton, nämlich "Stille" zugrunde liegt. [Es wäre schön gewesen, wenn es im Programmheft gewesen wäre, das war ein Versehen.] Daß das nicht ist, ist schade, ist aber nicht ganz so schlimm. Weil ich mag eigentlich den Moment, wo auch Hörende, die normalerweise die Möglichkeit haben, "alles" zu erfassen, was musikalisch dargeboten wird, von einem bestimmten Punkt ausgeschlossen werden. Und das Gefühl der Ausgeschlossenheit ist, glaube ich, etwas sehr Wesentliches in all meinem Denken. Weil ich mag eigentlich das Wissen um Ausgeschlossenheit. Weil es macht wach, es macht empfindlich, es macht sensibel für Dinge, an denen man nicht teilhaben kann, bzw. es macht empfindsam für andere Menschen, die an etwas nicht teilhaben können. Und dieses Mitgefühl, das mag ich eigentlich, wenn ich merke: Moment mal, ich habe hier sehr viel, aber mir fehlt auch sehr viel, und wenn ich dann aber auch noch darüber hinaus wahrnehmen kann: was fehlt jemand anderem, und wie wichtig ist das, krieg ich das eigentlich nur durch genau so ein Spiel hin, daß ich etwas auf die Bühne stelle, von dem ich ganz genau weiß, daß ein Großteil der Zuhörer davon ausgeschlossen sein wird, und daß dann genau dies Fragen kommen, auch diese Unruhe, auch diese extremen Unsicherheiten und Provokationen, die dann passieren. Das sagt viel mehr über Sie aus als über die Christina Schönfeld oder über mich. Und dann, muß ich natürlich sagen, lernen Sie bitte alle die Gebärdensprache! Es ist einfach eine phantastische, traumhafte Sprache. Weil es macht Ihr Leben reicher, wenn Sie sich mit Sprache beschäftigen, fehlt Ihnen Gebärdensprache noch. Es ist einfach ne Sprache, die Ihren Körper leuchten läßt, und Sie spüren, was ist Sprache noch, außer dieses Eindimensionale, was hier durch uns passiert, oder dieses einfache Aufschreiben. [...]

Ulrich Krieger

Op F'arh
eine rituelle, musikalisch-visuelle Performance
in 5 Teilen mit 4 Zwischenspielen
für Sängerin, 10 Musiker, Verstärkung, Elektronik und Video
(Auftragswerk des Festivals 'Neue Musik in der Kirche, Kassel 2002)

Op F'arh befasst sich mit dem Thema Opfer in seinen kulturellen, gesellschaftlichen, religiösen und psychologischen Dimensionen. Das Stück stellt Fragen, die versuchen, das soziale Phänomen 'Opfer' in seiner Vielseitigkeit zu beleuchten, seiner gesellschaftlichen Relevanz näher zu kommen und zu hinterfragen.
Op F'arh beteiligt sich nicht an der emotional stark aufgeladenen, meist eindimensionalen und ideologischen Diskussion um Opfer (besonders nach dem WTC Attentat). Es werden keine Antworten gegeben, es geht nicht um Moral, der Zuschauer wird nicht aus der Verantwortung entlassen, eigenständig zu denken.

Op F'arh betont zum einen die archaisch-rituelle Seite des Begriffs, zum anderen fragt es nach einem progressiven Zukunftsentwurf. Die Ebenen Musik, Text und Bild werden getrennt behandelt. Sie laufen neben einander ab und nähern sich dem Thema auf ihre eigene Art, ohne sich explizit auf einander zu beziehen. Keine Doppelungen, die Kunstsparten stehen gleichberechtigt nebeneinander. Sie sind Kommentatoren, die sich gegenseitig ergänzen, eventuell sogar einander widersprechen und deshalb den jeweils anderen nicht zu wiederholen brauchen. Der Zuschauer setzt es zusammen, jeder für sich. Pathetik und Propaganda werden vermieden, die Moral außen vor gelassen.
Text und Bild sind collagiert aus Überlegungen, Footages, Zufälligem und Absichtlichem.
Die Musik unterwirft sich keinem Text. Sie läßt sich nicht vereinnahmen. Leise mikrotonale Strukturen stehen neben aggressiven Geräuschbändern. Kleine Rückkopplungsmelodien mischen sich unter rythmisch-klangliche Loops. Zersplittertes neben Grooves. Die Mikrostruktur der Klänge wird nach außen gekehrt. Jedes Material ist gleichwertig. Die Entscheidung über das Material ist eine Politische.

Zum Begriff 'opfern': kirchensprachlich; mhd. opfern, ahd. opferon (ursprünglich "etwas Gott als Opfergabe darbringen"); entlehnt aus lat.-kirchenlat. operari "werktätig sein, arbeiten; einer religiösen Handlung obliegen, der Gottheit durch Opfer dienen; Almosen geben". Eine alte Rückbildung aus dem Verb 'opfern' ist das Substantiv Opfer (mhd. opfer, ahd. opfar); vgl. operieren[1].

Das Wort Opfer, zumindest in der deutschen Sprache, hat damit sowohl mit Arbeit als auch mit Gottesdienst zu tun. Es steht klar in einen gesamt-gesellschaftlichen Kontext. Sowohl Arbeit als auch Religion sind gemeinschaftsstiftend, unterliegen aber gleichzeitig gesellschaftlichen Normen, Regeln, Regulativen und Konventionen. Damit ist ein Opfer ganz klar nicht individuell, sondern immer im gesamt-gesellschaftlichen Kontext zu sehen.

Im Deutschen ist der Begriff sehr vieldeutig und beschreibt eine große Klasse von Dingen:

- passive Opfer (das Alltägliche: Opfer ohne Konsens, z.B. Straßenverkehr),
- aktive Opfer (das Heroische: Opfer mit Konsens, z.B. Soldaten, Märtyrertum)
- das Sachopfer (das Kultische: dinglich, meist religös, spirituell, rituell)

Was macht ein Opfer zu einem Opfer?

Gibt es eine Ethik des Opfers? Gibt es eine Ethik des Täters?

Braucht eine Gesellschaft Opfer? Fordert sie Opfer ein?

Wem nutzt ein Opfer? Sind Opfer unabdingbar?

Gibt es einen progressiven Opferbegriff?

Ist es nicht vielmehr so, daß Opfer immer von der staatstragenden Macht eingefordert werden und im Grunde konservativ sind und den Status Quo unterstützen? Anders gefragt: Braucht ein Herrschaftssystem egal welcher Ausrichtung Opfer? Braucht das Opfer den Täter?

---

[1] Duden - Das Herkunftswörterbuch, Etymologie der deutschen Sprache, [2]1989.

Helmut Oehring / Iris ter Schiphorst

Anmerkungen zur Musik von Helmut Oehring

Komponieren interessiert mich nicht so sehr. Meine Musik, das ist Blut, das sind Tränen, Gewalt, Hass, der Tod und die Liebe.
Aber wie meine Musik klingt? Dunkel, morbid, opernhaft, dramatisch, hart, schizoid, krank, zerbrochen, sehnsüchtig, androgyn, alp-realistisch.
Mein Wunsch ist, eine Art melodramatisches Doku-Drama zu komponieren.
Nach fast jedem Stück denke ich: das war dein letztes.
Aber solange das Seil trägt, gehe ich da nicht runter, und der Rest ist sowieso nur Warten auf das Schreiben. (Helmut Oehring)

"Eigentlich hat alles damit begonnen, daß ich angefangen habe, Musik aufzuschreiben." - Mit dem 'Dokumentieren' also, dem 'Dokumentieren' von Musik, und was ist "alles"?

Alles, Bewußtsein ... Effekt einer Rückkopplungsschleife ... sich sprechen zu hören oder schreiben zu sehen ... der sogenannte Mensch "ich" (leichte Frequenzschwankungen, ruhig).
Am Anfang also 'positives Feedback'. Auf der Gitarre, hoch und schrill, in guter alter Rockmanier. Welcome to the machine. Cirka 5 Sekunden.
Als wäre das das Zentrum; als ginge es um die Machtfrage, um die Rückkopplungsschleife und ihre Kontrolle, um positives und negatives Feedback, - und um die (Un-)Möglichkeit, sich schreiben zu hören und sprechen zu sehen. Als ginge es um die 'symbolische Ordnung' und ihr Fehlen, um die abwesende Schrift und auch darum, diesen Mangel zu buchstabieren, "ich" zu inszenieren "wie ein offenes Buch".
Verstehen Sie?
Verstehen sie? Die Körper, die nicht hören können?
Verstehen sie? Die Körper, die nicht lesen können?
Den sogenannten Menschen?

"Wo ist die Ohrenklinik? Wo ist die Augenklinik?"
Wo ist Gott, der Sinn, die Wahrheit, das Ende?

Und 'ich' -
- höre mich -sprechen- also bin ich?
- sehe mich -gebärden- also bin ich?
(Und die 'Symbolische Ordnung'? Ent-koppelt? Wer sieht sich schreiben?)

Das einzige, was ich sicher weiß: ich bin krank ("ganz heiser vom vielen Sprechen"). Verstümmelt durch eine Unzahl von Zeichen, gespalten und zerteilt.
Ein Zeuge.
ICH
ZEUGE
TRÄUME
(mich schreiben zu hören und sprechen zu sehen?)
das Ver-Sagen der Sprache, ihr Fehlen,
das Ver-sprechen der Schrift ...

"Eigentlich hat alles damit begonnen, daß ich angefangen habe, Musik aufzu-
schreiben."
"Was ist Musik? Was ist dieser Klang, der dir Heimweh macht? ..."
"Meine Musiken sind Doku-Dramen, sie kreisen um das Problem, daß die Leute
überhaupt Sprache und damit Beziehungen haben. Und sie ist Reaktion auf einen
Mangel, Ersatz für Vermißtes, Ausfüllen einer Leere, Fixieren einer Losheit.
Meine Muttersprache ist Gebärdensprache. Lautsprache habe ich im Alter von un-
gefähr 4 1/2 Jahren gelernt. Meine Eltern sind beide seit ihrer Geburt gehörlos."

Was bedeutet es, in eine visuelle Sprache hineingeboren zu sein? Eine Sprache,
die sich von der Lautsprache absolut grundsätzlich unterscheidet?
("Der Unterschied zwischen äußerst verschiedenartigen Lautsprachen ist klein im
Vergleich zu dem Unterschied zwischen Laut- und Gebärdensprache." Oliver
Sacks)
Was bedeutet es, wenn Sprache über das Auge erworben wird und der erste
Sprechapparat ein Komplex aus verschiedenen Stellungen und Positionen der Fin-
ger, Hände und Arme im Raum ist? Wenn z.B. das Hochziehen der Augenbraue
nicht ein Gefühlsausdruck, sondern Bestandteil der (Raum-)Grammatik ist?

"Für mich ist Sehen wichtiger als Hören. Sehen ist für mich gekoppelt an Sprache, an Kommunikation, an Mitteilung. Ich denke und träume in Gebärden."
"Ich habe nie daran gedacht, Musiker zu sein oder Komponist zu werden ... Inzwischen ist es für mich existentiell wichtig zu schreiben ... Dirigenten, Musikwissenschaftler oder Kritiker treffen immer nur den unwesentlichen Teil, den wesentlichen Teil - das Zentrum dieser Musik - können sie nur verstehen, wenn sie Gebärdensprache beherrschen würden ..."

Partituren von Helmut Oehring sind ganz und gar dem traditionellen Takt- und Tonhöhensystem ,unterworfenŒ und bis ins Detail ausformuliert, eher Gramma als Graphie; nichts bleibt dem Zufall überlassen, nirgendwo gibt es einen 'Freiraum'.

Die ausführenden Musiker müssen sich in jeder Hinsicht dem Text fügen, sich ganz und gar seiner Grammatik unterwerfen, regelrecht 'beugen'. Das betrifft sowohl die zeitlich-rhythmische Ebene als auch die Bewegungs- und Raumkoordination auf dem Instrument selbst. Die Musiker müssen auf ihrem Instrument quasi 'neu' sprechen lernen. Gebärden?

"Alles hat damit begonnen, daß ich angefangen habe, Musik aufzuschreiben ... Plötzlich war da eine Möglichkeit ... Das hat damit zu tun, daß es für Gebärdensprache keine Schrift gibt."
"Das Medium Musik spielt für mich nicht die große Rolle, eher das Medium Film ..." -
"Helmut Oehrings Vorgehen ist eher das eines Filmers. Den Ablauf bestimmen harte Schnitte, Überblendungen, Fade in, Fade out. Die mitunter taktweisen Bildwechsel werden so nochmal in ein etwas größeres Raster untergliedert. Manchmal ist aber eine Szene nur ein Takt. Die Szenen, Zwischenspiele und Einschübe sind quasi Ortswechsel. Sie haben alle einen eigenen Raum, enger oder weiter. Erreicht wird das durch wechselnde Ensemblegröße ..." (Roland Kluttig)

"Warum bist du eigentlich kein Filmemacher geworden?" -
"Plump gesagt, es wäre mir zu direkt gewesen. In der Sprache des Sehens Geschichten zu erzählen über das Sehen."
"Für mich klang die tiefe Stimme meiner Mutter immer ganz normal. Auf andere mußte sie wohl ungefähr so wirken wie Quasimodo aussieht."

Liegt es daran, dass Helmut Oehring sämtliche Instrumentalklänge verfremdet? Dass er die Saiten verstimmt (immer nach unten!), die Felle ent-spannt, das Metall abdeckt oder verklebt, bis nichts mehr 'natürlich' klingt und 'schwingt' ("Ich will das Instrument mangelhaft machen. Ich will, daß es krank klingt und dazwischen.")?

Sind es mimetische Versuche, den durch die Kehlen der Gehörlosen gefilterten Klang der Sprache, der Mutter Laut auf Instrumente zu übertragen? E-Gitarre, E-Bass, Bassmarimba - "immer sprachähnlich" - welcher 'Ohrenlektüre' entlehnt?

"Wenn ich etwas dokumentiere, steht es für nichts. Nur für sich selbst."
In diesem Falle irrt Oehring. Oder ich. (Iris ter Schiphorst, 1997)

Matthias Kaul

Ein Gott, der tötet?

Ich gehöre keiner Glaubensgemeinschaft an, daher verstehe ich nichts von der Frage, ob es Gott ist, der tötet. Was ich sehe ist, dass wir töten. Wir alle töten, im Namen von wem auch immer.

Der "Trendanalytiker" Norbert Bolz schreibt in "Die Wirtschaft des Unsichtbaren": "....schlechtes Gewissen als Marktangebot – da ist Deutschland führend". Meine im Folgenden notierten, durchaus sehr persönlichen Blicke auf uns sollen dem Marktangebot des schlechten Gewissens nichts hinzufügen, sondern ich glaube, dass wir nur mit klarem Blick auf die Möglichkeiten unserer "Menschlichkeit" Fortschritte in unserer Zivilisation machen können.

Trennt uns wirklich viel von den Mördern? Einige Episoden aus meinem Leben: Ich bin von den Leuten erzogen worden, die alle auch parallel zu der Zeit der Hitlerschen Barbareien gelebt haben. Scheinbar hat aber keiner diese Zeit wirklich erlebt, denn sie hatten alle von nichts gewusst, daher probte ich von der Pubertät an an diesen Leuten moralische Aufrüstung. Ein Beispiel: Als leicht verschmuddelter Wohlstandsverwahrloster, der ich war, drückten manchmal ältere Herren mir gegenüber den Wunsch aus, dass Typen wie ich hoffentlich bald wieder vergast würden. Natürlich musste ich gegen diese Herren rhetorisch kämpfen und gewinnen.

Meine ersten Morde? Ist schon tot, wer mundtot ist?

In dem Glauben, die Moral auf meiner Seite zu haben, war ich blind für das Gute an diesen alten Herren, die mir den Tod wünschten. Sie waren nämlich die Ersten, die zugaben, mit den Mördereien Hitlers mindestens einverstanden gewesen zu sein, möglicherweise haben sie sogar mitgemacht und würden wieder anfangen, wenn man sie ließe. Sie vertraten eine Position und somit konnte man sich mit ihnen (im Wortsinne) auseinandersetzen.

Meine damaligen Siegesgefühle (mit der Moral auf meiner Seite) hielten nicht lange an; denn ich begriff bald, dass auch parallel zu meiner Lebenszeit gemordet wird. Was gegen dieses Wissen hilft, ist Doppelmoral. Natürlich waren wir entsetzt über den Tod von Benno Ohnesorg (was für ein Name). Andererseits war auch ich anfällig für die "klammheimliche Freude" an dem Tod anderer in den frühen 70er Jahren.

Mord überall. Auch für mich und mein Wohlleben wurde gemordet. Als "Hörsüchtiger" war ich auf die diamantene Schallplattennadel angewiesen, von den mörderischen Bedingungen in den Diamantgruben der Dritten Welt wusste ich auch. Deshalb Schluss mit dem Schallplattenhören? Also war ich mittendrin. Was tun?

Ich sah mir auf dem Land wohnend in Hamburg eine Demonstration an. Alle hüpften "Ho Ho Ho Chi Minh" schreiend durch die Straßen. Ich stand auf dem "Bürgersteig" und wurde von den Hüpfern aufgefordert: "Bruder reih dich ein, wir brauchen auch dich". Ich reihte mich nicht ein, fuhr stattdessen schnell nach Hause, weil ich Angst vor den Energien der Masse hatte.

Dass meine Probleme mit der Elterngeneration lächerlich waren im Vergleich zu den Dingen, die diese während des Hitlerregimes nicht verhindert hatte, erfuhr ich in der Schule.

Man zeigte uns Dokumentarfilme, die bei der Eröffnung der KZs gegen Kriegsende durch die Amerikaner gedreht wurden. Der Anblick toter Menschen, die mit Schaufelbaggern zu Bergen zusammen geschoben wurden, hinterließ einen Schock bei mir. Ich begann zu ahnen, dass die Zivilisation ein dünnes Pergament ist. Die Brüchigkeit gehört dazu.

Eine Reaktion von mir war, dass ich im Sport nicht mehr verstehen konnte, warum ich gewinnen sollte. Ich war ein guter Schwimmer, man erwartete einiges von mir, was ich mal aus guter Laune einlöste oder eben nicht. Wie viele Verlierer werden jede Woche in Kauf genommen, um einem Sieger nahe zu sein. Man fiebert beim Zuschauen von Sportereignissen meist mit dem Gewinner. Das ist natürlich, es macht Spaß, besser zu sein als andere. Ich genieße es natürlich auch, ein anerkannter Schlagzeuger zu sein.

Ich fing an, Musik zu machen. Es war der so genannte Protestsommer. Alle Jugendlichen malten sich friedliebende Sprüche auf die Kleidung, auf die Haut, wir spielten Nachdenkliches von Bob Dylan und ähnliches. Wir fühlten uns moralisch hochwertiger als andere, Verurteilungen gingen uns leicht von der Hand, kurz, wir waren auch wieder nah am Morden. Es war die erste und letzte Massenbewegung, in der ich mich wohl fühlte, bis ich begriff, dass alles nur eine Sommermode gewesen war, von der schon im nächsten Jahr nichts mehr wahr war. Ich wandte mich scheinbar Haltbarerem zu und spielte Musik von Eissler, Dessau, Henze usw. Alles wurde politisiert, wer da nicht mithalten konnte, war kein wertvolles Mitglied der Gemeinschaft. Es gab unwahrscheinliche Klarheit über Richtig und Falsch. Wir waren uns sicher, den richtigen Weg zu beschreiten, dieses Wissen gab schon wieder Kraft, gegen Andersgläubige anzugehen, wobei wir eigentlich Wissen mit Glauben verwechselten. Ich machte mit, allerdings ohne genau formulieren zu können warum, nur mit halbem Herzen.

Alles hielt bis zur deutsch-deutschen Grenzöffnung. Dann war es erst einmal vorbei mit der so genannten politischen Musik in Mitteleuropa. Zumindest im Lager der Linksintellektuellen. Die bekamen in bestimmten Punkten wohl zu recht das Gefühl, sich auch für einen Irrtum eingesetzt zu haben. Wer sich irrt, ist angreifbar; um der Verletzlichkeit zu entgehen, haben dann viele beschlossen, gar keine Haltung mehr zu zeigen. Unfehlbarkeit durch Stillhalten, durch Nichtstun?

Stattdessen begannen Jugendliche am rechten Rand auf ihre Weise politische Musik zu spielen, mobilisierten erfolgreich ihre Gemeinde und riefen zu guten Taten in ihrem Sinne auf. Praktizierten also Ähnliches, wie auch die Christen oder wie eigentlich alle Glaubensgemeinschaften. Folgen auf alle Gemeinschaftsbildungen auch Morde?

Möglicherweise werden wir erfolgreicher an der Zivilisation arbeiten können, wenn wir verstehen, dass eine Gemeinsamkeit unserer Gattung scheinbar im Morden liegt. Vielleicht hatte Adorno Recht, als er sagte, dass man nach Auschwitz dieses und jenes nicht mehr machen könne. Gemordet wurde und wird doch wohl auf jeden Fall weiterhin, in Deutschland werden seit vielen Jahren wieder Menschen verbrannt. Morden scheint menschlich zu sein, wer mag das wahrhaben. Wer ist sich andererseits sicher, dass wir nach Auschwitz die schlimmsten unserer menschlichen Möglichkeiten hinter uns haben?

Ich selbst halte momentan nach all den Erleb- Erkennt- nissen die Eigenbewegung des Einzelnen ohne irgendwelche ideologische Regenschirme, unter denen man Schutz sucht, für eine Möglichkeit, vielleicht Veränderungen zustande zu bringen. Abgrenzungen sind nur möglich, wenn man Grenzen versteht. Ich hadere mit allen Glaubensgemeinschaften, dennoch bleibt ein Satz der Indianer in meinem Kopf haften, der besagt, dass nur Stämme überleben werden. Er hat mit dem Begriff der Entfremdung zu tun, wie auch immer Marx ihn verstanden haben wollte: Wenn man in einem zu großen Zusammenhang die Folgen seines Tuns nicht mehr spüren kann, setzt Entfremdung ein. So gesehen erscheint Massenmord leider als recht menschliche Regung: je mehr Tote, desto abstrakter wird das Morden. Natürlich ist das alles entsetzlich, aber Entsetzen und Fassungslosigkeit stammen noch aus einer Zeit, in der wir "störende Elemente" aus unserer Population ausstießen, zurückließen (wie es im Hühnerhof üblich ist), kurzum töteten. Entsetzen: eine erste innere Bereitschaft in Richtung Mord?

Ein Fortschritt der Zivilisation liegt nun darin, dass viele nicht mehr töten wollen, was aber tun mit den Mördern? Vielleicht werden wir versuchen müssen, sie zu verstehen und Gemeinsamkeiten zwischen ihnen und uns zu finden, damit eine Verständigung, eine Resonanz unserer Vorstellungen in ihnen möglich ist. Ist nicht vieles nur ein eigenartiges Missverständnis? Da treffen Neonazis, mit ihrer großen Sehnsucht nach einem Halt in einer starken Gruppe, also letztlich mit einer Sehnsucht nach einem Stamm, auf Afrikaner, die gerade diesen Stammesverband verloren haben. Entwurzelte mit ähnlichen Träumen treffen aufeinander, und dann wird gemordet.

Vor diesem gedanklichen Hintergrund entwickelte ich das Konzept zu Amadeu Antonio Kiowa. Ein Spiegelbericht über den Mord an dem Mann (50 Skinheads waren daran beteiligt) bewegte mich mitzuhelfen, dass sein Name nicht vergessen werde.

Das Konzept habe ich dann an alle Schlagzeuger geschickt, die ich kenne, mit der Bitte, es aufzuführen oder ähnliche Ideen zu verwirklichen. Seitdem gibt es immer wieder Aufführungen. Viele Versionen sind für den Rundfunk aufgenommen worden; es gab auch Veranstaltungen mit bis zu 7 Präsentationen verschiedener Ausarbeitungen des Konzeptes.

Wo immer übrigens über A.A.K. berichtet wird, heißt es "der angolanische Vertragsarbeiter A.A.K.". Scheinbar ist es wichtig, darauf hinzuweisen, dass er sich legitimiert in Deutschland aufhielt. Ein Mord an einem Asylbewerber würde nicht so schwer wiegen, könnte man daraus ableiten.

Das folgende Konzept ist sehr offen. Der persönliche Weg ist Bestandteil der Aufgabe, man muss sympathisierende Resonanzen zwischen einer Militärtrommel und ethnischen Instrumenten finden. Hat man sie gefunden, kann man eigentlich machen, was man will, bis die Resonanzen verloren gehen, dann ist Schluss mit der Freiheit. Man muss wieder wie zu Beginn des Stückes mit den stupiden Schlägen auf der Trommel anfangen.

Interessanterweise hat noch nie jemand diesen Aspekt der Spielregel in Konzerten befolgt (ich auch nicht). Wenn die Musik schön ist, aber eine Kleinigkeit nicht stimmt, blendet man das kleine Problem aus und bleibt bei der "Schönheit" - aber...

Amadeu Antonio Kiowa
Eine Musik für einen oder mehrere Schlagzeuger

Nach mindestens 50 sehr lauten, schweren Schlägen (MM. 112) auf eine Snare- oder Military-Drum kommen leise und dann evtl. crescendierend ein oder mehre- re "ethnische" (Schlag-) Instrumente in das Spiel. Der Klang dieser Instrumente muss Einfluss auf das Geräusch der Snare-Saiten nehmen, so dass im Laufe des Stücks die Saiten beginnen, kontinuierlich zu schwingen und keinerlei rhythmi- sche Bewegung (oder Abbrüche) mehr haben.

In gleichem Maße wie die Snare-Saiten zu schwingen beginnen, werden die Schläge auf die Snare-Drum leiser und verschwinden, wenn der Snare-Teppich kontinuierlich rauscht. Erfährt das Rauschen eine Unterbrechung, setzen die Schläge wieder ein, es müssen dann aber nicht mehr 50 sein. Jegliches musikali- sche Material für die "ethnischen" Instrumente leitet sich aus Klang und Rhyth- mus des Namens Amadeu Antonio Kiowa ab.

Einige Möglichkeiten:
Der Rhythmus des Namens, ein 11-Achteltakt, kann mit dem Rhythmus der Kon- sonantfolge kontrapunktiert werden; die Vokalfolge kann verschiedene Oberton- melodien ergeben. Es ist auch denkbar, um ein kontinuierliches Rauschen des Snare-Teppichs zu erlangen, erstmal auf die Snare-Drum selbst mit Superball oder Stöcken einzuwirken. Es muss aber dennoch im Laufe des Stückes mit kom- munizierenden Resonanzen bzw. Schwingungen zwischen "ethnischen" Instru- menten und Snare-Drum gearbeitet werden. Eine Politempiversion ist denkbar

(MM. 112 gegen ??). Die Schläge auf die Snare-Drum könnten auch mit Pedal gespielt werden... Die Länge des Stücks, sowie sein Charakter, sind Entscheidung des jeweiligen Interpreten.

Der angolanische Vertragsarbeiter Amadeu Antonio Kiowa wurde in der Nacht vom 24. auf den 25. November 1990 von ca. 50 rechtsradikalen Skinheads in Eberswalde (Brandenburg) erschlagen. Drei Polizisten, in einem Pförtnerhäuschen verschanzt, sahen zu. Nach der deutsch/deutschen Grenzöffnung schien für die Intellektuellen der Unsinn politischer Musik manifestiert zu sein. Seit einiger Zeit begreift man, dass die Rechtsradikalen vornehmlich durch Musik gebunden bzw. mobilisiert werden.

Das vorliegende Stück ist zwar aus einer politischen Motivation heraus entstanden, die Musik selbst ist aber nicht im herkömmlichen Sinne eine politische. Es handelt sich eher um ein metamorphosenartiges Klangkonzept.

Die GEMA-Erlöse dieser Komposition gehen an die Amadeu Antonio Stiftung, Chausseestraße 29, 10115 Berlin. Informationen über die Stiftung kann man im Internet unter: www.amadeu-antonio-stiftung.de bekommen.

Liturgie des Eröffnungsgottesdienstes

Glocken - Steine - Orgel

Votum und Begrüßung
Der Friede des Herrn sei mit uns allen.
Willkommen in St. Martin zum Eröffnungsgottesdienst der 3. Interdisziplinären
Tage für Neue Musik und Theologie.
Wir erleben dieses Ereignis in einer veränderten Kirche: Hundert Tage lang sind
in St. Martin künstlerische Interventionen in den religiösen Raum zu erleben.
Kunst und Kirche begegnen sich auf anstößige Weise.
Dazu gesellt sich ein Thema, das nicht weniger anstößig klingt: "Ein Gott, der
tötet?"
Auf unterschiedlichen Wegen werden wir uns bis zum Sonntag dieser Frage nähern: theologisch wie musikalisch und in Korrespondenz zueinander. Inwiefern
sich erschöpfende Antworten finden, mag jetzt noch dahingestellt sein. Ich wünsche uns Entdeckungen, die uns nicht ratlos zurücklassen, sondern uns Impulse
zur unseren Glauben und unser Leben vermitteln. Zurecht heißt es im Flyer, der
für die diesjährigen Tage für 'Neue Musik in der Kirche' wirbt: "Nur der lebendige Gott ermöglicht Hoffnung." Seien wir also gespannt!
Gott segne uns, wenn wir reden und hören, singen und beten.

Lied: EG 124 (Nun bitten wir den Heiligen Geist)

Psalm 33,1-11
Freuet euch des Herrn, ihr Gerechten;
die Frommen sollen ihn recht preisen.
Danket dem Herrn mit Harfen;
lobsinget ihm zum Psalter von zehn Saiten!
Singet ihm ein neues Lied;
spielt schön auf den Saiten mit fröhlichem Schall!
Denn des Herrn Wort ist wahrhaftig,
und was er zusagt, das hält er gewiß.
Er liebt Gerechtigkeit und Recht;

die Erde ist voll Güte des Herrn.

Der Himmel ist durch das Wort des Herrn gemacht
und all sein Heer durch den Hauch seines Mundes.

Er hält die Wasser des Meeres zusammen wie in einem Schlauch
und sammelt in Kammern die Fluten.

Alle Welt fürchte den Herrn,
und vor ihm scheue sich alles, was auf dem Erdboden wohnet.

Denn wenn er spricht, so geschieht's;
wenn er gebietet, so stet's da.

Der Herr macht zunichte der Heiden Rat
und wehrt den Gedanken der Völker.

Aber der Ratschluß des Herrn bleibt ewiglich,
seines Herzens Gedanken für und für.

Dieter Schnebel: Kyrie (missa brevis) für Solostimme (2000/01)
Kyrie eleison
Christe elison
Kyrie eleison

Gebet

Bewege unser Herz, ewiger Gott, dich zu suchen,
wecke unsere Sinne, dich zu erkennen,
verleihe uns Weisheit, dich zu verstehen,
gib uns Geduld und Mut, auf dich zu warten
und nimm unser ganzes Leben an,
daß wir dich ehren mit all unserem Tun und Lassen
in der Kraft deines Heiligen Geistes. Amen.

Lesung: Dtn 6,1-5

Dies sind die Gesetze und Gebote und Rechte, die der Herr, euer Gott geboten hat,
dass ihr sie lernen und tun sollt in dem Lande, in das ihr zieht, es einzunehmen,
damit du dein Leben lang den Herrn, deinen Gott, fürchtest und alle seine Rechte
und Gebote hältst, die ich dir gebiete, du und deine Kinder und deine Kindeskinder,
auf dass du lange lebest.

Israel, du sollst es hören und festhalten, dass du es tust, auf dass dirs wohlgehe und

du groß an Zahl werdest, wie der Herr, der Gott deiner Väter, dir zugesagt hat, in dem Lande, darin Milch und Hönig fliesst.
Höre Israel, der Herr ist unser Gott, der Herr allein. Und du sollst den Herrn, deinen Gott, liebhaben von ganzem Herzen, von ganzer Seele und mit aller deiner Kraft.

Dieter Schnebel: Sanctus (missa brevis) für Solostimme (2000/01)
Sanctus Dominus Deus Sabaoth
Pleni sunt coeli et terra gloria tua
Hosanna in excelsis
Benedictus qui venit in nomine Domini
Hosanna in excelsis Deo

Lesung: Eph 5,1.2.8-15.19-20
So seid nun Gottes Nachfolger als die geliebten Kinder und wandelt in der Liebe, gleichwohl Christus euch hat geliebt und sich selbst dargegeben für uns als Gabe und Opfer, Gott zu einem lieblichen Geruch.
Denn ihr waret vormals Finsternis; nun aber seid ihr Licht des Herrn. Wandelt wie die Kinder des Lichtes - die Frucht des Lichtes ist lauter Gütigkeit und Gerechtigkeit und Wahrheit -, und prüfet, was da sei wohlgefällig dem Herrn. Und ihr habt nicht Gemeinschaft mit den unfruchtbaren Werken der Finsternis, strafet sie vielmehr. Denn was heimlich von ihnen geschieht, das ist schändlich auch nur zu sagen. Das alles aber wird offenbar, wenn^s vom Licht gestraft wird; denn alles, was offenbar wird, das ist Licht. Darum heisst es: Wache auf, der du schläfst, / und stehe auf von den Toten, / so wird dich Christus erleuchten.
So sehet nun wohl zu, wie ihr wandelt, nicht als Unweise, sondern als Weise. Redet untereinander in Psalmen und Lobgesängen und geistlichen Liedern, singet und spielet dem Herrn in euren Herzen und saget Dank allezeit für alles Gott, dem Vater, in dem Namen unseres Herrn Jesus Christus.

Lied: EG 183 (Wir glauben all an einen Gott)

Predigt

Hans Werner Henze: Prison Song (1971) für Schlagzeug solo
I. With hungry mouth open like a wicked monster,

Each night the irons devour the legs of poeple.
The jaws grip the right leg of every prisoner.
Only the left is free to bend and stretch.
II. Yet there is one thing stranger in this world:
People rush into place their legs in irons.
Once they are chackled, they can sleep in peace.
Otherwise they would have no place to lay their heads.
(The Leg-Irons. From the prison diary of Ho Chi Minh)

Fürbitten

Gott im Verborgenen –
wir stehen oft ratlos da,
wissen – wenn man uns fragt –
keine Antwort.
Angewiesen sind wir
auf deine Wahrheit,
die uns leben läßt.
Wir fürchten um unser Leben, wenn wir hören und sehen,
was Menschen aushalten müssen, was ihnen zugemutet wird.
Wir erschrecken und hoffen, daß es uns nicht trifft.
Wir möchten glauben, daß du auch dann bei uns bist,
wenn wir Angst haben, wenn wir Schmerzen haben,
wenn wir mit uns nicht zurecht kommen.
Wir bitten dich für die Menschen,
die den Tod auf sich zukommen sehen:
Laß ihre Hoffnung wachsen und ihre Angst kleiner werden.
Wir beten für die Menschen, die in Ungewißheit leben,
die sich von Spannungen zerrissen fühlen:
Gib ihnen deinen Frieden, der alle Vernunft übersteigt.
Wir rufen dich an für die Verbitterten,
denen über ihrem Schicksal der Glaube zerbrochen ist:
Gib ihnen Menschen, durch die sie deine Liebe erfahren
wie ein Licht in ihrer Finsternis.
Wir bitten dich für die, denen ihr Leben sinnlos erscheint,
die es wegwerfen möchten:

Tritt ihnen in den Weg,
laß sie begreifen, daß sie für andere eine Hilfe sein können.
Gott, wir bitten dich für uns alle:
Wenn wir nicht wissen, warum dieses Unglück,
warum diese Krankheit, warum dieser Tod,
dann laß diese Fragen uns nicht von dir trennen.
Hilf uns glauben: Du führst uns auch Wege,
die wir nicht verstehen,
durch den Tod hindurch zum Leben. Amen.

Wir beten in der Stille.
Vaterunser

Lied: EG 421 (Verleih uns Frieden gnädiglich)

Segen

Orgel - Steine - Glocken

Mitwirkende:
Liturgie und Predigt: Bischof Dr. Martin Hein
Mechthild Seitz – Gesang
Olaf Pyras – Schlagzeug, Klangsteine
Hans Darmstadt – Orgel

Martin Hein

Predigt zu Deuteronomium 6,5

Die Gnade unseres Herrn Jesus Christus und die Liebe Gottes und die Gemein-schaft des Heilige Geistes sei mit uns allen.

"Du sollst den Herrn, deinen Gott, liebhaben von ganzem Herzen, von ganzer Seele und mit all deiner Kraft", liebe Gemeinde. In diesem einen Satz kulminiert das Bekenntnis des Volkes Israel zu seinem Gott. Um Liebe geht es also in der Gottesbeziehung - aber um schlechthinnige Liebe.

Wir mögen dieses Gebot heute mit gemischten Gefühlen hören. Auf der einen Seite rührt es uns an, daß sich das Verhältnis zu Gott in der beglückendsten Emp-findung ausdrückt, die wir Menschen wohl kennen und nach der wir uns sehnen: in der Liebe, die uns auf wundersame Weise zueinander führt und bis in die Tie-fen unseres Herzens hinein bestimmt.

Auf der anderen Seite fragen wir: Kann man solch eine Empfindung überhaupt gebieten, kann man sagen: Du sollst liebhaben? Gefühle lassen sich doch nicht bestimmen. Sie sind da: mit einem Mal, und dann sind sie stark und mächtig. Und außerdem: Wohin wird solche bedingungslose Hingabe an Gott im Zweifels-fall führen, wenn ihr nicht mehr das Gebot der Nächstenliebe zur Seite steht, das Jesus mit Bedacht dem Gebot der Gottesliebe zugeordnet hatte. Ist dann nicht dem Fanatismus Tür und Tor geöffnet? Die Liebe macht blind, sagen wir. Gilt das auch für die Liebe zu Gott? Gibt es verblendete Gottesliebe, unter deren Fol-gen andere Menschen leiden müssen?

Damit sind wir unversehens mitten drin in unseren Fragen nach dem Gottesbild, das uns bestimmt, und der Haltung, die unseren Glauben prägt. Mit jeder Aussa-ge, die wir über Gott treffen, sagen wir etwas über uns selbst. Das muß so sein, wenn Gott die alles bestimmende Wirklichkeit ist.

Martin Luther hat dieses Bekenntnis zu Gottes Gottheit im Kleinen Katechismus auf eine eigentümliche Weise erweitert, wenn er das erste Gebot mit den Worten auslegt: "Wir sollen Gott über alle Dinge fürchten, lieben und vertrauen".

"Über alle Dinge" - ja, weil es sich bei Gott um das Schönste, Höchste und Wichtigste handelt, das wir erfahren können und das all unsere begrenzten Vor-stellungen und Maßstäbe überschreitet. "Über alle Dinge lieben und vertrauen" - ja, auch das mag angehen: Wenn wir von Gott erfaßt und angerührt sind, dann gibt es nichts anders als brennende Liebe und Hoffnung auf mehr.

Aber "fürchten"? Das ist doch ein Widerspruch in sich selbst: fürchten und lieben. Eine seltsame Verbindung! Und "fürchten" sogar zuerst! Heißt es denn nicht im 1. Johannesbrief, der wie kaum eine andere Schrift des Neuen Testaments von der Liebe aus Glauben handelt: "Furcht ist nicht in der Liebe, sondern die vollkommene Liebe treibt die Furcht aus". Hätte das Luther nicht wissen sollen? Liebe und Furcht sind doch wie Feuer und Wasser: unvereinbar, völlige Gegensätze. Oder?

Ich empfinde Luthers Einfügung wie eine sprachliche Intervention. Mit Interventionen haben wir es während der hundert Tage Documenta11 auch hier in St. Martin zu tun: Eingriffe in den Kirchenraum, den Lichtraum und den Wortraum treten uns vor Augen. Sie wollen uns aus den gewohnten Gleisen bringen, auf denen wir immer schon wissen, wie es zu sein und weiterzugehen hat. Gerade indem wir die Interventionen wahrnehmen und auf uns wirken lassen, entdecken wir neu, was mit dem Ursprünglichen gemeint und ausgesagt ist.
Für mich gilt das auch angesichts der Intervention, mit der Luther kühn den selbstverständlichen Zusammenhang von Gott und Liebe durchbricht. Bevor sich die frommen Worte von der alles andere übersteigenden Liebe und dem grenzenlosen Vertrauen zu Gott Gehör verschaffen und Glauben finden, setzt Luther eine Fermate: Nicht so schnell in die Fahrwasser, die uns zu vertrauten Ufern bringen, wo wir uns sicher bewegen können. "Gott ... fürchten". Erst einmal dies. Punkt.

Je länger wir diese Fermate aushalten, um so eher erschließt sich uns ein möglicher Sinn. Furcht ist nicht Angst. Das freilich wäre ein gründliches Mißverständnis, das in der Geschichte des jüdisch-christlichen Gottesbildes manchmal nahegelegen hatte und zu aberwitzigen Gottesvorstellung führte.
Aber Furcht wahrt aus guten Gründen Abstand, so daß sich die Unterschiede nicht verwischen und uns bewußt bleibt, wer wir sind – und wer zugleich das Gegenüber ist. Schlimm wäre es, wollten wir den Abstand zwischen Gott und uns einebnen, Gott also zu einem Geschöpf wie unseresgleichen machen oder uns zu Schöpfern der Welt. Vergötzung des Menschen und Verniedlichung Gottes haben die gleiche Folge: Wir verlieren die Orientierung! Nur aus dem Abstand heraus finden wir unseren eigenen Ort und erkennen ihn als uns von Gott zugewiesen. Furcht in diesem Sinn gedeutet, beläßt eine Ahnung von der unbeschränkten Freiheit Gottes. Nicht alles, was uns im Leben als Christen begegnet, wird sich stimmig in unserem Glauben zusammenfügen lassen. Es gibt Brüche und Fragezei-

chen, es gibt Leiden, es gibt den Tod. Trotz aller Versuche, auch die dunklen Seiten unserer Erfahrung mit Gottes Liebe in Verbindung zu bringen, bleibt ein Rest Unverrechenbarkeit. Das mag beängstigend klingen, weil es Unsicherheit auslöst. Aber es könnte auch anders gehört werden: Gott läßt sich nicht in die Koordinaten von Ursache und Wirkung oder von Wirkung und Verursachung einpassen und verrechnen. Am deutlichsten hat er es darin offenbart, daß er in Jesus Christus uns auf eine Weise nahegetreten ist, die allen sonstigen Gottesbildern grundsätzlich widerspricht: In ihm kommt Gott überraschend, kommt frei und ungebunden – und kehrt das Oberste nach unten: Gott wird Mensch. In Jesus verbinden sich Gott und Tod gänzlich anders, als wir denken würden: Jesus erleidet den Tod. Sein Tod tötet alle Todesmächte. Das alles aber ist Ausdruck göttlicher Freiheit. Und im Anblick dieser Paradoxie bleibt nur Furcht!

Vielleicht sind wir längst daran gewöhnt, aus ehrenwerten Motiven heraus Gott klein zu machen, indem wir ihn zum Freund oder Kumpan haben werden lassen. Luthers Intervention, daß wir Gott über alle Dinge zunächst fürchten sollen, hebt nicht auf, was wir von der grenzenlosen Liebe Gottes zu uns und unserer Antwort darauf fühlen und wissen. Aber sie beharrt mit Nachdruck darauf, Gott ernst zu nehmen – und das heißt auch: in seinem Anderssein als wir Menschen sind! Nur so ist er wirklich "Gott für uns".

Der Riß geht nicht durch Gott selbst, liebe Gemeinde, wie man vielleicht meinen könnte: nicht hier der Gott der Liebe und dort der Gott des Zorns, sondern der Riß geht zwischen Gott und uns Menschen hindurch. Dieser Abstand muß gewahrt bleiben – und er kann gewahrt bleiben. Denn es ist ein Abstand, der uns zum Leben verhilft. Wir können uns ganz und gar auf Gott verlassen, weil wir darauf vertrauen, daß er allein Gott ist und deshalb bei ihm kein Ding unmöglich ist.

"Ein Gott, der tötet?" Auf dieses Motto gibt meine Predigt noch keine Antwort. Die "Tage für Neue Musik in der Kirche" beginnen ja erst. Aber schon soviel können wir mit Luthers Intervention sagen: Nur wer Gott fürchtet, kann ihn wirklich als Gott lieben und ihm im Leben wie im Sterben aus ganzem Herzen vertrauen. Amen.

Und der Friede Gottes, der alles menschliche Begreifen übersteigt, bewahre unsere Herzen und Sinne in Christus Jesus.

Ordnung der Mittagsgebete

(Freitag und Samstag:)

Lied: Komm, Heiliger Geist (EG 156)

Ingressus:
Auf der Höhe des Tages halten wir inne.
Lasset uns Herzen und Hände erheben zu Gott, der unseres Lebens Mitte ist.
Gott, laß uns vor dir stehen mitten im Tagwerk.
Richte uns aus,
daß wir suchen das Eine,
daß wir tun, was not ist.
Laß uns wandeln vor deinen Augen.
Amen

Psalmgebet (im Wechsel)
Gott, sei mir gnädig nach deiner Güte,
und tilge meine Sünden nach deiner großen Barmherzigkeit.
Wasche mich rein von meiner Missetat,
und reinige mich von meiner Sünde;
denn ich erkenne meine Missetat,
und meine Sünde ist immer vor mir.
An dir allein habe ich gesündigt
und übel vor dir getan,
auf daß du recht behaltest in deinen Worten
und rein dastehst, wenn du richtest.
Siehe, ich bin als Sünder geboren,
und meine Mutter hat mich in Sünden empfangen.
Siehe, dir gefällt Wahrheit, die im Verborgenen liegt,
und im Geheimen tust du mir Weisheit kund.
Entsündige mich mit Ysop, daß ich rein werde;
wasche mich, daß ich schneeweiß werde.

Laß mich hören Freude und Wonne,
daß die Gebeine fröhlich werden, die du zerschlagen hast.
Verbirg dein Antlitz vor meinen Sünden,
und tilge alle meine Missetat.
Schaffe in mir, Gott, ein reines Herz,
und gib mir einen neuen, beständigen Geist.
Verwirf mich nicht von deinem Angesicht,
und nimm deinen heiligen Geist nicht von mir.
Erfreue mich wieder mit deiner Hilfe,
und mit einem willigen Geist rüste mich aus.

Psalm 51,3-14

(Freitag:)

Lied: Herr, der du vormals hast dein Land (EG 283)

Lesung: Gen 6,5-7.17
Als aber der HERR sah, daß der Menschen Bosheit groß war auf Erden und
alles Dichten und Trachten ihres Herzens nur böse war immerdar, da reute es
ihn, daß er die Menschen gemacht hatte auf Erden, und es bekümmerte ihn in
seinem Herzen, und er sprach: Ich will die Menschen, die ich geschaffen habe, vertilgen von der Erde, vom Menschen an bis hin zum Vieh und bis zum
Gewürm und bis zu den Vögeln unter dem Himmel; denn es reut mich, daß
ich sie gemacht habe.
Denn siehe, ich will eine Sintflut kommen lassen auf Erden, zu verderben alles Fleisch, darin Odem des Lebens ist, unter dem Himmel. Alles, was auf
Erden ist, soll untergehen.

(Samstag:)

Lied: Nun freut euch, lieben Christen g'mein (EG 341,1.2.4.5.7.8)

Lesung: Joh 15,9-26
Wie mich mein Vater liebt, so liebe ich euch auch. Bleibt in meiner Liebe!

Wenn ihr meine Gebote haltet, so bleibt ihr in meiner Liebe, wie ich meines Vaters Gebote halte und bleibe in seiner Liebe. Das sage ich euch, damit meine Freude in euch bleibe und eure Freude vollkommen werde.

Das ist mein Gebot, daß ihr euch untereinander liebt, wie ich euch liebe. Niemand hat größere Liebe als die, daß er sein Leben läßt für seine Freunde. Ihr seid meine Freunde, wenn ihr tut, was ich euch gebiete. Ich sage hinfort nicht, daß ihr Knechte seid; denn ein Knecht weiß nicht, was sein Herr tut. Euch aber habe ich gesagt, daß ihr Freunde seid; denn alles, was ich von meinem Vater gehört habe, habe ich euch kundgetan.

Nicht ihr habt mich erwählt, sondern ich habe euch erwählt und bestimmt, daß ihr hingeht und Frucht bringt und eure Frucht bleibt, damit, wenn ihr den Vater bittet in meinem Namen, er's euch gebe.

(Freitag und Samstag:)

Stille

Vaterunser

Lied: Erkenne mich, mein Hüter (EG 85,5) *am Freitag*;
       Wenn ich einmal soll scheiden (EG 85,9) *am Samstag*

Segen

Liturgie des Abschlußgottesdienstes

Glocken

Lied: EG 156 (Komm, Heiliger Geist)

Votum und Begrüßung:
Im Namen des Vaters und des Sohnes und des Heiligen Geistes.
Unsere Hilfe kommt von dem Herrn, der Himmel und Erde gemacht hat.

Seien Sie alle willkommen zum Gottesdienst in St. Martin am 4. Sonntag nach Trinitatis. Dieser Gottesdienst heute hat seine Besonderheit dadurch, dass mit ihm die *3. Interdisziplinären Tage für Neue Musik und Theologie* ihren Abschluß finden. In diesem Jahr standen sie unter einem Motto, das als Frage formuliert war, nämlich: *Ein Gott, der tötet?*
Weder die mitwirkenden Theologen, noch die Komponisten und ausführenden Musiker haben es sich mit diesem Thema leicht gemacht. Es gab spannende, zum Teil kontroverse Gespräche, und auch gab es ganz neue, durchaus auch schwer zugängliche Musik.
Rätselhaft und nicht auf Anhieb verstehbar blieb da manches. Und vielleicht hatte aber gerade das auch mit dem Thema zu tun. Denn rätselhaft und mitunter auch schwer verstehbar kann uns auch Gott begegnen in unserem Leben.
Wir wollen in diesem Gottesdienst mit Dank und Bitten vor Gott treten und unsere Gedanken richten auf den, der alles Leben ins Leben ruft und zu dem alles Leben wieder zurückkehrt.
Ein besonderes Dankeschön gilt den Musikerinnen und Musikern, die in diesem Gottesdienst mitwirken, unter der Leitung von Prof. Hans Darmstadt, und - last but not least - Ihnen, liebe Frau Prof. Dr. Dahlgrün, die Sie für die theologische Gesamtleitung dieser Tage zuständig waren und uns heute die Predigt halten werden.
Der Klingelbeutel, der beim Lied 289 eingesammelt wird, ist bestimmt für ein Hilfsprojekt, das Kinder in Akrika unterstützt, die durch die Aids-Krankheit zu Waisenkindern geworden sind..
Nun segne Gott, was wir in seinem Namen tun.

Konrad Lechner: Psalm aus h (1969)
für zwei vierstimmige Chöre, zwei Orgeln und Schlagzeug

Verba mea auribus percipe
intellege clamorem meum
intende voci orationis meae
rex meus et Deus meus
Miserere mei Domine
quoniam tribulor
conturbatus est in ira oculus meus
anima mea et venter meus
quoniam deficit in dolore vita mea
et anni mei in gemitibus
Oblivioni datus sum
tamquam mortuus a corde
Hagios ho Theos
Hagios ischyros
Sanctus Deus fortis
Infirmata est in paupertate virtus mea
et ossa mea conturbata sunt
Dixit insipiens non est Deus
Hagios athanatos
eleison hymas

Judica

Et gloriabuntur in Te omnes
quoniam Tu benedicis justo Domine
ut scuto bonae voluntatis
coronasti nos

Domine Herr, höre meine Worte,
merke auf mein Reden!
Vernimm mein Schreien,
mein König und mein Gott. *(Ps 5,2-3)*
Herr, erbarme dich,
denn ich habe Angst!
Verstört im Zorn ist mein Auge
ist meine Seele, mein Leib
meine Kraft schwindet im Schmerz,
meine Jahre unter Seufzen. *(Ps 30,10-11a)*
vergessen bin ich,
gleichsam gestorben. *(Ps 30,13)*
Heiliger Herre Gott,

Heiliger starker Gott,
Gebrochen ist meine Kraft
zerrüttet ist mein Gebein. *(Ps 30,11b)*
Die Toren sprechen: es ist kein Gott. *(Ps 13,52)*
Heiliger unsterblicher Gott,
erbarme dich über uns.
          (Trishagion aus der Chrysostomos-Liturgie)
Sie verbrennen dein Heiligtum,
sie entweihen und werfen zu Boden
die Wohnung deines Namens. *(Ps 74,7)*
Richte mich
rette mich *(Ps 42,1)*
Es werden freuen sich alle,
die auf dich hoffen,
alle werden jauchzen,
alle werden dich rühmen, preisen,
denn Du bist barmherzig
und wohnest in ihnen.
(Laß sich freuen alle,
die auf dich trauen.)
Über uns ruht
wie ein Schild Deine Gnade. *(Ps 5,12-13)*

Gebet

Herr, unser Gott,

in unserem Herrn Jesus Christus hast du deine Liebe offenbart zu dieser Welt und zu uns Menschen.

In seinem Leiden, in seinem Tod und Auferstehen bist du zu uns gekommen bis in die Tiefen unseres Lebens und hast sie mit deiner göttlichen Gegenwart erfüllt. Dafür danken wir dir und bitten dich: Lass uns teilhaben am Leben Christi. Wandle uns in sein Bild.

Führe uns durch Kreuz, Zweifel und Anfechtung hindurch zum Leben.

Jetzt und in Ewigkeit. Amen.

Lied: EG 147,3 (Gloria sei dir gesungen)

Lesung: I Sam 2,1-8a

Und Hanna betete und sprach:

Mein Herz ist fröhlich in dem Herrn, mein Haupt ist erhöht in dem Herrn. Mein Mund hat sich weit aufgetan wider meine Feinde, denn ich freue mich deines Heils. Es ist niemand heilig wie der Herr, außer dir ist keiner, und ist kein Fels, wie unser Gott ist.

Lasst euer großes Rühmen und Trotzen, freches Reden gehe nicht aus eurem Munde; denn der Herr ist ein Gott, der es merkt, und von ihm werden Taten gewogen.

Der Bogen der Starken ist zerbrochen, und die Schwachen sind umgürtet mit Stärke. Die da satt waren, müssen um Brot dienen, und die Hunger litten, hungert nicht mehr. Die Unfruchtbare hat sieben geboren, und die viele Kinder hatte, welkt dahin.

Der Herr tötet und macht lebendig, führt hinab zu den Toten und wieder herauf.

Der Herr macht arm und macht reich; er erniedrigt und erhöht. Er hebt auf den Dürftigen aus dem Staub und erhöht den Armen aus der Asche, dass er ihn setze unter die Fürsten und den Thron der Ehre erben lasse.

Denn der Welt Grundfesten sind des Herrn, und er hat die Erde darauf gesetzt.

Lied: EG 289, 1.2.4.5 (Nun lob, mein Seel)

Vorspiel: Choralimprovisation

Lesung: Lk 1,46-55

Und Maria sprach:

Meine Seele erhebt den Herrn, und mein Geist freuet sich Gottes, meines Heilandes; denn er hat die Niedrigkeit seiner Magd angesehen. Siehe, von nun an werden mich seligpreisen alle Kindeskinder. Denn er hat große Dinge an mir getan, der da mächtig ist und des Name heilig ist. Und seine Barmherzigkeit währet immer für und für bei denen, die ihn fürchten. Er übet Gewalt mit seinem Arm und zerstreut, die hoffärtig sind in ihres Herzens Sinn. Er stößet die Gewaltigen vom Thron und erhebt die Niedrigen. Die Hungrigen füllet er mit Gütern und läßt die Reichen leer. Er denket der Barmherzigkeit und hilft seinem Diener Israel auf, wie er geredet hat unsern Vätern, Abraham und seinen Kindern ewiglich.

Glaubensbekenntnis

Hans Darmstadt: Sanctus (Missa hebraica)
für Soli (Sopran, Bariton), drei Chöre und Orgelpunkte (2001)
Text: Hebräische Bibel (aus Jesaja 6) und Rainer Maria Rilke (aus 1. Duineser Elegie)

I. Ensemble
heilig der Herr / der Heere / voll die ganze Erde / seiner Herrlichkeit
und es wankten die Angeln / der Türschwelle / von der Stimme des Rufenden
und das Haus / wurde erfüllt mit Rauch

II. Solisten und Ensemble
und ich sprach: weh mir / denn ich werde vernichtet
und es flog zu mir einer / von den Seraphen / und in seiner Hand ein Glühstein
mit einer Zange hatte er (ihn) genommen / von dem Altar
und es rührte an meinen Mund

III. Solisten und Ensemble
Wer, wenn ich schriee, hörte mich denn aus der Engel
Ordnungen? und gesetzt selbst, es nähme
einer mich plötzlich ans Herz: Ich verginge von seinem
stärkeren Dasein. Denn ...

und er sprach / geh und sprich / zu diesem Volk:
Hört immer / doch nicht - versteht / und seht immer / doch nicht - erkennt
überziehe mit Fett / das Herz dieses Volkes
und seine Ohren mache schwer / und seine Augen verklebe

218

damit es nicht sehe mit seinen Augen / und mit seinen Ohren höre
und sein Herz Einsicht gewinne / und es umkehre und man heilt es

IV. Solisten und Ensemble
... das Schöne ist nichts / als des
Schrecklichen Anfang, den wir noch grade ertragen,
und wir bewundern es so, weil es gelassen verschmäht,
uns zu zerstören. Ein jeder Engel ist schrecklich.
und es rief dieser zu diesem / und er sagte
heilig, heilig, heilig

Predigt

Lied: EG 279, 1.2.5-8 (Jauchzt, alle Lande)
Vorspiel von Siegfried Reda (1957)

Fürbitten
Herr, du Gott des Lebens,
wir danken dir für dein Wort, das uns ruft.
Wir danken dir für deine Liebe, die uns nahekommt und uns deine Macht und
Herrlichkeit zu ertragen hilft.
Wir danken dir für deinen Geist, der uns mit Leben erfüllt.
Wir bitten dich:
Hilf uns, festzuhalten am Glauben, daß diese Welt und alle Geschöpfe aufgeho-
ben sind in dir.
Hilf uns, festzuhalten am Vertrauen, daß du gegen alle Mächte des Todes das Le-
ben bewahren willst.
Hilf uns, festzuhalten an der Hoffnung, daß wir in der Nähe zu dir die Kraft und
die Liebe zum gerechten Tun gewinnen.
Du Gott des Lebens, führe uns hinein in deine Fülle, gib uns zu essen vom Brot
des Lebens, damit wir leben in Ewigkeit.
Wir beten in der Stille.

Vaterunser

Lied: EG 421 (Verleih uns Frieden gnädiglich)

Segen

Mitwirkende
Prof. Dr. Corinna Dahlgrün - Predigt
Pfarrer Dr. Willi Temme - Liturgie
Angelika Luz - Sopran, Ekkehard Abele - Bariton
Vocalensemble Kassel, Kantorei an St. Martin
Peer Schlechta - Orgel, Jürgen Oßwald - Orgelpositiv
Olaf Pyras, Norbert Krämer, Michael Pattmann - Schlagzeug
Leitung und Orgel (liturgisch): Hans Darmstadt

Corinna Dahlgrün

Predigt zu I Samuel 2,1-8a

Liebe Gemeinde,

schrecklich ist es, in die Hände des lebendigen Gottes zu fallen, so heißt es im Hebräerbrief[1]. Und der Dichter Rainer Maria Rilke - wir haben es gerade gehört - dehnt den Schrecken auch auf die Engel aus: Wer, wenn ich schriee, hörte mich denn aus der Engel Ordnungen? und gesetzt selbst, es nähme einer mich plötzlich ans Herz: ich verginge von seinem stärkeren Dasein. Denn das Schöne ist nichts als des Schrecklichen Anfang, den wir noch grade ertragen, und wir bewundern es so, weil es gelassen verschmäht, uns zu zerstören. Ein jeder Engel ist schrecklich[2]. Schreckliche Engel, ein in seiner Heiligkeit schrecklicher Gott?

Gott ist Liebe, so steht es im ersten Johannesbrief[3], und überhaupt weiß die Bibel viel zu sagen von der Liebe, der Güte, der Barmherzigkeit Gottes. Ist das ein Widerspruch, den wir auflösen müssen? Oder ist hier von zwei unterschiedlichen Mächten die Rede: Steht der harte Gott des Alten Testaments gegen den sanftmütigen Heiland? Oder gleich: Gott auf der einen Seite, der gefallene Engel, Satan auf der anderen? Oder ist der biblische Gott insgesamt unheimlich, unberechenbar, willkürlich - ein Gott, den man doch besser ganz abschaffen sollte? Wie ist es mit dem Verhältnis von Liebe und erbarmungsloser, willkürlicher Macht, von Lieben und Töten? Ich will mich meinem Antwortversuch in drei Schritten nähern. An was für einen Gott glauben wir? Wie ist die Antwort der Hanna? Und was gewinnen wir durch diese Antwort?

Der erste Schritt ist wohl der schwerste: An was für einen Gott glauben wir? Ist Gott nur Liebe, und böse ist allein das Geschöpf? Das denken viele. Und entsprechend finden sie, daß in der Bibel zuviel von Gericht die Rede sei, zuviel von heiligem Krieg, zuviel von Töten im Namen Gottes. Häufig wird das auch dem Alten Testament allein angelastet. Unberechenbar sei der Gott des Alten Bundes,

---

[1] Hebr 10,31.
[2] Aus dem Beginn der ersten Duineser Elegie.
[3] I. Joh 4,8.

so zeige es auch der Bericht des Jesaja über seine Vision im himmlischen Thronsaal, so zeige es der Verstockunsbefehl, der dort ergangen sei. Gnadenlos sei dieser Gott, rachsüchtig, grausam. Aber es ist ungerecht, eine solche Härte Gottes nur der hebräischen Bibel zuzuschreiben. Auch Jesus kündigt das Gericht an[4]. Er verurteilt die Pharisäer und die Reichen[5]. Er wendet Gewalt an beim Vertreiben der Händler aus dem Tempel[6]. Er redet vom Haß auf Verwandte, der zur Nachfolge dazugehöre[7]. Und er sagt: Ich bin nicht gekommen, den Frieden zu bringen, sondern das Schwert[8].

Immer wieder haben Menschen das wörtlich genommen und zur Rechtfertigung von Gewalt benutzt. Sollen wir diese Worte also nicht lieber beseitelassen? Müßten wir die Texte, die wir in unseren Gottesdiensten auslegen, nicht sorgsam säubern? Sollten Hanna und auch Maria nicht lieber schweigen von Gewalt und Umsturz und Tod, sollten sie nicht besser singen: Mein Herz ist fröhlich in dem Herrn. Der Herr macht lebendig, er führt heraus aus der Unterwelt. Er macht reich und erhöht? - Ein fröhliches, unangefochtenes Gotteslob. Ein harmloser Gott. Ein lieber Gott.

Aber weit weg von dem, was wir erleben, weit weg von der Realität. Besser als eine solche Reinigung der Texte von dunklen Gedanken scheint mir, wenn wir uns klarmachen: Die biblischen Texte beschreiben nicht Gott unmittelbar, das könnte kein menschlicher Text tun, sie beschreiben, wie die Welt ist, und wie Menschen darin Gott erlebt haben. Und sie zeigen Versuche der Menschen, mit dieser Erfahrung fertigzuwerden. Das geschieht auf viele unterschiedliche Weisen.

Menschen erleben Gott immer wieder als schweigend und verborgen, als hart, sogar als grausam. Sie versuchen mit dieser Erfahrung zu leben, ohne darüber ihren Glauben, ohne den Boden unter den Füßen zu verlieren. Also suchen sie Erklärungen für das, was sie erleben. Das ist legitim. Aber wir dürfen es nicht verwechseln mit einem objektiven Wissen über Gott. Menschen sagen: Gott hat mich versucht; er ist rätselhaft und nicht zu verstehen, aber er ist da, er handelt

---

[4] Mt 25 u.ö.
[5] Z.B. Mt 23,13.
[6] Mt 21,12ff. parr.
[7] Lk 14,26.
[8] Mt 10,34.

an mir. Sie sagen: Gott hat mich auf die Probe gestellt; er ist heilig und mächtig und will, daß ich seiner würdig bin. Sie sagen: Gott will mich erziehen, damit ich Geduld und Demut lerne. Sie sagen: Ich bin ein Sünder, Gott hat recht, wenn er sich von mir abwendet, wenn er mich straft, wenn er meine Augen und Ohren verklebt. Oder: Es liegt nur an mir und meiner Sünde, wenn er mir fern scheint; in Wahrheit ist er immer liebevoll und gnädig und immer da. Ein Mittel der Erklärung ist auch die Aufspaltung Gottes: Gott ist nur gut, der Satan ist böse. Oder Gott ist nur gut, die Natur ist neutral, alles Böse kommt vom Menschen. Aber damit ist nichts gewonnen, außer daß es Gott immer ein bißchen machtloser macht. Natürlich ist auch das eine mögliche Erklärung: Gott ist gut, er liebt den Menschen, er gibt ihm seine Freiheit. Damit hat er sich festgelegt und nun leidet er unter dem Bösen, daß die Menschen tun. - Jede dieser Erklärungen ist zu hören. Jede ist legitim, auch wenn am Ende nicht jede richtig ist. Aber im Letzten ist jeder Mensch selbst vor Gott verantwortlich für das, was er glaubt.

Ich glaube: Wenn wir die biblischen Aussagen über Gottes Macht ernst nehmen und zugleich Gott als den Schöpfer dieser Welt glauben, dann haben wir keine Wahl, dann kommt alles, aktiv schaffend oder passiv zulassend, von ihm. Tötet Gott? Menschen töten. Die Natur. Krankheiten töten. Und Gott? Gott läßt es jedenfalls zu, daß auf seiner Erde, in seiner Schöpfung, von seinen Geschöpfen getötet wird. Darf er das? Er hat das Leben gegeben. Hat er kein Recht darauf? Haben wir einen Anspruch auf Leben gegen Gott? Haben wir einen Anspruch auf gerechte oder gute Behandlung? Wenn ich diese Fragen mit 'nein' beantworte, habe ich als Resultat meines ersten Schrittes ein Bild von Gott, das dunkle Seiten hat, rätselhafte, unverständliche. Dann hat Gott verborgene Seiten, neben denen, die offenbar sind in seinem Sich-dem-Menschen-Zuwenden, in seinem Befreien und Lieben.

Der zweite Schritt: Die Frage nach Gott und die Antwort der Hanna. Hanna betet einen Lobpsalm. Sie dankt Gott und sie hat Grund dazu. Sie hat ein Kind geboren nach langer Kinderlosigkeit. Eine solche Kinderlosigkeit war für eine israelitische Frau nicht einfach ein schmerzliches und schamvolles Geschick. Sie war damit ausgeschlossen aus der Generationenfolge des erwählten Volkes. Ihr Leben hatte keinen Sinn. Hanna nimmt das aber nicht einfach hin, sie klagt Gott ihre Not und bedrängt ihn mit ihren Bitten. Und Gott erhört sie, sie bringt einen Sohn zur

Welt. Gott sorgt dafür, daß die sozial Gestorbene wieder lebt. Ein mächtiger, großer, gerechter, ein heiliger Gott. Diesen Gott besingt sie in ihrem Dankgebet. Sie besingt das Tun Gottes und seine Kraft, die ohne Grenzen ist. Die Kraft Gottes ist stärker als alle menschliche Macht: Der Bogen des Starken wird zerbrochen. Die Kraft Gottes ist stärker als die Macht der Verhältnisse auf dieser Welt, die doch so fest zementiert scheinen: Der Herr macht arm und macht reich; er erniedrigt und er erhöht auch. Die Kraft Gottes ist stärker als der menschliche Geist: Redet nicht so viele stolze Worte, und Freches soll nicht herauskommen aus eurem Mund. Denn ein wissender Gott ist der Herr, und von ihm werden Taten gewogen. Die Kraft Gottes ist stärker als die Natur: Die Unfruchtbare bekommt sieben Kinder, doch die Kinderreiche vertrocknet. Gott ist stärker als jede andere Macht: Der Herr tötet und macht lebendig, er führt hinab zu den Toten und auch wieder herauf. Niemand ist heilig wie der Herr.

Gott hat Macht. Er hat Macht zu töten und lebendig zu machen. Er hat Macht, bestehende Unrechtsverhältnisse aufzusprengen und aus Unrecht und Ohnmacht zu befreien. Er hat Macht, ein heilsames Leben möglich zu machen. Gott ist der Schöpfer dieser Welt, er ist darum nicht jenseits von dieser Wirklichkeit. Er hat mit ihr zu tun. Er hat Macht über sie. Darum hat es Sinn, ihn um Änderung, Besserung, Heilung zu bitten. Warum er manche Bitten nicht erhört? Ich weiß es nicht. Wir wissen nicht alles über Gott. Er ist für uns nicht verfügbar. Wir haben keine Macht über ihn, er hat Macht über uns. Eine solche Macht über Leben und Tod ist nicht harmlos. Auch Gerechtigkeit ist nicht harmlos. Das Heilige, Gott, ist nicht harmlos. Im Staunen über die Größe, im jubelnden Lob der Machterweise liegt darum immer auch ein Erschrecken.

Wie Gott wirklich ist, wissen wir nicht, das wußte auch Hanna nicht. Wir wissen nur, wie wir ihn erfahren. All unser Reden von Gott ist ein Annähern, der Versuch, mit menschlichen Bildern etwas zu fassen, das größer ist als unser Fassungsvermögen. Aber einiges wird dennoch deutlich in diesen unterschiedlichen menschlichen Erfahrungen: Heilig ist Gott und gerecht über unser Verstehen hinaus; groß ist er, zugewandt liebevoll, fern und schrecklich. Hanna hat das alles erfahren. Es sind für sie keine verschiedenen Seiten Gottes. Es ist immer der eine Gott, zu verschiedenen Zeiten, in unterschiedlichen Situationen des Lebens. Das kann ungerecht aussehen. Und diese Ungerechtigkeit können wir oft nicht auflösen. Manche Ungerechtigkeit, mancher Schrecken muß stehenbleiben. Wir können nicht alles verstehen. Wir können nicht alles erklären. Wir kommen oft an unsere Grenzen, auch wenn wir sie immer weiter hinausschieben. Wir kommen mindestens immer wieder an die Grenzen unserer selbst. Und wir kommen an unsere Grenzen, wenn es um Gott geht. Das ist nicht zufriedenstellend? Sicher nicht. Das ist manchmal kaum zu ertragen? Das stimmt. Aber Gottes Verborgenheit gehört zum Glauben. Hanna hat das in den Jahren ihrer Kinderlosigkeit erlebt, aber sie hat trotzdem an Gott festgehalten. Sie hat Gott an seine Heilstaten erinnert und ihn gelobt, ihn dabei behaftet. Sie hat zu ihm geklagt, ihn wohl auch angeklagt, von ihm Erhörung gefordert. Mit den Worten von Eli Wiesel: Um gegen Seinen Willen etwas zu fordern, gibt es [...] nur ein Mittel: Ihn loben[9]. Hanna hat Gott gelobt. Auch, vielleicht gerade in der Tiefe hat Hanna Gottes Größe erfahren. Auch als sich Gott verbarg, wußte sie, daß sie nicht aus Gottes Hand gefallen war. Sie hat "festgehalten an dem widersprüchlich einen Gott"[10]. Darum kann sie ihn schließlich besingen. Der Herr tötet und macht lebendig, führt hinab zu den Toten und wieder herauf. Niemand ist heilig wie der Herr.

Schließlich der dritte Schritt: Was gewinnen wir durch diese Antwort? Was ist damit gewonnen, wie Hanna, wie Maria, wie die Psalmen zu beten, Gottes Heiligkeit, Größe und Macht zu loben, die eine so erschreckende Seite hat? Dreierlei ist gewonnen. Zunächst ist es, wenn es mir schlecht geht, nicht irgendein blindes oder böses Geschick, das mich in seinen Klauen hat. Es ist keine anonyme Macht, die mich bedroht oder vielleicht sogar zerstört. Es ist immer noch Gott, in dessen Hand ich bin, in dessen Hand ich schließlich falle. Auch wenn er mir dunkel und rätselhaft erscheint, auch wenn er mir unbegreiflich ist und mich an meine Grenzen führt: Es ist immer noch der Gott, der sein Volk befreit, der mit ihm gelitten und der es immer neu errettet hat, der die Bitten von Menschen erhört hat, der uns in Christus nahegekommen ist, der in Christus aus Liebe Leiden und Tod auf sich genommen und uns Erlösung geschenkt hat. Es ist immer noch der Gott, der seine Schöpfung liebt und will, daß sie lebt.
Das zweite, was gewonnen ist, möchte ich so formulieren: Nur ein Gott, der

---

[9]   Eli Wiesel, Jom Kippur, Tag ohne Versöhnung, in: Gesang der Toten, 42.
[10] Volker Weymann, Hiob, in: Christian Möller, Geschichte der Seelsorge in Einzelporträts Bd. 1, Göttingen 1994, 39.

Macht über den Tod hat, kann das Leben garantieren. Ein Gott, der mit dem Leben und den Lebendigen sympathisiert, der mit ihnen leidet, den ihr Tod schmerzt, aber der gegen diesen Tod machtlos ist, ein solcher Gott wird mich nicht am Ende lebendig machen können. Nur ein Gott, der Macht über den Tod hat, kann das Leben garantieren.

Und schließlich: Wir gewinnen durch die Antwort der Hanna die Gewißheit, daß am Ende das Leben steht. Hannas Gebet sagt, übrigens genauso wie der 104. Psalm[11], ja nicht: Gott schafft das Leben und er läßt es dann auch wieder sterben. Wichtig ist die Reihenfolge: Er tötet und macht lebendig - am Ende steht das Leben, am Ende erweist sich Gott als ein Gott, der Leben gibt, ewiges Leben.

Weil das so ist, lautet mein Antwortversuch auf die Frage nach dem liebenden, leidenden und tötenden Gott:

Es ist und bleibt etwas Spannungsreiches in Gott und auch in unserem Versuch, an ihn zu glauben. Gott ist so groß, daß wir ihn nicht fassen können. Er umfaßt alles, alle Liebe, alle Freude, aber auch allen Schrecken. Am Ende wird er, wie es bei Paulus heißt, alles in allem sein[12]. Alles. In allem. Auf dieser Welt werden wir keine Eindeutigkeit bekommen, weil wir nur unsere begrenzten Erfahrungen machen und weil wir sie nur mit unserem begrenzten Verstand aufnehmen können. Auf dieser Welt werden wir keine Eindeutigkeit bekommen. Aber danach. Dann werden wir erkennen, wie wir jetzt erkannt sind[13]. Denn der Herr tötet - und macht lebendig. Er führt herab zu den Toten - und wieder herauf. Niemand ist heilig wie der Herr. Amen.

---

[11] Ps 104,29f.
[12] I Kor 15,28.
[13] I Kor. 13,12.

Die Konzertprogramme

Nachtkonzert I

<u>Julie Randall Osborn</u> (Sopran)
<u>Ensemble est! est!! est!!!</u>: Markus Schön (Klarinette), Jörgen Welander (Tuba), Felix Borel (Violine), Patrick Jüdt (Viola), Tim Ströble (Cello), Wolfgang Fernow (Kontrabass), Marko Brdnik (Akkordeon), Oliver McCall (Keyboards), Arpad Fodor (Trompete), Max Riefer (Schlagzeug), Peter Gärtner, Erich Groß (Sound/Elektronik), Ulrich Krieger (Klangregie), Lillevän (Video). Leitung: <u>Johannes Uhle</u>.

Ulrich Krieger: Op F'arh (2002) **Uraufführung**, eine rituelle, musikalisch-visuelle Performance in 5 Teilen mit 4 Zwischenspielen für Sängerin, 10 Musiker, Verstärkung, Elektronik und Video. Kompositionsauftrag der Kantorei an St. Martin.

Nachtkonzert II

<u>Christina Schönfeld</u> (Gebärdensprache)
<u>Ensemble L'ART POUR L'ART:</u> Astrid Schmeling (Flöte), Ulf Mummert (Gitarre), Matthias Kaul (Schlagzeug), Johannes Nied (Kontrabass), Nele B. Nelle (Klarinette), Federico Aluffi (Fagott), Hartmut Leistritz (Tasteninstrumente)
<u>Olaf Pyras</u>, <u>Stefan Kohmann</u>, <u>Natascha Bauer</u> (Schlagzeug)

Helmut Oehring: Cayabyab (1993) für Flöte, Gitarre und Schlagzeug
Matthias Kaul: Amadeu Antonio Kiowa (2000), Version I (Stefan Kohmann)
Helmut Oehring: Nr. 2 (aus: Koma) (1990) Rapid-Eye-Movement für Klarinette, Kontrabaß und Schlagzeug
Matthias Kaul: Amadeu Antonio Kiowa (2000), Version II (Natascha Bauer)
Helmut Oehring: Dienel (1996) für Fagott, Kontrabaß und Cembalo
Pause
Matthias Kaul: Amadeu Antonio Kiowa (2000), Version III (Matthias Kaul)
Helmut Oehring/Iris ter Schiphorst: Mischwesen (1998) für Flöte, Klarinette, Fagott, Keyboard, Gebärdensprache
Matthias Kaul: Amadeu Antonio Kiowa (2000), Version IV (Olaf Pyras)
Helmut Oehring: ICH. STILLE. (2002) **Uraufführung** (aus: Rehnebel/Opfer/Puderfinger), Trio für Bassflöte, Percussion (Vibraphon, Glasharfe & Marimbaphon) und Gitarre und Zuspiel-CD ad libitum. Kompositionsauftrag des Ensembles L'ART POUR L'ART und der Kantorei an St. Martin.

Musiknacht

<u>Hans-Ola Ericsson</u> (Orgel), <u>Dror Feiler</u> (Saxophon, Klangregie), <u>Marco Blaauw</u> (Trompete), <u>Peer Schlechta</u> (Orgel/Darmstadt), <u>Angelika Luz</u> (Sopran), <u>Ekkehard Abele</u> (Bariton), <u>Vocalensemble Kassel</u>, Leitung: <u>Hans Darmstadt</u>

19.00 Uhr - 1. Teil

Konrad Lechner: Kleine Salzburger Messe (1968) für Vokalensemble a cappella
Alexander Knaifel: Monodia für Stimme solo

Dror Feiler: Niagara VII für Saxophon, Orgel und Elektronik
Guillaume de Machaut: Sanctus (aus La Messe de Nostre Dame)
Hans-Ola Ericsson: Canzon francese del Principe – Eine Intavolierung über eine
Intavolierung von Don Carlo Gesualdo
Isabel Mundry: Eure Augen (2002) für Trompete in C und Chor in drei Gruppen
Kompositionsauftrag der Kantorei an St. Martin, **Uraufführung**

20.00 Uhr - 2. Teil

Dror Feiler: Die Versunkenen und die Geretteten (1996) für Orgel und Tonband
Younghi Pagh-Paan: Ma-am (1990) für Frauenstimme mit Claves
Guillaume Dufay: Sanctus (aus der Messe "Se la face ay pale")
Isabel Mundry: Solo auf Schwellen (2002) für Trompete solo

21.15 Uhr - 3. Teil

Josquin: Sanctus (aus der Missa Pange lingua)
Improvisation Saxophon/Orgel
Hans Darmstadt: Sanctus (Missa hebraica) für Soli (Sopran, Bariton), drei Chöre
(SSMAA - TTTBBB - SSMAA) und Orgelpunkte (2001), **Uraufführung**
Dror Feiler: Schlafbrand (1985) für Orgel und Tonband
Konrad Lechner: Kleine Salzburger Messe (1968) für Vokalensemble a cappella

Mitarbeiterinnen und Mitarbeiter

Corinna Dahlgrün, geboren 1957 in Hamburg. Studium der Germanistik und der evangelischen Theologie. 1986 Erstes Theologisches Examen. 1988-95 Lehraufträge an der Universität Hamburg. 1991 Promotion im Fach Kirchengeschichte. 1990-95 Vikariat und Pfarrstelle in Hamburg. Vorbereitung und Mitarbeit bei den *Nordelbischen Wochen für Neue Musik und Theologie* in Hamburg-Blankenese. Ab 1995 Wissenschaftliche Assistentin bei Prof. Dr. Manfred Josuttis in Göttingen. Seit 1998 Vorbereitung und Leitung der *Interdisziplinären Tage für Neue Musik und Theologie* "neue musik in der kirche" zusammen mit Hans Darmstadt. Habilitationschrift "Nicht in die Leere falle die Vielfalt irdischen Seins. Von der Notwendigkeit eschatologischer Predigt". Verschiedene Veröffentlichungen im Fach Praktische Theologie. Seit 2001 Professur für Praktische Theologie an der Kirchlichen Hochschule Bethel (Bielefeld).

Hans Darmstadt, geboren 1943 in Halle/Saale. Studium der Erziehungswissenschaften, Theologie und Kirchenmusik. Kompositionsstudium bei Konrad Lechner und Günther Becker. 1967 erste Kirchenmusikerstelle in Griesheim bei Darmstadt. 1973-94 Kantor und Organist in Hamburg-Blankenese. 1981 Johann-Sebastian-Bach-Preis Stuttgart. 1982 Sabbatical in Kalifornien/USA (visiting scholar at the University of California Riverside). 1988 Kirchenmusikdirektor. Initiator der Nordelbischen Wochen für Neue Musik und Theologie. Seit 1976 nebenberuflich Lehrauftrag für Musiktheorie, Analyse, Komposition an der Musikhochschule Lübeck und zeitweise zusätzlich am Seminar für Praktische Theologie der Universität Hamburg. 1992 Professor. 1994 Berufung zum Kirchenmusikdirektor an St. Martin Kassel. 1998 Wiederaufnahme der Wochen "neue musik in der kirche". Kompositionen für die kirchenmusikalische Praxis ebenso wie für professionelle Vokal- und Instrumentalensembles/solisten.

Herbert Glossner, geboren 1932 in Nürnberg. Studium der evangelischen Theologie, Kunstgeschichte, Musikwissenschaft und Kirchenmusik in Tübingen, Basel, Heidelberg und Princeton/USA (Th.M.). Vikariat in Nürnberg. Kirchliche Pressearbeit in München und Stuttgart. 1971-97 Redakteur der Wochenzeitung "Deutsches Allgemeines Sonntagsblatt" in Hamburg, davon 17 Jahre Ressortleiter "Kultur"; Mitarbeit bei verschiedenen Rundfunkanstalten, Zeitungen und Zeitschriften.

Martin Hein, geboren 1954 in Wuppertal. Studium Rechtswissenschaft und Theologie in Frankfurt, Marburg und Erlangen. 1982 Promotion in Erlangen im Fach Kirchengeschichte. Seit 1982 im Dienst der Evang. Kirche von Kurhessen-Waldeck. Vorsitzender der Theologischen Kammer der Landeskirche. Seit 1995 Dekan des Evang. Kirchenkreises Kassel-Mitte und Vorsitzender des Kuratoriums für Kirchenmusik an St. Martin. Lehrbeauftragter für Kirchengeschichte an der Universität Gesamthochschule Kassel. 2000 Habilitation in Kassel im Fachbereich Erziehungswissenschaft/Humanwissenschaften. Diverse Veröffentlichungen im Bereich Christentumsgeschichte des 19. und 20. Jahrhunderts. 2000 Bischof der Evangelischen Landeskirche von Kurhessen-Waldeck.

Christine J. Janowski, geboren 1945 in Weilburg/Lahn. Parallel zur mathematisch-naturwissenschaftlichen Gymnasialausbildung studierte sie bis zum Abitur Musik am bergischen Landeskonservatorium in Wuppertal mit dem Schwerpunkt Violine (Meisterklasse). Nach dem Studium der Philosophie, Germanistik und schließlich auch der ev. Theologie in Marburg, Frankfurt und Tübingen war sie dort langjährige Assistentin am Institut für Hermeneutik und promovierte mit einer

Arbeit über Religions- und Idealismuskritik Ludwig Feuerbachs. Vikariat und Ordination. Habilitation zum Thema "Allerlösung". 1995 Lehrstuhl für Systematische Theologie (Dogmatik und Philosophiegeschichte) an der Universität Bern.

Matthias Kaul, zunächst Rock- und Jazzschlagzeuger. Dann Studium, Abschluss mit Solistenexamen. Zahlreiche Stipendien. Reisen nach Afrika zum Studium der Kultur der Xhosa, Samburu und Massai. Zusammenarbeit mit Musikern und den Komponisten Mauricio Kagel, Hans Werner Henze, Vinko Globokar, Hans Joachim Hespos u.a. Tourneen in ganz Europa, Nord- und Südamerika und Japan. Mitwirkung bei vielen Schallplatten- bzw. CD-Produktionen. Zahlreiche Film- und Theaterkompositionen sowie Hörspiele. (www.matthiaskaul.de)

Ulrich Krieger, geboren 1962 in Freiburg/Brsg. Lebt und arbeitet seit 1983 in Berlin. Längere Auslandsaufenthalte von 1991-97 in den USA und Italien. Studierte Komposition, Elektronische Musik und Saxophon an der Manhatten School of Music (New York), klassisches/zeitgenössisches Saxophon an der Hochschule der Künste Berlin und Musikwissenschaft an der Freien Universität Berlin. Seit 1988 Beschäftigung mit Didjeridu, der Musik und Kultur der australischen Aboriginals. Seit 1990 freiberuflich Komponist, Improvisator, Interpret und Rockmusiker. Zahlreiche Kompositionen und Aufführungen. Diverse Preise, Stipendien und Auszeichnungen. Einspielungen und CDs. (www.ulrich-krieger.de)

Helmut Oehring, geboren 1961 in Berlin, Eltern gehörlos. 1978-80 Ausbildung zum Baufacharbeiter, danach in verschiedenen Berufen tätig. Seit 1984/85 intensive Beschäftigung mit komponierter Musik der europäischen Moderne. Als Gitarrist und Komponist Autodidakt. 1987 Konsultationen bei Andre Asriel und Helmut Zapf. 1988 Konsultationen bei Georg Kratzer und Friedrich Goldmann. 1990-92 Meisterschüler an der Akademie der Künste zu Berlin bei Georg Kratzer. Lebt in Berlin. Zahlreiche Preise und Stipendien. (www.helmutoehring.de)

Heinz-Günther Schöttler, geboren 1950. Studium der Theologie in Trier und Regensburg. 1977 Priesterweihe. 1985 Promotion in AT. 1986-95 Gemeindepfarrer, gleichzeitig Lehrbeauftragter. 1995-2000 Leiter des Theologisch-Pastoralen Instituts Mainz. Seit 2000 Professor für Pastoraltheologie und Kerygmatik an der Universität Bamberg. Redaktionsmitglied der Zeitschrift "Bibel und Liturgie", Mitherausgeber von "Bamberger Theologische Studien".

Volker Stümke, geboren 1960 in Hamburg. Studium der evangelischen Theologie und Philosophie in Hamburg, Tübingen und München. Promotion in Systematischer Theologie 1991. Lehrbeauftragter an der Universität Hamburg. 1993-95 Pastor für den Deutschen Evangelischen Kirchentag in München und Hamburg, danach Gemeindepastor in Elmshorn. Nach zweijährigem Erziehungsurlaub seit 1998 Dozent für evang. Sozialethik an der Führungsakademie der Bundeswehr Hamburg. Arbeitsschwerpunkte im Bereich der Eschatologie (Tod, Jüngstes Gericht) und Grundlegungsfragen der Sozialethik. Mehrere Veröffentlichungen.

Peter Lang · Europäischer Verlag der Wissenschaften

Corinna Dahlgrün / Hans Darmstadt (Hrsg.)

neue musik in der kirche II
Himmel, Hölle, Tod und Teufel

Interdisziplinäre Tage für Neue Musik und Theologie
15.-18. Juni 2000 – Dokumentation und Auswertung

Frankfurt/M., Berlin, Bern, Bruxelles, New York, Oxford, Wien, 2001.
155 S., zahlr. Notenbsp.
ISBN 3-631-37685-5 · br. DM 22.50*

Die „Interdisziplinären Tage für Neue Musik und Theologie" im Juni 2000
in der Martinskirche in Kassel hatten das Jenseits zum Thema, die Grenze
des menschlichen Lebens und die Frage nach dem „Danach". Vielfältige
und das tägliche Leben beeinflussende Vorstellungen von Himmel, Hölle,
Tod und Teufel in Vergangenheit (die Vorträge des Alttestamentlers Reinhard
Kratz, der Religionswissenschaftlerin Bärbel Beinhauer-Köhler und des
Mediaevisten Hartmut Freytag) und Gegenwart (Beiträge der Komponisten
Friedhelm Döhl und Reinhard Karger, der Vortrag der Theologin Corinna
Dahlgrün, Predigten von Albert Gerhards und Willi Temme, Gottesdienstab-
läufe und Konzertprogramme) sind in den hier gesammelten Dokumentatio-
nen zu finden. Auswertungen aus theologischer (Volker Stümke) und
musikalischer Perspektive (Herbert Glossner) reflektieren die aktuelle Auseinandersetzung mit Ängsten, Hoffnungen und Sehnsüchten.

Aus dem Inhalt: Volker Stümke: Aber die Musici, die bleibt besteh'n ·
Herbert Glossner: Himmel, Hölle, Tod und Teufel · Reinhard G. Kratz:
Jenseitsvorstellungen im Alten Orient und antiken Judentum · Bärbel Bein-
hauer-Köhler: Jenseitswelten des Islam · Hartmut Freytag: Paradies und
Erde – Erde und Paradies · Corinna Dahlgrün: Jenseitswelten in der neuzeitli-
chen Gesellschaft · Friedhelm Döhl: Requiem 2000 · Reinhard Karger:
Komm, o Tod, du Schlafes Bruder · Albert Gerhards: Ein Haus, nicht mit
Händen gemacht, das ewig ist im Himmel

Frankfurt/M · Berlin · Bern · Bruxelles · New York · Oxford · Wien
Auslieferung: Verlag Peter Lang AG
Moosstr. 1, CH-2542 Pieterlen
Telefax 00 41 (0) 32 / 376 17 27

*inklusive der in Deutschland gültigen Mehrwertsteuer
Preisänderungen vorbehalten
Homepage http://www.peterlang.de